Manuel de composition française

DEUXIEME EDITION

Manuel de composition française

Pierre Limouzy

ST. LOUIS UNIVERSITY

Jacques Bourgeacq

THE UNIVERSITY OF IOWA

Boston, Massachusetts   Burr Ridge, Illinois   Dubuque, Iowa
Madison, Wisconsin   New York, New York   San Francisco, California   St. Louis, Missouri

McGraw-Hill

A Division of The McGraw-Hill Companies

This is an EBI book.
Manuel de composition française

11 12 13 14 15 16 17 18 19 IBT IBT 0 9 8 7 6 5 4

ISBN 0-07-037903-3

Library of Congress Cataloging-in-Publication Data

Limouzy, Pierre.
  Manuel de composition française / Pierre Limouzy, Jacques Bourgeacq.—2e ed.
    p. cm.
  English and French.
  ISBN 0-07-037903-3 : $16.00
  1. French language—Rhetoric. 2. French language—Textbooks for foreign speakers—English. I. Bourgeacq, Jacques. II. Title.
PC2420.L5 1990
808'.0441—dc20   89—13474
                                                                                  CIP

Manufactured in the United States of America

Developmental editors: Eileen LeVan, Michèle Sarner
Senior editing supervisor: Richard S. Mason
Copyeditor: Tina Barland
Text and cover designer: Rick Chafian
Illustrator: Lori Heckelman
Photo researcher: Judy Mason
Production supervisor: Fred Martich
Compositor: Ruttle, Shaw, and Wetherill, Inc.

Grateful acknowledgment is made for use of the following photographs:

Chapter 4 © Mike Mazzaschi / Stock, Boston; *chapter 6* © Owen Franken / Stock, Boston; *chapter 8* © Everts / Rapho / Photo Researchers, Inc.; *chapter 9* The Bettmann Archive; *chapter 11* © Peter Menzel; *chapter 16* © Philippe Gontier / The Image Works; *chapter 17* Associated Press.

Table des matières

Table des matières

Preface

This *Manuel de composition française* has been in use for over twenty years, during which time the material and methodology have been thoroughly tested. We have received comments, suggestions, and advice from our many colleagues who have used the book. Their confidence in its pedagogical value has led us to undertake this revised and augmented edition.

The principles that guided the first edition remain unchanged. Our aim continues to be to introduce students *methodically* and *gradually* to the more complex grammatical and syntactical patterns of the language while enriching their vocabulary, thus preparing them to write compositions. The topics of these compositions, varying in type, scope, and difficulty, range from simple descriptions, narratives, literary dialogues, and letter-writing to the writing of essays. Thus, these compositions bridge the gap between the elementary French of a student's early years and the sophisticated language of abstract ideas. Grammatical and lexical structures are presented in a context when needed, so that students gradually progress from the word to the phrase to the sentence to the paragraph and finally to the composition.

If the basic principles remain the same, an important improvement has been achieved by adding synthetic, global activities to the discrete-point type exercises of the first edition. We are referring especially to the new *exercices préparatoires* and *exercices d'auto-correction*, as well as to the practical guidance provided to students on the nature and manner in which to approach their compositions.

This second edition of the *Manuel* is composed of seventeen practice chapters, ten grammar appendices, a vocabulary list, and an index of grammatical terms.

THE CHAPTERS

The seventeen chapters are of two kinds:

A. Nine composition chapters divided into the following sections:
1. *Révision de verbes*   A list of irregular verbs (used in the chapter) to be reviewed by students in all moods and tenses
2. *Texte modèle*   A short excerpt from a modern writer followed by an *Analyse du texte* consisting of questions about the ideas, the grammar, and the vocabulary of that excerpt
3. *Exercices d'expansion*   A series of grammatical and lexical exercises expanding on the *Texte modèle*
4. *Plan et vocabulaire*   A suggested outline of the topic of the excerpt containing systematically arranged vocabulary and idioms and aimed at guiding students as they compose
5. *Exercices de style*   A series of exercises dealing with stylistic problems and using the vocabulary presented in the chapter
6. *Sujet proposé*   A suggested topic for free composition; we advise students on the ways in which to approach the specific type of compositions they are to write
7. *Exercices préparatoires*   These are synthetic, global activities that leave great freedom to students' imaginations (compared with the other exercises, which are mostly of a discrete-point type); although they are devised to reinforce the grammatical and lexical patterns of the chapter, they also provide a first *free* attempt at the writing of composition
8. *Exercices d'auto-correction*   A series of questions reminding students of the rhetorical and linguistic topics contained in the chapter and helping them revise the first draft of their compositions.

B. Eight exercise chapters dealing with specific points of grammar discussed in the appendices. These chapters have been inserted between the composition chapters as needed: for instance, a chapter on adjectives has been placed before the chapter on description, one on the subjunctive before the chapter on narration, one on the *mise en relief* before the chapter on dialogue, and one on relative pronouns before the chapter on letter and essay writing. Each exercise chapter contains a *texte modèle* followed by an examination of one specific point of grammar in it and a series of exercises expanding on that point.

THE APPENDICES

Ten grammar appendices stress and study in depth certain points that still pose serious problems at this level. These chapters are *not* intended to give an overall review of grammar, but should be studied by students and further clarified and expanded in class by means of the exercises in the exercise chapters.

THE VOCABULARY AND INDEX

The vocabulary list contains difficult words and phrases with contextual translations. The index lists grammatical terms alphabetically and cross-references them as needed to other grammatical terminology in the book.

INSTRUCTOR'S MANUAL

A separate *Instructor's Manual* accompanies this text. It contains general guidelines for teaching advanced composition and specific suggestions for using the text in the classroom. Answers to the grammar exercises are included. Further suggestions on how to use this text can be found in the *Instructor's Manual*.

Ideally, *Manuel de composition française* should be covered in a chronological order and in its entirety. However, each chapter is largely self-contained and can be used at the discretion of the instructor who wishes to emphasize particular types of compositions over others.

ACKNOWLEDGMENTS

Acknowledgment is gratefully extended to the following publishers for permission to reprint material: Editions Arthaud for Maurice Herzog, *Annapurna*; Calmann-Lévy, Editeur, for Anatole France, *La Vie littéraire*, Anatole France, *Le Jardin d'épicure*, and Pierre Loti, *Le Roman d'un enfant*; Editions Gallimard for Marcel Aymé, *Le Vin de Paris*, © Editions Gallimard, André Gide, *Le Prométhée mal enchaîné*, © Editions Gallimard, Albert Camus, *L'étranger*, © Editions Gallimard, Henry Montherlant, *La Reine morte*, © Editions Gallimard, Paul Valéry, *Variétés III*, © Editions Gallimard, Marguerite Duras, *La Vie tranquille*, © Editions Gallimard, Simone de Beauvoir, *Tout compte fait*, © Editions Gallimard, Simone de Beauvoir, *Mémoires d'une jeune fille rangée*, © Editions Gallimard; Mercure de France for Georges Duhamel, *Fables de mon jardin*; Editions Albin Michel for Romain Rolland, *Jean-Christophe à Paris*; Editions Bernard Grasset for Christiane Rochefort, *Les Stances à Sophie*.

We would like to thank Eileen LeVan and Michèle Sarner of McGraw-Hill for their constructive suggestions in the preparation of this second edition.

REFERENCES

The authors are indebted to the following works:

Bailly, R., *Traité de Stylistique française*, 2 vols. Paris, 1951.

Brunot, Ferdinand, *La Pensée et la Langue*. Paris, 1926.

Grevisse, Maurice, *Le Bon Usage*, 12e edition. Gembloux. Belgium: Duculot, 1986.

Vinay, J. P., et Darbelnet, J., *Stylistique comparée du Français et de l'Anglais*. Paris: Didier, 1958.

Wartburg, Walter von, et Zumthor, Paul, *Précis de Syntaxe du Français contemporain*, 2e edition, Berne: Bibliotheca Romanica.

CHAPITRE UN

Le présent et le passé composé

Consultez les *Appendices I* et *II*

Texte modèle

Ce passage est une description au présent. Il faut donc s'attendre à ce que la plupart des verbes soient au présent. Cependant tout fait antérieur au moment de la description sera présenté au moyen du passé composé.

...Castor est[1] d'une génération qui ne songe[2] qu'à la jouissance immédiate.

Dick n'est[3] pas de cette génération-là, grâce au ciel! C'est[4] un chien déplorablement français, un chien qui ne songe[5] qu'à l'épargne et qu'à la sécurité. Dans la génération de Dick, on a toujours travaillé[6] pour mettre quelque chose de côté, on a toujours pensé[7] sagement à l'avenir. Si Dick reçoit[8] un très petit morceau, ma foi, Dick le gobe,[9] instantanément, comme le jeune Castor. On est[10] chien ou on ne l'est[11] pas. Si Dick reçoit[12] un morceau de quelque importance, on ne peut[13] plus dire que Dick le gobe:[14] il le mange,[15] il le savoure[16] et pour ce faire tranquillement, il commence par[17] s'en aller au loin, dans une retraite préparée, à l'abri des énergumènes, à l'abri surtout de la jeune génération. Si Dick reçoit[18] un morceau vraiment gros, vraiment considérable, alors tout change.[19] Dick pense[20] à l'avenir. Il s'esquive[21] d'un air sournois. Il reste[22] absent cinq minutes et il revient[23] enfin, le museau plein de terre. Dick est allé[24] faire un dépôt en banque. En d'autres termes, il est allé[25] dans un coin du

1

jardin et là il a creusé[26] un trou. Il a caché[27] la pitance et recouvert[28] le tout, fort soigneusement. Dick n'est[29] pas une de ces folles cervelles *clairvoyant* d'aujourd'hui. Dick pense[30] aux mauvais jours. C'est[31] un prévoyant, un sage. Dick regarde[32] Castor-le-goinfre *glouton* avec un mépris souriant de la queue.

GEORGES DUHAMEL (1884–1966), Fables de mon jardin

ETUDE DES VERBES

1. est	Aspect duratif statique. Un état présent.
2. songe	Aspect duratif dynamique. Une action permanente qui se déroule au moment où parle l'auteur.
3. est ⎤ 4. est ⎦	Mêmes aspects que 1.
5. songe	Même aspect que 2.
6. a travaillé	Aspect inchoatif d'une action passée mais reliée au présent et susceptible de continuer. Nous avons ici le passé composé pur, qu'il ne faut pas confondre avec celui qui remplace souvent le passé simple dans le style de la conversation. (Cf. Appendice II: Le présent.)
7. a pensé	Même aspect que 6.
8. reçoit ⎤ 9. gobe ⎦ (après **si**)	Aspects itératifs (habituels). Le **si** qui introduit l'action a le sens de **chaque fois que**: ce cas se présente lorsque le verbe principal (**gobe**) est au même temps que le verbe subordonné (**reçoit**). (Cf. Appendice II: Le présent.)
10. est ⎤ 11. est ⎦	Aspects permanents.
	Les verbes de 12 à 28 expriment tous une action itérative (habituelle) dépendant de **si** (à chaque fois que). Nous ne mentionnerons donc plus cet aspect et nous bornerons à étudier chaque fait comme s'il ne s'était présenté qu'une seule fois.
12. reçoit ⎤ 13. peut ⎦	Aspects ponctuels.
14. gobe	Aspect ponctuel. Il faut ajouter ici cependant que, bien que le temps présent s'impose de par le texte, le mode est subjonctif à cause du verbe déclaratif *négatif* (**ne** …

plus dire) qui introduit la proposition déclarative **que Dick le gobe.**

15. mange $\}$
16. savoure $\}$ Aspects globaux

17. commence par — **Commencer** *par* ne prend jamais l'aspect inchoatif. Il marque seulement l'antériorité dans une série de faits. Ici, **commence par** porte sur le verbe **s'en aller.** Il faut comprendre: **D'abord, il s'en va,** action qui précède 15 et 16.

18. reçoit — Aspect ponctuel.

19. change $\}$
20. pense $\}$ Aspects inchoatifs.
21. s'esquive $\}$

22. reste — Aspect global. (La durée de cinq minutes en détermine le début et la fin.)

23. revient — Aspect ponctuel. **Enfin** ne donne pas au verbe *revenir* un aspect terminatif. Cet adverbe ne fait qu'accompagner le dernier verbe de la succession **change—pense— s'esquive—reste—revient.**

24. est allé — Aspect ponctuel. Marque l'antériorité sur **revient.**

25. est allé $\}$
26. a creusé $\}$
27. a caché $\}$ Mêmes aspects que 24.
28. (a) recouvert $\}$

29. est — Aspect duratif statique.

30. pense — Aspect duratif dynamique, qui prolonge 29 et l'explique (on verrait ici aisément un **parce que**).

31. est — Aspect duratif statique, qui reprend l'idée de 29.

32. regarde — Aspect duratif dynamique.

Exercices

A. Indiquez l'aspect des verbes numérotés dans le passage suivant.

FERRANTE: Messieurs, doña Inès de Castro n'est[1] plus. Elle m'a appris[2] la naissance prochaine d'un bâtard du prince. Je l'ai fait[3] exécuter pour préserver la pureté de la succession au trône, et pour supprimer le trouble et le scandale qu'elle causait dans mon Etat. C'est[4] là ma dernière et grande justice. Une telle décision ne se prend[5] pas sans douleur. Mais, au delà de cette femme infortunée, j'ai[6] mon royaume, j'ai[7] mon peuple, j'ai[8] mes âmes; j'ai[9] la charge que Dieu m'a confiée[10] et j'ai[11] le contrat que j'ai fait[12] avec mes peuples, quand j'ai accepté[13] d'être roi. Un roi est[14] comme un grand arbre qui doit[15] faire de l'ombre... (*Il passe la main sur son front et chancelle.*) Oh! je crois[16] que le sabre de Dieu a passé[17] au-dessus de moi...

> (*On apporte son siège. On l'assoit.*)

EGAS COELHO: Mon Roi!—Vite, cherchez un médecin!

FERRANTE: J'ai fini[18] de mentir.

EGAS COELHO: Ne mourez pas, au nom du ciel! (*Bas*) Pedro roi, je suis[19] perdu.

> HENRY DE MONTHERLANT (1896–1972), *La Reine morte*

B. Mettez les verbes en italiques aux temps qui conviennent, en indiquant l'aspect de chacun d'eux.

(Un jeune roi de Perse, résolu à profiter de l'expérience du passé, ordonne aux savants du royaume de composer une histoire universelle. Trente ans plus tard, ces derniers se présentent devant le roi.)

—Sire, les académiciens de votre royaume *avoir*[1] l'honneur de déposer à vos pieds l'histoire universelle qu'ils *composer*[2] à l'intention de Votre Majesté. Elle *comprendre*[3] six mille tomes et *renfermer*[4] tout ce qu'il nous *être*[5] possible de réunir touchant les mœurs des peuples et les vicissitudes des empires. Nous y *insérer*[6] les anciennes chroniques qui *être*[7] heureusement conservées, et nous les *illustrer*[8] de notes abondantes sur la géographie, la chronologie et la diplomatie. Les prolégomènes *former*[9] à eux seuls la charge d'un chameau et les paralipomènes *être*[10] portés à grand'peine par un autre chameau.

Le roi répondit:

—Messieurs, je vous *être*[11] fort obligé de la peine que vous *se donner*.[12] Mais je *être*[13] fort occupé des soins du gouvernement. D'ailleurs, je *vieillir*[14] pendant que vous travailliez. Je *passer*[15] de dix ans ce qu'un poète *appeler*[16] le milieu du chemin de la vie et, à supposer que je meure plein de jours, je ne *pouvoir*[17] raisonnablement espérer d'avoir encore le temps de lire une si longue histoire.

> ANATOLE FRANCE (1844–1924), *La Vie littéraire*

C. Même exercice que le précédent.

Écrire est demeuré la grande affaire de ma vie. Quels *être*[1] pendant ces dernières années mes rapports avec la littérature?

Le présent et le passé composé

Je *terminer*[2] *La Force des choses* au printemps 1963. Le livre *paraître*[3] peu après mon retour de vacances, en automne. Il *être*[4] chaleureusement accueilli et beaucoup lu. Cependant je *être*[5] déconcertée par certains des commentaires qu'il *susciter.*[6]

En l'écrivant, *prétendre*[7] quelques critiques, je *renoncer*[8] à tout souci esthétique et *choisir*[9] de présenter au public un document brut. C'*être*[10] tout à fait faux. Il *ne pas m'appartenir*[11] de décider ce que *valoir*[12] mon récit sur le plan littéraire; mais je *ne pas* délibérément *négliger*[13] de l'y situer. Je *refuser*[14] qu'à propos de mon autobiographie on utilisât la notion d'«œuvre d'art», je *expliquer*[15] pourquoi: ce *être*[16] un mot de consommateur et je *trouver*[17] choquant qu'on l'applique aux écrits d'aucun créateur. Cela *ne pas signifier*[18] que je *décider*[19] désormais de bâcler les miens.

SIMONE DE BEAUVOIR (1908–1986), *Tout compte fait*

L'imparfait et le passé composé

Consultez l'*Appendice II*

Texte modèle

Ce passage, tiré d'une pièce de théâtre, fait partie d'un dialogue. Il faut donc s'attendre à trouver des passés composés remplaçant le passé simple.

FERRANTE: J'ai connu[1] tout cela. Comme il embrassait,[2] ce petit! On l'appelait[3] Pedrito.... Son affection incompréhensible. Si je le taquinais,[4] si je le plaisantais,[5] si je le grondais,[6] à tout il répondait[7] en se jetant sur moi et en m'embrassant. Et il me regardait[8] longuement, de près, avec un air étonné...

INES: Déjà!

FERRANTE: Au commencement, j'en étais[9] gêné. Ensuite, j'ai accepté[10] cela. J'ai accepté[11] qu'il connût[12] ce que je suis.[13] Il m'agaçait[14] un peu quand il me faisait[15] des bourrades. Mais, lorsqu'il ne m'en a plus fait[16]... Car il est devenu[17] un homme, c'est-à-dire la caricature de ce qu'il était.[18]

HENRY DE MONTHERLANT (1896–1972), *La Reine morte*

ETUDE DES VERBES

1. ai connu Aspect global d'une action passée non reliée au présent et dont l'époque n'est pas précisée. L'auteur aurait pu employer ici un passé simple.

2. embrassait ⎫
3. appelait ⎭ Aspects itératifs (habituels), durée indéterminée.

4. taquinais ⎫
5. plaisantais ⎬ Aspects itératifs (habituels). Nous avons vu dans
6. grondais ⎭ le texte modèle du Chapitre Un le même cas au présent; dans les deux cas le **si** a le sens de **chaque fois que.** (cf. Appendice I: Le présent.)

7. répondait ⎫
8. regardait ⎭ Aspects itératifs (habituels). Résultat de 4, 5, 6.

9. étais   Aspect itératif (habituel). Résultat de 7 et 8.

10. ai accepté   Aspect inchoatif.

11. ai accepté   Répétition de 10 (passés simples possibles car actions non reliées au présent).

12. connût   Un des temps passés du subjonctif, action inchoative.

13. suis   Aspect permanent. Le sens de la phrase est: **j'ai accepté alors qu'il connût ma personnalité telle qu'elle est.**

14. agaçait ⎫
15. faisait ⎭ Aspects itératifs (habituels); série d'actions pendant une période indéterminée. Les faits 14 et 15 sont reliés dans le temps aux 7 et 8.

16. a fait   Aspect terminatif non relié au présent (passé simple possible).

17. est devenu   Action ponctuelle dont le résultat se continue au présent. En effet, il est devenu un homme à un certain moment du passé et il l'est à présent.

18. était   Aspect duratif antérieur à **est devenu**; état relié dans le temps avec 4, 5, 6, 7, 8, 9, 14, 15.

Exercices

A. Indiquez l'aspect des verbes numérotés dans le passage suivant.

A un moment, il m'a dit:[1] «Vous savez, les amis de Madame votre mère vont venir la veiller aussi. C'est[2] la coutume. Il faut[3] que j'aille chercher des chaises et du café noir.» Je lui ai demandé[4] si on pouvait[5] éteindre une des lampes. L'éclat de la lumière sur les murs blancs me fatiguait.[6] Il m'a dit[7] que ce n'était[8] pas possible. L'installation était[9] ainsi faite: c'était[10] tout ou rien. Je n'ai plus beaucoup fait[11] attention à lui. Il est sorti,[12] est revenu,[13] a disposé[14] des chaises. Sur l'une d'elles, il a empilé[15] des tasses autour d'une cafetière. Puis il s'est assis[16] en face de moi, de l'autre côté de maman. La garde était[17] aussi au fond, le dos tourné. Je ne voyais[18] pas ce qu'elle faisait.[19] Mais au mouvement de ses bras, je pouvais[20] croire qu'elle tricotait.[21] Il faisait[22] doux, le café m'avait réchauffé[23] et par la porte ouverte entrait[24] une odeur de nuit et de fleurs. Je crois[25] que j'ai somnolé[26] un peu.

ALBERT CAMUS (1913–1960), *L'Etranger*

B. Mettez les verbes en italiques aux temps du passé qui conviennent, en indiquant l'aspect de chacun d'eux.

Ce matin, en passant dans la rue, je *voir*[1] des maçons qui *bâtir*[2] une maison et qui *soulever*[3] des pierres comme les esclaves de Thèbes et de Ninive. Je *voir*[4] des mariés qui *sortir*[5] de l'église pour aller au cabaret, suivis de leur cortège, et qui *accomplir*[6] sans mélancolie les rites tant de fois séculaires. Je *rencontrer*[7] un poète lyrique qui me *réciter*[8] ses vers, qu'il croit immortels; et, pendant ce temps, des cavaliers *passer*[9] sur la chaussée, portant un casque...d'où *pendre*[10] encore, pour terrifier l'ennemi, la crinière mouvante qui effraya l'enfant Astyanax dans les bras de sa nourrice à la belle ceinture. Ces cavaliers *être*[11] des gardes républicains. A cette vue et songeant que les boulangers de Paris cuisent le pain dans des fours, comme aux temps d'Abraham et de Goudéa, je *murmurer*[12] la parole du Livre: «Rien de nouveau sous le soleil.»

ANATOLE FRANCE (1844–1924), *Le Jardin d'épicure*

C. Même exercice que le précédent. Indiquez les cas où il peut y avoir deux solutions.

Jérôme *repartir*[1] cassé en deux vers les Bugues. Je *rejoindre*[2] Nicolas qui, tout de suite après la bataille, s'était affalé sur le talus du chemin de fer. Je *s'asseoir*[3] à côté de lui, mais je crois qu'il *ne s'en* même *pas apercevoir*.[4] Il *suivre*[5] Jérôme des yeux jusqu'au point où le chemin *être*[6] caché par les bois. A ce moment-là Nicolas *se lever*[7] précipitamment et nous *courir*[8] pour rattraper notre oncle. Dès que nous le *revoir*,[9] nous *ralentir*[10] notre allure. Nous *marcher*[11] à une vingtaine de mètres derrière lui à la même lenteur que lui.

Nicolas *être*[12] tout en sueur. Ses cheveux *être*[13] collés et *tomber*[14] en mèches sur son visage; sa poitrine marquée de taches rouges et violettes *haleter*.[15] De ses aisselles *couler*[16] la sueur, en gouttes, le long de ses bras. Il ne *cesser*[17] d'examiner Jérôme avec une attention extraordinaire.

Au delà du dos fermé de mon oncle, Nicolas sûrement *entrevoir*[18] à ce moment-là tout ce qui suivrait.

MARGUERITE DURAS (1914–), *La Vie tranquille*

Le passé composé, le passé simple, l'imparfait et le plus-que-parfait

Consultez l'*Appendice II*

Texte modèle

Ce passage est une narration-description au passé. Il faut donc s'attendre à y trouver des passés simples de narration, des imparfaits de description et, pour exprimer l'antériorité sur ces temps, des plus-que-parfaits.

Je l'avais vu[1] d'abord de Cancale, le château de fées planté dans la mer. Je l'avais vu[2] confusément, ombre grise dressée sur le ciel brumeux.

Je le revis[3] d'Avranches, au soleil couchant. L'immensité des sables était[4] rouge, l'horizon était[5] rouge, toute la baie démesurée était[6] rouge; seule, l'abbaye escarpée, poussée là-bas, loin de la terre, comme un manoir fantastique, stupéfiante comme un palais de rêve, invraisemblablement étrange et belle restait[7] presque noire dans les pourpres du jour mourant.

J'allai[8] vers elle le lendemain dès l'aube à travers les sables, l'œil tendu sur ce bijou monstrueux, grand comme une montagne, ciselé comme un camée et vaporeux comme une mousseline. Plus j'approchais,[9] plus je me sentais[10] soulevé d'admiration, car rien au monde peut-être n'est[11] plus étonnant et plus parfait.

Et j'errai,[12] surpris comme si j'avais découvert[13] l'habitation d'un dieu à travers ces salles portées par des colonnes légères ou pesantes, à travers ces couloirs percés à jour, levant mes yeux émerveillés sur ces clochetons qui semblent[14] des fusées parties vers le ciel et sur tout cet emmêlement incroyable de tourelles, de gargouilles, d'ornements sveltes et charmants, feu d'artifice de pierre, dentelle de granit, chef-d'œuvre d'architecture colossale et délicate.

GUY DE MAUPASSANT (1850–1893), *Clair de lune*

passé composé
passé simple

ETUDE DES VERBES

1. avais vu 2. avais vu	Aspects ponctuels, expriment l'antériorité par rapport à 3.
3. revis	Aspect ponctuel, passé simple de narration.
4. était 5. était 6. était 7. restait	Aspects duratifs statiques, imparfaits de description.
8. allai	Aspect inchoatif. Le début de l'action est localisé par **dès l'aube**.
9. approchais	Aspect graduel. Action non localisée, durée indéterminée.
10. sentais	Aspect graduel. Action simultanée à 9 et de même valeur.
11. est	Aspect permanent. Présent intemporel.
12. errai	Aspect inchoatif. Le début de l'action est localisé par **et** qui est ponctuel. Il faut lire, **Et je me mis à errer**.
13. avais découvert	Aspect inchoatif d'une action antérieure à **errai**.
14. semblent	Aspect permanent. Présent intemporel.

Exercices

A. Mettez les verbes en italiques aux temps du passé qui conviennent, en indiquant l'aspect de chacun d'eux.

INES: Le jour où je le *connaître*[1] est comme le jour où je *naître*.[2] Ce jour-là on *enlever*[3] mon cœur et on *mettre*[4] à sa place un visage humain.

P.C. *P.C.* *P.C.* *P.C.*

10

C'*être*[5] pendant la fête du Trône dans les jardins de Montemor. Je *se retirer*[6] un peu à l'écart, pour respirer l'odeur de la terre mouillée. Le Prince me *rejoindre.*[7] On n'*entendre*[8] plus aucun bruit de la fête, plus rien que les petits cris des oiseaux qui *changer*[9] de branche. Il me *dire*[10] que, sitôt qu'il *entendre*[11] ma voix il *se mettre*[12] à m'aimer. Cela me *rendre*[13] triste. Je le *revoir*[14] plusieurs fois dans la campagne du Mondego. Il *être*[15] toujours plein de réserve, et moi j'*être*[16] toujours triste. Enfin je lui *dire:*[17] «Laissez-moi seulement mettre ma bouche sur votre visage et je serai guérie éternellement.» Il me *laisser*[18] faire et il *mettre*[19] sa bouche sur le mien.

HENRY DE MONTHERLANT (1896–1972), *La Reine morte*

B. Même exercice que le précédent. (Le Prince de Bismarck se remémore son passé.)

Vingt ans plus tard, dans une heure intime et solennelle, il *sentir*[1] lui monter au cœur l'épouvante et l'horreur de son œuvre. C'*être*[2] à Varzin. Le jour *tomber.*[3] Le prince, selon son habitude, *être*[4] assis après son dîner, près du poêle, dans le grand salon où *se dresser*[5] la statue de Rauch: «la Victoire distribuant des couronnes». Après un long silence, pendant lequel il *jeter*[6] de temps à autre des pommes de pin dans le feu et *regarder*[7] droit devant lui, il *commencer*[8] tout à coup à se plaindre de ce que son activité politique ne lui *valoir*[9] que peu de satisfaction et encore moins d'amis. Personne ne l'*aimer*[10] pour ce qu'il *accomplir.*[11] Il ne *faire*[12] par là le bonheur de personne, ni de lui-même, ni de sa famille, ni de qui que ce fût.

Quelqu'un lui *suggérer*[13] qu'il *faire*[14] celui d'une grande nation.
—Oui; mais le malheur de combien? *répondre*[15]-il.

ANATOLE FRANCE (1844–1924), *La Vie littéraire*

C. Même exercice que le précédent.

Il *faire*[1] sombre quand ils *se trouver*[2] près de la cataracte. Le soleil *se coucher*[3] déjà, mais la lune *ne pas* encore *se lever.*[4] Elle *se montrer*[5] bientôt et *éclairer*[6] les cieux. Ils *pouvoir*[7] alors admirer ce spectacle: poussées par les brises, les nuées diaphanes *se dérouler,*[8] *se rassembler*[9] et *former*[10] des masses blanchâtres qui *ressembler*[11] à des montagnes neigeuses. Tantôt la lune *disparaître*[12] derrière ces nuées, tantôt elle *reparaître*[13] plus brillante encore et sa clarté *descendre*[14] jusque dans les ténèbres de la fôret. Le vent, qui *s'apaiser*[15] auparavant *souffler*[16] plus fort tout à coup et *agiter*[17] les bouleaux de l'autre côté de la rivière. Ils *entendre*[18] alors distinctement la chute de quelques feuilles.

CHATEAUBRIAND (1768–1848), *Voyage en Amérique*

D. Même exercice que le précédent. Indiquez les cas où il peut y avoir plusieurs solutions.

Je *ne pas regretter*[1] certes d'être une femme; j'en *tirer*[2] au contraire de grandes satisfactions. Mon éducation me *convaincre*[3] de l'infériorité intellectuelle de mon sexe, que *admettre*[4] beaucoup de mes congénères. «Une femme ne *pouvoir*[5] pas espérer passer l'agrégation à moins de cinq ou six échecs» me *dire*[6] mademoiselle Roulin qui en *compter*[7] déjà deux. Ce handicap *donner*[8] à mes réussites un éclat plus rare qu'à celles des étudiants mâles: il me *suffire*[9] de les égaler pour me sentir exceptionnelle; en fait, je n'en *rencontrer*[10] aucun qui m'eût étonnée; l'avenir me *être*[11] ouvert aussi largement qu'à eux: ils ne *détenir*[12] aucun avantage. Ils *n'y pas prétendre*,[13] d'ailleurs; ils me *traiter*[14] sans condescendance, et même avec une particulière gentillesse car ils *ne pas voir*[15] en moi une rivale; les filles *être*[16] classées au concours selon les mêmes barèmes que les garçons mais on les *accepter*[17] en surnombre, elles ne leur *pas disputer*[18] leurs places. C'est ainsi qu'un exposé sur Platon me *valoir*[19] de la part de mes condisciples—en particulier de Jean Hyppolite—des compliments que ne *atténuer*[20] aucune arrière-pensée. Je *être*[21] fière d'avoir conquis leur estime. Leur bienveillance me *éviter*[22] de prendre jamais cette attitude de «challenge» qui me *agacer*[23] plus tard chez les femmes américaines: au départ, les hommes *être*[24] pour moi des camarades et non des adversaires. Loin de les envier, ma position, du fait qu'elle *être*[25] singulière, me *paraître*[26] privilégiée. Un soir Pradelle *inviter*[27] chez lui ses meilleurs amis et leurs sœurs. La mienne me *accompagner*.[28] Toutes les jeunes filles *se retirer*[29] dans la chambre de la petite Pradelle; je *demeurer*[30] avec les jeunes gens.

SIMONE DE BEAUVOIR (1908–1986), *Mémoires d'une jeune fille rangée*

Maison au toit de chaume à Kerdruc, en Bretagne MIKE MAZZASCHI/STOCK, BOSTON

CHAPITRE QUATRE

Composition française: Description d'une maison

Consultez les *Appendices II* et *III*

Révision de verbes

Révisez les verbes suivants à tous les temps de l'indicatif, du subjonctif et du conditionnel:

sentir, ressentir, se sentir, courir   entendre, se rendre
voir, apercevoir, entrevoir   aller
se diriger, dégager   suivre
pénétrer   accueillir

Texte modèle

J'entrai dans la maison de Me Ceyssac, comme on franchit le seuil d'une prison.

C'était une vaste maison, située dans le quartier—non pas le plus désert—mais le plus sérieux de la ville, confinant à des couvents, avec un très petit jardin qui moisissait dans l'ombre des hautes clôtures, de grandes chambres sans air et sans vue, des vestibules sonores, un escalier de pierre tournant dans une cage obscure et trop peu de gens pour animer tout cela.

On y sentait la froideur des mœurs anciennes et la rigidité des mœurs de province, le respect des habitudes, la loi de l'étiquette, l'aisance, un grand bien-être et l'ennui.

EUGENE FROMENTIN (1820–1876), *Dominique*

Analyse du texte

1. Ce texte est nettement divisé en trois parties. Précisez la manière dont chaque partie est présentée au lecteur, en relevant les éléments positifs/négatifs, subjectifs/objectifs, abstraits/concrets.
2. Donnez l'aspect de chacun des verbes.
3. Donnez dans le contexte des synonymes de:
   vaste, confinant à, très petit, obscure, seuil.
4. Donnez deux mots de la famille de:
   prison, désert, jardin, ombre, sonores, sentir, respect, ennui, froideur.
   Employez ces mots dans une phrase de votre choix.
5. Relevez les articles du texte en indiquant s'ils sont définis, indéfinis, ou partitifs. Expliquez les omissions si vous en trouvez. (Cf. Appendice III.)

Exercices d'expansion

Emploi et omission des articles (cf. Appendice III).

A. Complétez les expressions suivantes à l'aide de la préposition **de** et d'un article, si besoin est. Faites les contractions nécessaires.

MODELE: la maison *de* Maître Ceyssac →

1.   la maison *du* Docteur Ceyssac
2.   la demeure *de* Monsieur Ceyssac
3.   la résidence *du* Président Ceyssac
4.   le châlet *de* Ceyssac
5.   la villa *de* l'Amiral Ceyssac
6.   le château *du* Comte Ceyssac
7.   la ferme *du* brave Ceyssac

B. Mettez au pluriel: (Cf. Appendice III.)

1.   *de* une vaste maisons *des*
2.   *des* un vestibule sonore
3.   *des* un grand vestibule
4.   *des* un vieux garçon
5.   une haute clôture

6.   *de* un joli tableau
7.   un meuble ancien
8.   un vieux meuble
9.   un bas-quartier *des*
10.   *des* un petit pain

C. Complétez les expressions suivantes à l'aide de l'article qui s'impose.

MODELE: On y sentait *le* bien-être.
                         un grand bien-être. →

1.   On y sentait _la_ tristesse.
      une extrême tristesse.
      _la_ loi de l'étiquette.
2.   On y trouvait _de_ grandes joies.
      la _de la_ joie de vivre.
      des ennuis.
3.   On y sentait _un_ ennui profond.
      _la_ paix.
      une paix infinie.
4.   Il y régnait _un_ grand silence.

D. Complétez les expressions suivantes à l'aide de l'article qui convient selon le modèle ci-dessous.

MODELE: *un* rire d'enfant (complément déterminatif)
                         le rire d'un enfant (grammaticalisation) →

1.   _une_ maison de notaire
2.   _la_ maison du notaire

3.   _la_ chaise du salon
4.   _une_ chaise de salon

5. _un_ parfum de fleurs
6. _le_ parfum des fleurs
7. _la_ porte du garage

8. _une_ porte de garage
9. _la_ clôture du jardin
10. _une_ clôture de jardin

E. Employez l'article approprié, s'il y a lieu. (Cf. Appendice III.)

1. Il m'accueillit avec _de la_ joie.
    avec _une_ joie débordante.
    avec _la_ joie qu'il me montre d'habitude.
2. Il me reçoit avec _____ courtoisie.
    avec _une_ extrême courtoisie.
    avec _la_ courtoisie qui lui est coutumière.
3. Il me salua avec _____ politesse.
    avec _une_ politesse obséquieuse.
    avec _la_ politesse qui le caractérise.

F. Complétez les expressions suivantes d'après le modèle ci-dessous. Faites les contractions qui s'imposent. (Cf. Appendice III.)

MODELE: _des_ gens
peu _de_ gens →

1. éprouver _de l'_ennui
   beaucoup _d'_ ennui
2. inspirer _de la_ crainte
   assez _de_ crainte
3. causer _des_ ennuis
   bien _de_ ennuis

4. avoir _des_ invités
   un grand nombre _d'_ _de_ invités
5. entendre _des_ rires
   trop _de_ rires

G. Employez l'article défini ou indéfini s'il y a lieu. Faites les contractions qui s'imposent. (Cf. Appendice III.)

Note: Les articles partitifs **du, de la, des**, ainsi que l'article indéfini pluriel **des**, incompatibles avec la préposition **de** accompagnant un verbe, sont omis.

1. un jardin entouré de _une_ clôture
   un jardin entouré de _____ murs
   un jardin entouré de _la_ clôture la plus haute
   un jardin entouré de _s_ murs les plus hauts
2. une allée bordée d'_un_ épais gazon
   une allée bordée de _s_ géraniums que ma mère a achetés
   une rue bordée de _____ chênes
3. une pelouse plantée de _____ gazon
4. une villa surmontée de _un_ toit rouge
   des villas surmontées de _____ toits rouges
   une colonne surmontée d'_du_ buste de Washington

5. un jardin orné de ___ jet d'eau
un parc orné de ___ statues de marbre
une cheminée ornée de ___ photos de mes parents
6. une maison pleine de ___ animation
une bibliothèque remplie de ___ livres anciens
une maison remplie de ___ cris des enfants
une maison remplie de ___ cris d'enfants
7. une table couverte de ___ nappe brodée
un toit couvert de ___ tuiles rouges
des meubles couverts de ___ poussière
une pelouse couverte de ___ gazon le plus vert
8. une pièce baignée de ___ lumière
un salon baigné de ___ lumière tamisée
9. une pelouse parsemée de ___ violettes et ___ marguerites
un parquet jonché de ___ jouets et ___ livres d'images

PLAN ET VOCABULAIRE:
Description d'une maison

Conseils préliminaires:

Décrire, c'est présenter à ses lecteurs un objet, un paysage ou une personne, en faisant appel à leurs sens (vue, ouïe, odorat, toucher, goût), à leur imagination et à leurs émotions. La description combine ainsi des éléments en apparence concrets ou objectifs à d'autres éléments abstraits ou subjectifs.

L'auteur d'une description ne cherche pas à présenter tous les détails possibles d'un objet, d'un paysage ou d'une personne, mais *les sélectionne en fonction d'une impression dominante* qu'il désire communiquer à ses lecteurs.

Par exemple, dans le premier paragraphe du texte de Maupassant où l'auteur décrit le Mont-Saint-Michel (Chapitre Trois, p. 9), il cherche à nous communiquer une impression fugitive de mystère qui se dégage du monument vu obscurément dans le lointain. Il choisit pour cela des éléments:

1. concrets ou objectifs: **dans la mer, ombre grise, ciel brumeux**
2. abstraits ou subjectifs: **château de fées, planté, confusément**

Dans le deuxième paragraphe, l'éclairage transforme le mystère en fantastique. Le Mont-Saint-Michel est présenté maintenant non plus dans l'ombre, mais dans la lumière. La stupéfaction de l'auteur provient du fait que même dans cette lumière sa première impression de mystère s'intensifie, comme le montrent les éléments suivants:

1. concrets ou objectifs: **au soleil couchant, l'immensité des sables, rouge, la baie démesurée, l'abbaye escarpée**
2. abstraits ou subjectifs: (répétition de) **rouge, poussée, manoir fantastique, palais de rêve, invraisemblablement étrange et belle, le jour mourant**

Dans ce passage l'auteur a choisi un petit nombre de mots concrets et d'images qui sont tous subordonnés à l'impression générale de mystère se transformant en fantastique.

La situation

la maison se trouve (est située):

dans	une ville
	la banlieue (de «x»)
	une banlieue (tranquille, paisible)
	le centre de la ville (d'une petite ville, d'une ville de province, d'une grande ville)
	un quartier (riche, pauvre, bourgeois, ouvrier, calme, bruyant, animé)
	une rue (étroite, bordée d'arbres, passante, tranquille, déserte)
sur	une avenue (large, bruyante, animée, bordée d'arbres)
	un boulevard
	une place
à	la campagne
à	St. Louis, Paris, Chicago
au bord de	une route (nationale)
	un lac (calme, agité)
	une rivière (limpide)
	la mer

la maison est perchée:

au flanc de	une montagne (escarpée)
au sommet de	une colline (souriante)

la maison repose:

au pied de	une colline
au fond de	une vallée (paisible, fertile, souriante)

L'extérieur

on s'approche *de*⎫
on se dirige *vers*⎭ la maison, la maisonnette, le châlet, la villa, la ferme, la grille (le portail), le perron, la porte d'entrée

18

on suit }
on emprunte }
	l'allée (sablée, de gravier, cimentée,
	    bordée de fleurs, bordée de buis-
	    sons, bordée d'une haie)

on franchit	la grille (en fer forgé), le portail (en bois)
on aperçoit	la façade (accueillante, sévère, déla- brée, bien ou mal entretenue)
on distingue	le toit (pointu, plat, de tuiles, d'ar- doises, branlant)
	la cheminée (de pierres, de briques, qui fume)
	les volets
	les fenêtres (grandes, petites, larges, étroites)
	le balcon (en pierres, en bois, en bri- ques, à colonnes)
	la véranda

	la pelouse (verte, plantée d'arbres,
	    plantée de fleurs, plantée d'ar-
	    bustes, bien tondue, négligée, desséchée)

	le jardin (potager, d'agrément), le jardinet
la maison est	basse, moderne, vieille, rustique, grande, petite, imposante, accueillante, souriante
c'est une maison	triste, maussade, délabrée

basilique ? [handwritten annotation]

la maison:

à	un, deux, plusieurs étages
à l'aspect } *d'aspect* }	accueillant, souriant, maussade, triste, effrayant, mystérieux
au	toit rouge
aux	volets verts
de	style (victorien, colonial, gothique)
de } *en* }	bois, pierres, briques
entourée de	arbres, une clôture, un mur, une haie

> hedge [handwritten annotation]

L'intérieur

on sonne *à* } on frappe *à* }	la porte
on entre *dans* } on pénètre *dans* }	la maison, le vestibule, le salon, la salle de séjour
on franchit	le seuil (de la maison)
on sent	un parfum de fleurs
	une (bonne) odeur de cire, de cuisine
	une odeur de moisi, de renfermé
on entend	des éclats de voix, des rires, des pleurs, les cris des enfants, un bruit de vaisselle, de la musique

on remarque le décor, l'ameublement *surprishing* (ancien, moderne, de style)

les meubles (bien cirés, poussiéreux)

les tableaux (accrochés au mur) → *paintings hanging on wall.*

le tapis (moelleux, usé, râpé, sale)

le parquet (ciré, reluisant, sale, terne)

le feu (dans la cheminée)

les habitants (accueillants, souriants, froids, rébarbatifs) et leurs occupations du moment

L'atmosphère *conclusion*

la maison peut dégager

une atmosphère *de*   bien-être, hospitalité, gaieté, confort,

on peut ressentir   }   luxe, aisance, sécurité

une impression *de* }   malaise, froideur, tristesse, ennui, pauvreté, misère, mystère, crainte

le bien-être, *l'*hospitalité, *la* gaieté, *le* confort, etc.

on peut y sentir   *un* grand bien-être, *une* aimable hospitalité, *un* grand confort, etc.

Exercices de style

A. *Comment remplacer les mots* **bruit** *et* **odeur** *par un terme plus descriptif. Choisissez dans les expressions suivantes le mot qui convient.*

aboiement *barking*	craquement *cracking*	tic-tac *clock*
arôme	fumet *flavor*	tintamarre *- a loud noise*
brouhaha	miaulement *- meowing*	tintement *gentle nois*
chant	parfum	vacarme *- very loud n*

1. le *bruit* de la pendule
2. le *bruit* de la sonnette
3. le *bruit* du plancher (sur lequel on marche) *craquement*
4. le *bruit* du chat
5. le *bruit* du chien
6. le *bruit* du canari *chant*
7. un *bruit* (confus) de conversation *brouhaha*
8. le *bruit* des enfants qui jouent bruyamment *vacarme*
9. le *bruit* (assourdissant) de la radio ou de la télévision *tintamarre*

10. l' *odeur* des roses
11. l' *odeur* du café ou du tabac *arôme*
12. l' *odeur* d'une viande qui cuit *fumet*

B. *Comment éviter la répétition banale de verbes tels que* **est, il y a, se trouve, on voit,** *etc.* Complétez les phrases ci-dessous en employant le verbe qui convient tiré de la liste suivante.

être accroché *to hang* flamber *blame* pendre *hang*
brûler *burn* grimper *climbing* pétiller *crackle*
couler *flow* jaillir *gushes* pousser *grow*
courir *run* jouer *to play* ronronner *purr*
se dégager *radiates* mener *lead* sommeiller *dozed off*
se dresser *stand up* s'ouvrir *open*

1. Le long de la pelouse *cours* une allée.
2. Des fleurs *pousse* sur la pelouse.
3. Devant la maison *se dress* de grands arbres.
4. Des enfants *jouent* dans le salon.
5. Dans le jardin *jaillit* une fontaine.
6. Un feu *brûle* dans la cheminée.
7. Dans la cheminée *flambe* un grand feu.
8. Un feu *pétille* dans la cheminée (bruit).
9. Au mur *accrochés* des tableaux.
10. Un lustre *pend* au plafond.
11. De la cuisine *dégage* une bonne odeur (parfum, arôme).
12. Du lierre *grimpe* le long du mur.
13. Sur le jardin *ouvert* une grande baie vitrée.
14. Une rivière *coule* derrière la maison.
15. Au châlet *mener* un sentier.
16. Un chat *ronronne* près du feu.
17. Le grand-père *sommeille* dans son fauteuil.

C. *Comment remplacer la construction relative souvent trop lourde par l'adjectif propre.* Remplacez les propositions relatives par un adjectif. Aidez-vous d'un dictionnaire anglais-français, si nécessaire.

1. un jardin *où il y a de l'ombre*
2. une pièce *où il y a du soleil*
3. une cuisine *qui est très propre*
4. un jardin *où l'on cultive des légumes* *potagé*
5. un jardin *où l'on fait pousser des fleurs*
6. une maison *dont le charme attire*
7. un meuble *qui est couvert de poussière*
8. une rue *où il y a de la circulation*
9. des gens *dont on aime la personnalité*

10. une lumière *qui aveugle*
11. une pelouse *dont on ne s'occupe pas*
12. des cris *qui ne s'arrêtent jamais*
13. une maison *qui tombe en ruines*
14. une maison *qui n'a pas d'étages*
15. un balcon *où il y a des fleurs*
16. un quartier *où habitent des gens aisés*

Sujet proposé

Décrivez, en une page environ et au passé, une maison *que vous connaissez bien*, en essayant de communiquer une impression dominante.

Conseils: Choisissez avec soin *un petit nombre* de détails caractéristiques subordonnés à l'atmosphère que vous voulez évoquer. Inspirez-vous du *Plan et vocabulaire*.

Exercices préparatoires

Ces exercices constituent un travail de synthèse personnelle de ce qui a été étudié dans ce chapitre. Ils préparent aussi à l'établissement d'un plan, dernière étape précédant la rédaction d'une composition. *Il est important dans les phrases que vous allez composer, de vous efforcer d'employer certains mots et expressions du* Plan et vocabulaire, *ainsi que certaines structures des divers exercices de ce chapitre.* Ainsi, en utilisant des éléments linguistiques familiers, vous exprimerez à l'avance vos idées personnelles dans des phrases qui pourront servir à la rédaction de votre composition.

1. Employez dans quelques phrases de votre choix des expressions tirées des *Exercices d'expansion* A, B, et C.

   MODELE: un vieux garçon → L'immeuble, situé dans un quartier bourgeois, était habité par *des* vieux garçons.

2. Composez quelques phrases de votre choix avec des expressions tirées de l'*Exercice d'expansion* D. Puis composez quelques nouvelles expressions à employer dans des phrases.

   MODELES: porte *du* garage → Mon père avait fait repeindre en vert la porte *du* garage.

   Nouvelle expression → table *de* jardin—Sur la véranda on remarquait une belle table *de* jardin en bois.

3. En vous basant sur l'*Exercice d'expansion* E, composez quelques phrases de votre choix. Variez les structures.

MODELE: C'était toujours *avec plaisir/avec un vif plaisir* que le proprié-
taire accueillait ses locataires.

4. Composez quelques phrases avec les verbes de l'*Exercice d'expansion* F.

MODELES: En franchissant le seuil, on entendait *des* rires d'enfants.

La table *de la* salle à manger était recouverte *d'*une belle
nappe blanche brodée.

5. Composez quelques phrases avec des verbes de l'*Exercice d'expansion* G.

MODELE: On pénétra dans un cabinet de travail *rempli de* livres anciens.

6. Composez quelques phrases en employant le vocabulaire nouveau de
l'*Exercice de style* A.

MODELE: Le silence n'était troublé que par le *tic-tac* de la pendule.

7. Composez quelques phrases *au passé* avec des verbes de l'*Exercice de
style* B.

MODELE: Une magnifique reproduction de Picasso *était accrochée* au
mur de la salle à manger.

8. Composez quelques phrases *au passé* avec des expressions de l'*Exercice
de style* C.

MODELE: La cuisine était une grande pièce *ensoleillée*.

Etablissement du plan

Une fois que vous aurez choisi la maison que vous voulez décrire, ainsi
que *l'impression dominante* que vous désirez créer, établissez un plan en
vous inspirant du *Plan et vocabulaire* et en sélectionnant dans la série
d'exercices précédents les phrases qui conviennent et que vous pouvez
modifier, sans bien sûr vous limiter au vocabulaire et aux structures du
chapitre.

Exercice d'auto-correction

Cet exercice constitue un travail d'analyse et de correction de ce que vous
avez écrit. En vous relisant, vous vérifierez la clarté de vos idées, la
cohérence du texte, l'équilibre des paragraphes et enfin l'atmosphère qui
s'en dégage. Vous chercherez aussi à corriger les fautes de grammaire et à
éviter certaines lourdeurs de style.

Réfléchissez aux questions suivantes, puis relisez attentivement votre
composition. Il serait souhaitable de faire vos corrections avec une encre de
couleur différente afin de pouvoir comparer les deux versions.

1. Avez-vous réussi à communiquer au lecteur une impression dominante?
2. Les détails de votre description permettent-ils au lecteur d'imaginer la maison que vous voulez décrire?
3. Avez-vous choisi les mots justes pour présenter cette maison? Vous est-il possible d'éviter certaines répétitions? (C.f. *Plan et vocabulaire.*)
4. Pouvez-vous remplacer des verbes banals, tels que **être, avoir, trouver, faire,** etc., par des verbes plus précis et plus évocateurs?
5. Avez-vous utilisé des adjectifs précis pour enrichir votre description?
6. Avez-vous vérifié l'emploi (ou l'omission) des articles?

CHAPITRE CINQ

Les adjectifs

Consultez l'*Appendice IV*

Texte modèle

On quitte la grande[1] route à la Boissière et l'on continue à plat jusqu'au haut de la côte des Leux, d'où l'on découvre la vallée. La rivière qui la traverse en fait comme deux régions de physionomie distincte:[2] tout ce qui est à gauche est en herbage, tout ce qui est à droite est en labour. La prairie s'allonge sous un bourrelet de collines basses[3] pour se rattacher par derrière aux pâturages du pays de Bray, tandis que, du côté de l'est,[4] la plaine, montant doucement, va s'élargissant et étale à perte de vue ses blondes[5] pièces de blé. L'eau qui court au bord de l'herbe sépare d'une raie blanche[6] la couleur des prés et celle des sillons, et la campagne ainsi ressemble à un grand[7] manteau déplié[8] qui a un collet de velours[9] vert bordé d'un galon d'argent.

Au bout de l'horizon, lorsqu'on arrive, on a devant soi les chênes de la forêt d'Argueil, avec les escarpements de la côte de Saint-Jean, rayés du haut en bas par de longues[10] traînées rouges,[11] inégales;[12] ce sont les traces des pluies, et ces tons de brique, tranchant en filets minces[13] sur la couleur grise de la montagne, viennent de la quantité de sources ferrugineuses[14] qui coulent au-delà dans le pays d'alentour.

GUSTAVE FLAUBERT (1821–1880), *Madame Bovary*

ETUDE DES ADJECTIFS

1. grande	L'adjectif forme ici une unité avec le nom. L'adjectif et le nom évoquent une seule idée, valeur synthétique. Impossible ici de traduire par l'équivalent conventionnel de **grand.** Au lieu, il faudrait employer «*main road*» ou «*highway*».
2. distincte	Valeur analytique.
3. basses	Valeur analytique, sens propre.
4. de l'est	Complément déterminatif indiquant la situation. Notons ici l'emploi de l'article. **Est** est défini par l'évidence. C'est en effet de *l'est du paysage dont on parle.* Comparer avec: **un vent d'est** qui indique l'espèce et la direction.
5. blondes	**Blonde,** adjectif de couleur, suit généralement le nom. Ici placé devant il prend une valeur synthétique; l'auteur présente cette qualité comme inhérente.
6. blanche	Adjectif de couleur. Position normale, valeur analytique.
7. grand	Emploi normal de l'adjectif (cf. 1).
8. déplié	Participe passé employé comme adjectif a toujours une valeur analytique et suit le nom. C'est un manteau **qui est** *déplié* ou plutôt que *l'on aurait* *déplié.*
9. de velours	Complément déterminatif exprime la matière.
10. longues	Position normale de l'adjectif. Notons que cette position peut varier quand par exemple l'adjectif prend une valeur technique donc purement analytique: **une chaise** *longue* (*a deck* chair).
11. rouges	Un autre adjectif de couleur. Notez que de par sa position il modifie **longues traînées** et non pas seulement **traînées.**
12. inégales	Egalement à valeur analytique ajoute une autre valeur aux **longues traînées rouges.**
13. minces	Emploi normal de cet adjectif au sens propre.
14. ferrugineuses	Adjectif proprement technique, c'est-à-dire toujours analytique et donc suivant toujours le nom.

Exercices

A. Adjectifs qui changent de signification selon leur position (cf. Appendice IV). Mettez les adjectifs à la place convenable.

1. (dernier)
   C'était la _____ semaine _____ de septembre.
   La _____ semaine _____ j'ai visité la Maison Blanche.

2. (seul)
   Une _____ femme _____ ne s'aventurerait pas dans ce quartier.
   C'était là le _____ château _____ qui m'ait plu.

3. (unique)
   Ce voyage à Chartres était pour moi une _____ chance _____, inespérée.
   Mon _____ espoir _____ allait enfin se réaliser.

4. (différent)
   Nous avions déjà parcouru les Champs-Elysées mais à des _____ heures _____. _____ rues _____ montaient vers la cathédrale.

5. (même)
   Il était la _____ bonté _____, la bonté personnifiée.
   Dans la galerie suivante, une _____ extase _____ m'attendait.

6. (certain)
   Sa réussite est un _____ fait _____.
   Le musée n'ouvre qu'à _____ heures _____.

7. (divers)
   Le guide interrompit son discours à _____ reprises _____.
   Au cours de sa visite il m'a tenu des _____ propos _____.

8. (ancien)
   Les habitants du logis collectionnaient les _____ meubles _____.
   La _____ demeure _____ des rois de France se dressait devant moi.

9. (nouveau)
   Christophe Colomb découvrit par accident le _____ monde _____.
   Aldous Huxley nous a présenté un _____ monde _____.

B. Adjectifs à sens propre et sens figuré (cf. Appendice IV). Mettez les adjectifs à la place convenable.

1. (riche)
   Voilà une _____ idée _____!
   Quelle générosité pour un _____ homme _____!

2. (modeste)
   C'est un _____ érudit _____.
   ... pour la _____ somme _____ de cinq dollars.

3. (noble)
   Il était animé d'une _noble_ colère ____.
   Elle était issue d'une vieille ____ famille _noble_.
4. (âpre)
   «La vérité, la _âpre_ vérité ____!»—Stendhal *bitter truth*
   Ce fruit avait un ____ goût _âpre_.
5. (chaud)
   Un _chaud_ accueil ____ l'attendait.
   Nous aurions préféré un ____ repas _chaud_.
6. (maigre)
   A cette époque, je touchais encore un _maigre_ salaire ____.
   C'était une ____ femme _maigre_, aux traits vieillis par la misère.
7. (triste)
   Depuis la mort des siens, il menait une _triste_ vie ____.
   Il pensait à des ____ sujets ____ pour garder son sérieux.
8. (vif)
   Son arrivée nous cause un _vif_ plaisir ____.
   Quel ____ enfant _vif_! Il ne s'arrête jamais de trotter.
9. (sérieux)
   Il vous faudra fournir un _sérieux_ effort ____.
   Même aux scènes les plus comiques, il ne se départait jamais de son
   ____ air _✓_.
10. (bas)
    Les _basses_ besognes ____ ne lui répugnaient point.
    C'était l'heure de la ____ marée _bas_.
11. (profond)
    «C'était pendant l'horreur d'une _profonde_ nuit ____.»—Racine
    Il préférait pêcher en ____ eau ____.
12. (rude)
    Sa ____ voix _✓_ contrastait avec sa silhouette élégante.
    Elle lui asséna un _✓_ coup ____ de parapluie sur la tête.
13. (fier)
    Il doit une _✓_ chandelle ____ à ses amis.
    Indépendant et indiscipliné, c'était une ____ âme _✓_.
14. (vert)
    Son échec lui valut une _✓_ semonce ____.
    Ce jour-là il arborait une ____ cravate _✓_.
15. (sale)
    Dans sa jeunesse, il avait trempé dans une _✓_ affaire ____.
    Ne touche pas ton pain avec tes ____ mains _✓_.
16. (pur)
    Le ____ air _✓_ de nos montagnes aura tôt fait de vous raviver.
    Il a agi par _✓_ méchanceté ____.

17. (pauvre)

Ce _____ diable _____ faisait vraiment peine à voir.

Un _____ étudiant _____ doit travailler pour financer ses études.

18. (ténébreux)

Balzac a écrit «Une _____ affaire _____».

Les spéléologues ont exploré une _____ grotte _____.

C. Adjectifs synthétiques ou analytiques (cf. Appendice IV). Mettez les adjectifs à la place convenable.

1. (gai)   un luron   une histoire
2. (menu)   une fillette   de la monnaie
3. (fin)   des jambes   un diplomate
4. (profond)   un chagrin   un lac
5. (rude)   une étoffe   une épreuve
6. (légitime)   un fils   une défense
7. (sage)   des conseils   un enfant
8. (fort)   un café   une tête
9. (sanglant)   un combat   un visage
10. (pesant)   un sac   un fardeau
11. (vague)   un soupçon   une lumière
12. (amer)   une potion   une déception
13. (fou)   un roi   une passion
14. (lâche)   une calomnie   une corde
15. (doux)   un vin   une euphorie

D. Nom modifié par plusieurs adjectifs (cf. Appendice IV). Mettez les adjectifs à la place convenable.

1. (petit; sympathique)   un café
2. (petit; bon)   un restaurant
3. (bucolique; long)   un poème
4. (rouge; pointu)   un toit
5. (clair; bien présenté)   une thèse
6. (paresseux; intelligent)   un élève
7. (épuisant; long)   un voyage
8. (seul; éclairé)   la fenêtre
9. (étroit; boueux)   un chemin
10. (vitré; grand)   une baie
11. (français, premier)   le philosophe
12. (incessant; fin)   une pluie
13. (ombragé; fleuri)   une tonnelle
14. (seul; délaissé)   une personne
15. (ancien; solide)   un bâtiment
16. (ridé; grimaçant)   un visage

17. (passant; petit)   une rue
18. (pauvre; jeune; généreux)   un homme *pauvre mais généreux*
19. (timide; serviable; brave)   un garçon *serviable mais timide.*
20. (blanc; sec; petit; bon)   un vin *blanc sec.*

E. Compléments déterminatifs et compléments d'adjectif (cf. Appendice IV). Mettez les mots entre parenthèses à la place convenable.

1. (de 100 mètres; haut)   une tour *haute de 100 mètres*
2. (ancien; de mon père)   un *ancien* ami *de...*
3. (à croquer; belle)   une fillette *belle à croquer*
4. (au lait; bon)   un chocolat *au lait*
5. (en maths; bon)   un élève *bon en maths*
6. (pur; joli; d'or)   un bracelet *mon?*
7. (massif; en chêne)   un bahut *en chêne massif*
8. (écrémé; au lait)   un café — *au lait écrémé*
9. (à rien; bon)   un étudiant *bon à rien.*
10. (de maths; bon)   un élève *bon de maths*
11. (de joie; ivre)   une fille *ivre de joie*
12. (de son père; digne)   le fils *de son père*
13. (resplendissant; de lumière)   une salle *resplendissant de lumière*
14. (que celle envisagée; autre)   une solution *autre que celle envisagée*
15. (digne; de son père)   un fils *digne de son père*
★16. (éblouissant; de lumière)   un rayon *de lumière éblouissant*
17. (gauche; de main)   une poignée *de main*
18. (de miel; doux)   *douce* une lune — *de miel*
19. (de peur; vert)   un visage — *vert de peur*
20. (de la mort; violent)   une peur *violente de la mort*

F. Adjectifs et compléments déterminatifs. Mettez les adjectifs et les compléments déterminatifs entre parenthèses à la place appropriée en faisant les accords qui conviennent et en ajoutant les prépositions, avec ou sans articles, aux compléments déterminatifs.

Les forêts ont été les temples[1] (premier, Divinité), et les hommes ont pris dans les forêts l'idée[2] (premier, architecture). Cet art a donc dû varier selon les climats. Les Grecs ont tourné la colonne[3] (élégant, corinthien) avec son chapiteau[4] (feuille) sur le modèle[5] (palmier). Les piliers[6] (énorme) du style[7] (vieux, égyptien) représentent le sycomore, le figuier[8] (oriental), et la plupart des arbres[9] (gigantesque, Afrique, Asie).

Les forêts[10] (Gaules) ont passé à leur tour dans les temples de nos pères, et nos bois[11] (chênes) ont ainsi maintenu leur origine[12] (sacré). Ces voûtes[13] (ciselé, en feuillages), ces jambages qui appuient les murs et finissent brusquement comme des troncs[14] (brisé), la fraîcheur[15] (voûtes), les ténèbres[16] (sanctuaire), les ailes[17] (obscur), les passages[18] (secret), les portes[19] (abaissé), tout retrace les labyrinthes[20] (bois) dans l'église[21] (gothique); tout en fait sentir l'horreur[22] (religieux), les mystères et la divinité. Les tours[23] (hautain, deux, planté) à l'entrée de l'édifice, surmontent les ormes et les ifs[24] (cimetière), et font un effet[25] (pittoresque) sur l'azur[26] (ciel).

CHATEAUBRIAND (1768–1848), *Le Génie du christianisme*

Le Mont-Saint-Michel à marée basse   OWEN FRANKEN/STOCK, BOSTON

CHAPITRE SIX

Composition française: Description d'un monument

Révision de verbes

Révisez les verbes suivants à tous les temps de l'indicatif, du subjonctif et du conditionnel:

> s'allonger, s'élever, connaître, apparaître, savoir, se perdre, atteindre, sourire

Texte modèle

J'ai visité *le* Mont-Saint-Michel que je ne connaissais pas. Quelle vision quand on arrive comme moi à Avranches, vers *la* fin du jour. Je poussai *un* cri d'étonnement: une baie démesurée s'étendait devant moi, à perte de vue, entre deux côtes écartées se perdant au loin dans *les* brumes; et au milieu de cette immense baie jaune, sous *un* ciel d'or et de clarté, s'élevait, sombre et pointu, un mont étrange au milieu des sables.

Dès l'aurore, j'allai vers lui. *La* mer était basse comme la veille au soir et je regardais se dresser devant moi, à mesure que j'approchais d'elle, la surprenante abbaye. Après plusieurs heures de marche, j'atteignis l'énorme bloc de pierre qui porte la petite cité dominée par la grande église. Ayant gravi la rue étroite et rapide, j'entrai dans la plus admirable demeure gothique construite par Dieu sur la terre, vaste comme une ville, pleine de salles écrasées sous *des* voûtes et *de* hautes galeries que soutiennent de frêles colonnes.

GUY DE MAUPASSANT (1850–1893), *Clair de lune*

Analyse du texte

1. De combien de parties se compose cette description? Donnez un titre à chacune de ces parties. Indiquez ensuite l'impression dominante du texte.
2. Donnez l'aspect de chacun des verbes de ce passage.
3. Justifiez l'emploi des articles en italiques.
4. Donnez les synonymes dans le contexte de: **poussai, démesurée, au milieu de, s'élevait, étrange, ayant gravi, rapide.**
5. Citez un verbe de la famille de: **loin, sombre, basse.** Employez chacun d'eux dans une courte phrase et donnez l'antonyme de chacun des verbes trouvés.
6. a. Donnez un nom de la famille de: **rapide, étrange, dominée, visiter, connaître, arriver.**
    b. Donnez un adjectif de la famille de: **vision, mer, cité, terre.**
    c. Donnez un adverbe de la famille de: **immense, étonnant.**
        Employez les mots que vous aurez trouvés dans de courtes phrases.

Exercices d'expansion

A. Remplacez la proposition relative par un complément déterminatif introduit par la préposition **à, de,** ou **en** (cf. Appendice IV).

MODELES: un ciel *qui a la couleur de l'or* →
un ciel **d**'or

un tombeau *qui est fait avec du marbre* →
un tombeau **en** marbre

1. un artiste *qui a du talent.*
un artiste _de_ talent.
2. une œuvre *qui témoigne du goût de son auteur.*
une œuvre _de_ goût.
3. une façade *qui comprend des colonnes.*
une façade _à_ colonnes.
4. une fresque *qui comprend quatre tableaux.*
une fresque _en_ quatre tableaux.
5. une madone *dont le visage est angélique.*
une madone _au_ visage angélique.
6. un cri *qui exprime l'étonnement.*
un cri _d'_ étonnement.
7. une salle *qui sert aux expositions.*
une salle _d'_ expositions.
8. une église *dont le clocher est pointu.*
une église _au_ clocher pointu.
9. la colonne *qui se trouve à droite.*
la colonne _de_ droite.
10. une statue *qui est faite avec de l'albâtre.*
une statue _d'_ albâtre. (en)
11. une peinture *dont le cadre est doré.*
une peinture _au_ cadre doré.
12. une œuvre *qui est universellement appréciée.*
un chef _d'_ œuvre.
13. une chaise *qui a un dossier de bois.*
une chaise _à_ dossier de bois.
14. une œuvre *qui se distingue par sa beauté.*
une œuvre _d'_ art.
15. un édifice *dont l'architecture rappelle le style italien.*
un édifice _à l'_ italienne.

B. Dans les phrases ci-dessous, remplacez le passé antérieur par une proposition infinitive, puis par une proposition nominale d'après le modèle suivant (cf. Appendice II), et finissez-les de façon originale.

MODELE: après que j'eus marché plusieurs heures,… →
après *avoir marché plusieurs heures*, je…
après *plusieurs heures de marche*, je…

1. après que j'eus voyagé une nuit,…
après _____, je…

2. après qu'il eut étudié deux ans,…
après _____, il…

3. après que nous eûmes lu deux heures,…
après _____, nous…

4. après que j'eus attendu quelques minutes,…
après _____, je…

5. après qu'ils eurent passé une journée en classe,…
après _____, ils…

6. après que je me fus absenté une semaine,…
après _____, je…

7. après qu'il eut volé une heure,…
après _____, il…

8. après que j'eus dormi huit heures,…
après _____, je…

9. après qu'il eut été emprisonné dix ans,…
après _____, il…

10. après qu'elle eut fait des efforts pendant quatre ans,…
après _____, elle…

C. Cherchez dans un dictionnaire français un diminutif de: **colonne, tour, statue, clocher, cloche, jardin, fille, rue, maison.** Puis employez chacun de ces mots dans une courte phrase.

D. Employez avec chaque nom de la colonne de gauche l'adjectif de la colonne de droite qui convient. Faites l'accord s'il y a lieu.

1. flèche   a. bas
2. guide   b. carré
3. meuble   c. élancé
4. nef   d. équestre
5. orgues   e. juif
6. place   f. public
7. statue   g. retentissant
8. synagogue   h. rustique
9. tour   i. spacieux
10. voûte   j. volubile

E. Remplacez le superlatif absolu par un adjectif plus descriptif tiré de la liste suivante.

abrupt	fragile	saisissant _impressive_
éclatant _loud_	immense	spacieux
énorme	radieux	vaste
épais _thick_	ravissant	

MODELE: une *très grande* maison → une **vaste** maison

1. un *très gros* bloc de pierre   _enorme_
2. une baie *très étendue*   _immense_
3. un édifice *très frêle*   _fragile_
4. un rocher *très escarpé*   _abrupt_
5. un brouillard *très dense*   _épais_
6. un spectacle *très émouvant*   _saisissant_
7. une *très grande* lumière   _éclatante_
8. une *très grande* beauté   _ravissante_
9. une *très grande* clarté   _radieuse_
10. une *très grande* salle   _spacieuse_

PLAN ET VOCABULAIRE:
Description d'un monument

Conseils préliminaires

Pour décrire un monument, il faut aussi tenir compte de l'impression dominante que l'on veut communiquer. (Cf. Conseils préliminaires, Chapitre Quatre.)

La situation

le monument (l'édifice):
  s'élève sur une hauteur, sur une place
  se dresse au sommet d'une colline
        au milieu, au centre d'un parc, d'une place
        au bord du fleuve, du Mississippi, de la Seine, etc.
        au fond d'une vallée
  apparaît soudain au tournant de la route
  surgit à l'horizon
  domine la ville, la plaine

L'extérieur

on s'approche *de*⎫ on se dirige *vers* ⎰	l'église, la cathédrale, le temple la synagogue, l'arche, le musée *✶ le <u>mausolée,</u> le tombeau (du soldat in- connu) le monument (commémoratif, élevé à la mémoire de, aux morts), le Palais de Justice, l'Hôtel de Ville
on aperçoit	l'édifice (en général) la cathédrale (romane, gothique, baroque, moderne, flanquée d'un réseau d'arcs- boutants)
on distingue	la façade (sculptée, unie, sobre, immense, imposante, sévère, sombre) la tour (ronde, carrée, pointue, crénelée) les fenêtres (en ogives, hautes, larges, étroites) les colonnes (élancées, frêles, massives, de [en] marbre, d'albâtre, de [en] granit) le portique (surmonté d'un fronton sculpté) le dôme (roman, byzantin) ✓les marches (qui mènent au portail) le portail (de fer, en chêne, massif, voûté, gothique, roman) le parvis ✓la flèche (élancée, sculptée, ciselée) la rosace (dentelée) le clocher (pointu, carré)

L'intérieur

on passe *sous* on franchit on pénètre *dans* on sent on entend	le porche, le portique le portail l'édifice une odeur de cierge, d'encens la musique des orgues, le chant des chœurs le bruit sonore des pas sur les dalles le chuchotement (respectueux) des visi- teurs (église, mausolée)

les commentaires (animés, monotones)
du guide, les remarques (enthou-
siastes, niaises, saugrenues) des visiteurs

un murmure d'admiration

une fanfare militaire, le martellement
des bottes de la garde d'honneur (cérémonie commémorative), le cliquetis
des armes

on remarque:

dans l'église les colonnes, les piliers (élancés, massifs)

la voûte (romane, gothique, ornée de
fresques, ornée de mosaïque, grandi-
ose, majestueuse)

la nef (immense), l'autel, le chœur, les
vitraux (multicolores, lumineux,
éblouissants)

les statues (de saints)

la rosace

dans le musée ⎱ les vastes salles (d'exposition), les gale-
dans l'édifice public ⎰ ries de tableaux, de sculptures

les murs (ornés de tableaux, de fresques)
nus

les boiseries (sculptées), les parquets
(cirés, etc.)

l'escalier (monumental, de pierre, de
marbre, etc.)

les antichambres, les corridors

les guides, le gardien (du musée) en uni-
forme

le tombeau (de marbre, de porphyre)

L'atmosphère

on ressent une impression de grandeur, de majesté,
de solennité

on éprouve de l'admiration, de la mélancolie, de la
tristesse, un sentiment d'exaltation, de
patriotisme, de fierté

on est rempli *de* humilité, émotion, admiration, fierté

on est frappé *de* étonnement, surprise

on est saisi *de* admiration

il se dégage   une atmosphère (de grandeur, de ma-
                      jesté, de force, d'équilibre, de sérénité,
                      de paix, d'immensité, d'éternité)
on est pénétré *de*   le sentiment de sa propre insignifiance

Exercices de style

A. Remplacez la proposition relative par l'adjectif qui convient. Faites l'accord s'il y a lieu.

archaïque   moderne   suggestif
banal   monotone   superflu
brillant   retentissant   terne
éphémère

1. une élégance *qui rappelle l'antiquité* archaïque
2. meubler avec un goût *qui convient à notre époque* moderne
3. une peinture *qui manque d'éclat* terne
4. une musique *qui manque de variété* monotone
5. un spectacle *qui manque d'originalité* banal
6. des ornements *qui sont de trop* superflu
7. une musique *qui fait beaucoup de bruit* retentissant
8. un tableau *qui éveille beaucoup d'idées* suggestif
9. un sentiment *qui est de courte durée* éphémère
10. une couleur *qui a beaucoup d'éclat* brillante.

B. Remplacez les expressions en italiques par le participe passé qui convient. Faites l'accord s'il y a lieu.

accroché   étendu   noyé
agenouillé   exposé   percé
élevé   fixé   planté [2 fois]
encadré   incrusté   tourné
entassé   niché

1. un portrait *qui est dans une bordure* d'or encadré (d'or)
2. un clou *qui est* dans le mur planté
3. une mosaïque *qui est* dans le mur incrusté
4. un tapis *qui est* sur le plancher étendu
5. une porte *qui est* dans la muraille percée
6. un édifice *qui est* près de la forêt élevé
7. une église *qui est* dans le brouillard noyée
8. de nombreux visiteurs *qui sont* dans la salle entassés
9. une façade *qui est* au soleil exposée

39

10. une façade *qui est* vers le midi *tournée*
11. une statuette *qui est* dans un mur *Nichée*
12. un chandelier *qui est* au plafond *fixé*
13. un tableau *qui est* au mur *accroché*
14. une personne *qui est* à genoux *agen*
15. un soldat *qui est* devant sa guérite *pla*

C. Remplacez les expressions en italiques par les verbes ci-dessous à la forme convenable.

défendre	entourer *around*	relier *connect*
dominer *dominate*	garder *keep*	revêtir *cover*
éclairer	garnir *garnish*	supporter
encadrer *frame*	orner *adorn*	surmonter *overcome*

1. Des boiseries *se trouvent sur* les murs. *revêtX revêtent*
2. De beaux meubles *se trouvent dans* cette antichambre. *garnissent*
3. Une statue *se trouve sur* la colonne. *SurmonteX*
4. Des tableaux *se trouvent dans* cette église. *orneret ornent*
5. Une haie *se trouve autour* du tombeau. *encadrer*
6. Une galerie *se trouve entre* les deux nefs. *relient*
7. Des remparts *se trouvent autour* du château. *entourent*
8. Un pilier *se trouve sous* cette voûte. *supporteX*
9. Deux fenêtres *se trouvent dans* cette salle. *éclairent*
10. Une statue de St. Michel *se trouve à* l'entrée. *gardeX*
11. Deux lions de pierre *se trouvent X* l'entrée. *défendent l'entrée*
12. La flèche *se trouve au-dessus des* toits. *domine les toits. dominer*

D. Remplacez les verbes **est, il y a** et **se trouve** par un verbe plus descriptif.

s'allonger	flotter *float*	reposer *repose*
brûler *burn*	s'ouvrir *open*	sourire *smile*
s'épanouir *open out*	pointer *point*	

pointe 1. Dans le ciel *est* la flèche de la cathédrale. *pointer*
repose 2. Sur cette masse de béton *se trouve* la base de l'édifice. *reposer*
brûle 3. Sous l'Arc de Triomphe *est* la flamme symbolique. *brûler*
flotte 4. Au faîte du Palais de Justice *il y a* un drapeau. *flotter*
sourit 5. Au-dessus de l'autel *se trouve* la Vierge. *sourire*
s'ouvre 6. Dans le mur *est* une porte. *s'ouvre*
s'allonge 7. De chaque côté de la nef *il y a* une file de stalles. *s'allonger*
s'épanouit 8. Sur la façade *est* une rosace. *s'épanouir*

E. Employez le verbe de perception qui convient.

apercevoir	éclater	résonner
carillonner *bells ring*	s'élever	retentir *ring*

contempler   examiner   sonner ~~ring~~

distinguer   regarder   tinter ~~small - tinkng~~

1.   a.   Un pas _retentir_ / ~~raise~~   *retentit / résonne*
   b.   Une fanfare _éclater_   *éclate*
   c.   Un écho _résonne_   *résonne*
   d.   Des cris _s'élèvent / retentissent_   *s'élèvent / retentissent*
   e.   Un murmure _s'élève_   *s'élève*
   f.   Une clochette _tinter · tinte_   *carillonnent*
   g.   Les cloches _carillonner · carillonnent_   *carillonnent*
   h.   Le clairon _sonner, retentir_   *sonne, retentit*

2.   a.   On _regarde_ un tableau.   *regarde*
   b.   On _contemple_ un spectacle.   *contemple*
   c.   On _distingue_ le clocher de l'église.   *distingue*
   d.   On _examine_ un tableau en détail.   *examine*
   e.   On _aperçoit_ la tour au lointain.   *aperçoit*

Sujet proposé

Vous avez sans doute visité un lieu ou un monument historique qui vous a laissé une *impression dominante:* une église, un musée, un champ de bataille, un édifice, un cimetière, etc. Décrivez au passé cette visite en évoquant les émotions que vous avez ressenties.

Exercices préparatoires

A partir de ce chapitre, les phrases modèles ne sont plus que rarement supplées. En composant vos phrases, il convient de ne pas perdre de vue le but de ces exercices, qui est d'*utiliser les structures et de tirer parti du vocabulaire de la leçon dans la rédaction de votre composition.*

1. Employez dans quelques phrases de votre choix des compléments dé-terminatifs de l'*Exercice d'expansion* A.
2. Employez la deuxième et la troisième structure de l'*Exercice d'expansion* B dans quelques phrases de votre choix.
3. Composez quelques phrases à l'aide du vocabulaire des *Exercices d'ex-pansion* C et D.
4. Composez quelques phrases de votre choix à l'aide des adjectifs de la liste de l'*Exercice d'expansion* E.
5. Composez quelques phrases au passé avec les adjectifs des *Exercices de style* A et B.
6. Composez quelques phrases de votre choix au passé à l'aide des verbes des *Exercices de style* C, D et E.

Etablissement du plan

Une fois que vous aurez choisi le lieu ou monument historique que vous voulez décrire, ainsi que *l'impression dominante* que vous désirez créer, établissez un plan en vous inspirant du *Plan et vocabulaire*, et en sélectionnant dans la série d'exercices précédents les phrases qui conviennent et que vous pouvez modifier, sans bien sûr vous limiter au vocabulaire et aux structures du chapitre.

Exercice d'auto-correction

Réfléchissez aux questions suivantes, puis relisez attentivement votre composition. (Cf. *Exercice d'auto-correction*, Chapitre Quatre.)

1. Avez-vous réussi à communiquer au lecteur une impression dominante?
2. Le choix du vocabulaire traduit-il fidèlement les émotions que vous avez ressenties en visitant ce lieu historique?
3. Avez-vous choisi les mots justes pour décrire ce lieu? Donnez-vous trop de détails? (Cf. *Plan et vocabulaire*.)
4. Pouvez-vous éviter certaines lourdeurs de style en utilisant des adjectifs ou des infinitifs?
5. Pouvez-vous utiliser des adjectifs plus précis dans votre description? Avez-vous réussi à employer des diminutifs?
6. Avez-vous vérifié l'emploi des prépositions?

CHAPITRE SEPT

Les prépositions

Consultez l'*Appendice V*

Texte modèle

Imaginez-vous pour[1] un moment, chers lecteurs, que vous êtes assis devant[2] un pot de[3] vin tout parfumé, et que c'est un vieux joueur de[4] fifre qui vous parle.

Notre pays, mon bon monsieur, n'a pas toujours été un endroit mort et sans renom, comme il est aujourd'hui. Autre temps, il s'y faisait un grand commerce de meunerie, et, dix lieues à la ronde, les gens des[5] *mas* nous apportaient leur blé à[6] moudre... Tout autour du village, les collines étaient couvertes de[7] moulins à vent. De[8] droite et de gauche, on ne voyait que des ailes qui viraient au[9] mistral par-dessus les pins, des ribambelles de[10] petits ânes chargés de sacs montant et dévalant le long des[11] chemins; et toute la semaine c'était plaisir d'entendre[12] sur la hauteur le bruit des fouets, le craquement de la toile et le *Dia hue!* des aides-meuniers... Le dimanche, nous allions aux[13] moulins, par[14] bandes. Là-haut, les meunières étaient belles comme des reines, avec leurs fichus de[15] dentelles et leurs croix d'or.

ALPHONSE DAUDET (1840–1897), *Lettres de mon moulin*

ETUDE DES PREPOSITIONS

1. pour   Exprime le temps, la durée future.
2. devant   Exprime le lieu, la position précise.

3. de   Le contenu (sous-entendu: **rempli de vin**). Forme avec le nom un complément déterminatif.

4. de   Forme un complément déterminatif indiquant l'espèce.

5. des   Exprime le lieu: l'origine.

6. à   Forme une proposition infinitive indiquant le but, l'intention. **(Ils apportaient leur blé pour qu'on le moule.)** *A* + l'infinitif peut exprimer aussi la nécessité, l'obligation: **Il a un devoir** *à faire.*

7. de   Exprime ici la matière dont sont couvertes les collines.

8. De   Exprime le lieu: l'origine. Aspect inchoatif.

9. au   Exprime le lieu: la situation (cf. au soleil, au vent).

10. de   Exprime la composition totale.

11. le long de   Exprime le lieu: la direction.

12. d'   Avec un verbe impersonnel **de** introduit un infinitif, sujet réel du verbe. Nous avons ici une forme de la mise en relief de l'infinitif (cf. Appendice X: La mise en relief). La phrase normale serait: **entendre était un plaisir.**

13. au   La préposition **à** employée avec un verbe de mouvement exprime ici la direction.

14. par   Exprime la distribution (cf. Appendice V: L'Emploi des prépositions, IX).

15. de   Exprime la matière. Ici **de** pourrait être remplacée par **en.**

Exercices

A. Temps, date, heure, durée, succession (cf. Appendice V: L'emploi des prépositions I, II, IV, V, VI, VII, VIII, IX, XI). Complétez chaque phrase, s'il y a lieu, au moyen de la préposition ou de la locution prépositive convenable. Suppléez les articles et faites les contractions nécessaires.

1. Je ne sais pas exactement la date de son arrivée. Toutefois il me semble qu'il devrait être ici *vers le* 30 septembre.
2. Balzac a vécu *au* 19ᵉ siècle.
3. Je suis né *en* 1970.
4. Je puis vous dire sans trop de précision qu'il est mort il y a *environ* un an. *à peu près* *ago*
5. Nous devons rester *pendant* deux mois à Paris.

pendant – déjà fn.
depuis – still presnt.

Les prépositions

6. Il vient aux Etats-Unis _pour_ un an, mais il est probable qu'il y restera plus longtemps.

duration 7. _Pendant_ combien de temps avez-vous étudié le français?

starting point 8. _Depuis_ quand êtes-vous à l'Université?

9. Il m'a promis de commencer le travail _dans_ deux jours. Mais qui sait quand il l'aura terminé?

10. Ce roman est assez court, on peut aisément le lire _en_ deux heures.

11. N'oubliez pas notre rendez-vous. Et surtout soyez là _à_ huit heures précises.

12. Il ne mène pas une vie des plus agréables: il travaille _la_ nuit. *or (de)*

13. _Dès_ le premier jour, je l'ai jugé tel.

14. _À partir de_ demain et jusqu'à nouvel ordre, ne le quittez pas d'une semelle.

15. L'année scolaire se termine _au_ mois de mai et les cours d'été commencent _en_ juin.

16. Quand il était jeune, il se levait de bonne heure _le_ matin.

17. En France les élèves ont congé _le_ mercredi.

18. Au téléphone, il jacasse toujours _pendant_ des heures. *or (durant)*

19. Ce roman vous captivera _du_ début _à_ la fin. *or depuis le, jusqu'à*

20. Le lièvre est arrivé au but _après_ la tortue.

B. Lieu, provenance, domicile, succession, destination, situation (cf. Appendice V: L'Emploi des prépositions I, III, IV, V, VI, VII, VIII, IX, X, XI, XII, XIII). Complétez chaque phrase au moyen de la préposition convenable.

1. Ils marchaient à la file indienne, c'est-à-dire l'un _après_ l'autre.

2. On plaça le condamné _contre_ le mur et on lui banda les yeux.

3. Ouvrez les yeux et vous verrez _autour de_ vous plus de misère que de vices.

4. Le sentier serpente _le long de_ la rivière.

5. Malgré ses aspirations pacifistes, ce pays est _en_ guerre depuis 30 ans.

6. Il vaut mieux aller _chez_ le boulanger que _chez_ le médecin.

7. Si vous êtes au régime, évitez de passer _devant_ les charcuteries.

8. _Pour_ qui sont ces serpents qui sifflent sur vos têtes? (Racine)

9. _À_ quelle distance _de_ l'école habitez-vous?

10. La bière _d'_ Allemagne est très appréciée.

11. Avez-vous assisté au carnaval _de la_ Nouvelle-Orléans?

12. Le prisonnier est _en_ prison _dans_ sa cellule.

13. On ne doit pas boire le vin _à_ la bouteille mais _dans_ un verre.

14. Quand on le met _à_ la porte, il rentre _par_ la fenêtre.

15. Si vous aimez la pêche, allez donc _au_ Canada.

16. Pourriez-vous nous indiquer la route _à_ Bordeaux?

17. _Au_ plafond pendait un lustre splendide.

18. Asseyez-vous donc _à_ mes côtés, je ne vous mangerai pas!

45

19. Elle voyage _en_ avion mais expédie toujours ses bagages _par_ bateau.
20. Elle vient _du_ Mexique et lui _d'_ Espagne, et ils se sont rencontrés _au_ Texas.
21. Si vous avez trop chaud, mettez-vous _à l'_ombre.
22. La caravane avançait _sous_ un soleil de plomb.
23. Ne restez pas _sous_ la pluie, vous pourriez attraper un rhume.
24. _Au_ mur étaient accrochées de magnifiques reproductions.
25. Quand on marche, il faut regarder _devant_ soi.
26. Ne mets pas tes doigts _dans_ ta bouche.
27. Il se promenait la pipe _à_ la bouche.
28. Qu'est-ce que tu tiens _dans_ ta main?
29. Il fit irruption _dans_ la banque, un pistolet _à_ la main.
30. Il arborait constamment un sourire sarcastique _aux_ lèvres.

C. Quantité, dimension, prix, distribution, contenu, différence numérique (cf. Appendice V: L'emploi des prépositions I, VI, X). Complétez chaque phrase au moyen de la préposition convenable.

1. Je ne saurais être très précis, mais si je ne me trompe, sa thèse avait _près de ~~presque~~_ 100 pages.
2. Elle a bien dix ans _de_ plus que son mari.
3. Peut-on prendre un guide _à_ la journée?
4. C'était une piscine de 30 mètres _sur_ 15.
5. Les œufs se vendent le plus souvent _à_ la douzaine.
6. Il était trop jeune _de_ deux mois. Aussi a-t-il dû attendre l'année suivante pour commencer ses études.
7. On peut trouver du homard _à_ huit dollars pièce, mais il est généralement plus cher.
8. Les soldats défilaient quatre _par_ quatre.
9. Sur une table française on peut voir la bouteille _de_ vin pour le palais et _de_ Vichy pour le foie.
10. Pour compter les vaches dans un pré, on compte d'abord les pattes et puis on divise _par_ quatre.
11. J'ai entendu cet air plus _de_ cent fois.
12. Il rédigea sa composition en moins _de_ trois heures.

D. Ressemblance, imitation, comparaison, rapport, différence, opposition, échange (cf. Appendice V: L'emploi des prépositions II, III, V, VI, VII, VIII). Complétez chaque phrase au moyen de la préposition convenable.

1. Au physique elle ressemble _à_ sa mère, mais au moral elle tient _de_ son père.
2. Complétez les phrases suivantes ~~selon~~ _d'après_ le modèle ci-dessous.

3. Prenez des pastilles Valda _contre_ la toux et des pilules Carter _pour_ le foie.
4. Il faut lutter _contre_ ses mauvaises inclinations.
5. Ne soyez pas fâchés _contre_ moi, je ne l'ai pas fait exprès.
6. Réglez votre pas _sur_ le mien.
7. Je n'aime pas qu'on me compare _à_ un âne.
8. On peut aisément lui faire prendre des vessies _pour_ des lanternes.
9. Excusez-moi, je vous avais pris _pour_ quelqu'un d'autre.
10. Il porte une moustache _à la_ Salvador Dali.

E. Thème, sujet (cf. Appendice V: L'emploi des prépositions I, XI). Complétez chaque phrase au moyen de la préposition convenable.

1. _De_ quoi s'agit-il?
2. Brillat-Savarin écrivit un traité _sur_ la physiologie du goût.
3. Connaissez-vous «le Discours _de_ la Méthode» de Descartes?
4. Voltaire a écrit un «traité _sur_ la tolérance».
5. J'aimerais vous consulter _sur_ cette affaire.
6. Depuis son départ, nous ne savons rien _à_ son sujet.
7. Art Buchwald a écrit de nombreux articles _sur_ l'Europe.
8. Avez-vous suivi son cours _de_ littérature?
9. Puis-je vous emprunter votre manuel _de_ français?
10. Que savez-vous _de_ cette affaire?

F. Cause, motif (cf. Appendice V: L'emploi des prépositions VI, VII, IX, X, XII, XIV). Complétez chaque phrase au moyen de la préposition convenable.

1. C'est _en_ forgeant qu'on devient forgeron.
2. Cet élève a été renvoyé _pour_ insubordination et insolence.
3. Il a été récompensé _de_ ses efforts.
4. Je vous remercie _de_ vos bontés.
5. Il a été malade _pour_ avoir trop mangé.
6. Elle était verte _de_ jalousie.
7. Il en frémissait _de_ colère.
8. Elle s'est sacrifiée _par_ amour pour lui.
9. La situation était si comique qu'elle en pleurait _de_ rire.
10. _Dans_ quel but êtes-vous venu me voir? _Pour_ quel motif?

G. Manière, instrument, moyen, accompagnement (cf. Appendice V: L'emploi des prépositions VI, IX, XIV). Complétez chaque phrase au moyen de la préposition convenable.

1. Ce n'est pas _de_ cette façon que vous y arriverez.
2. Il lança la balle _à_ une main sûre.
3. Pour pouvoir travailler _en_ paix, il s'enfermait dans sa chambre.

en + participe présent .... art

4. L'enfant arrivait toujours à ses fins *en* pleurant.
5. Le fervent de base-ball écoutait son transistor *d'* une oreille attentive.
6. Le pèlerin priait *avec* ferveur devant la grotte.
7. Les membres du jury contemplaient la candidate *d'* un œil approbateur.
8. Elle aurait préféré voyager *avec* son mari, mais il n'y avait plus de place dans l'avion.
9. Dès que la cloche eut sonné, les élèves descendirent l'escalier quatre *à* quatre.
10. En France on se chauffe le plus souvent *au* mazout.

H. Détail caractéristique, matière, relation morale, fond (cf. Appendice V: L'emploi des prépositions IX, X, XIII, XIV). Complétez chaque phrase au moyen de la préposition convenable.

1. J'en suis persuadé car je l'ai lu noir *sur* blanc.
2. Avez-vous lu «La Dame *aux* Camélias»?
3. C'était un homme *aux* cheveux grisonnants et *à* l'air distingué.
4. Connaissez-vous le film: «Les Hommes *en* blanc»?
5. Un des personnages de Zola s'appelle «Gueule *d'* or» parce qu'il a des dents *en* or.
6. Sa devise était: une main *de* fer dans un gant *de* velours.
7. Il faut se montrer respectueux *au sujet de* ses supérieurs. *envers*
8. C'était un enfant *à* l'air effacé et *à* l'œil sournois.
9. Il est sévère *pour* ses enfants.
10. Commandez-moi une omelette *aux* champignons.

I. Changement, transformation, division (cf. Appendice V: L'emploi des prépositions IX). Complétez chaque phrase au moyen de la préposition convenable.

1. Le grand capitaine eut tôt fait de changer la défaite *en* victoire.
2. Les biens du défunt furent partagés *en* trois parties.
3. La femme de Loth fut changée *en* statue de sel.
4. Cette histoire se termine *en* queue de poisson.
5. L'immeuble d'en face est divisé *en* quatre appartements.
6. Pour ce bal costumé, je me déguiserai *en* cowboy.

J. Verbes (cf. Appendice V: tous les paragraphes intitulés «Verbes»). Complétez, si besoin est, les phrases ci-dessous à l'aide de prépositions.

1. Le maître surveille ___ ses élèves.
2. Ne vous occupez pas *de* moi.
3. Nous sommes surpris *de* son échec.
4. Ce n'est pas joli de montrer ___ les gens du doigt.
5. Ne tirez pas *sur* le pianiste.

6. Il vaut mieux rire *de* sa bêtise que de s'en formaliser.
7. Excusez-le *de* son retard.
8. Nous vous remercions *de* votre hospitalité.
9. Je vous réponds *de* lui comme *de* moi.
10. Il a été puni pour avoir pris de l'argent *à* ses parents.
11. Il ne peut s'empêcher *de* juger son prochain.
12. Il croit *en* Dieu et *à* la vie éternelle.
13. Il faudra d'abord examiner ___ la question.
14. Ne vous fiez pas *à* lui.
15. Elle se plaît *à* taquiner son frère.
16. Ce garçon manque *d'* assurance.
17. Elle a enfin réussi *à* se faire épouser.
18. Nous nous réjouissons *de* votre succès.
19. Je n'approuve pas ___ sa conduite.
20. Elle est toujours à rêver *au* Prince charmant.
21. Mets ___ ton pardessus avant de sortir.
22. Ayez pitié *de* nous, pauvres humains. (Villon)
23. Il nous faudra traverser ___ la forêt.
24. On l'a accusé *du* meurtre.
25. Si vous faites cela, vous aurez affaire *à* moi.
26. On a confié *à* ce soldat ___ une mission périlleuse.
27. Il a été victime *d'* un accident.
28. Un déjeuner français commence *par* des hors-d'œuvre et se termine *par* un dessert.
29. Il lui faudra s'occuper *de* cette affaire.
30. Nous devrons faire face *à* l'adversité.

Chamonix: La mer de glace   EVERTS/RAPHO/PHOTO RESEARCHERS, INC.

CHAPITRE HUIT

Composition française: La nature

Révision de verbes

Révisez les verbes suivants à tous les temps de l'indicatif, du subjonctif et du conditionnel:

> dire, venir, (s')appeler; marteler, (se) faire, (se) lever, lancer, jeter; déchiqueter, effrayer, flamboyer

Texte modèle

Je voudrais essayer *de* dire maintenant l'impression que la mer m'a causée, *lors de* notre première entrevue...

J'étais arrivé le soir, *avec* mes parents, *dans* un village de la côte, dans une maison de pêcheurs louée *pour* la saison des bains. Je savais que nous étions venus là *pour* une chose qui s'appelait la mer, mais je ne l'avais pas encore vue (une ligne de dunes me la cachait, *à cause de* ma très petite taille) et j'étais dans une extrême impatience de la connaître. *Après* le dîner donc, à la tombée de la nuit, je m'échappai seul dehors. L'air vif et âpre sentait je ne sais quoi d'inconnu, et un bruit singulier, à la fois faible et immense, se faisait *derrière* les petites montagnes *de* sable auxquelles un sentier conduisait.

Tout m'effrayait, ce bout de sentier inconnu, ce crépuscule tombant d'un ciel couvert, et aussi la solitude de ce coin de village.

PIERRE LOTI (1850–1923), *Le Roman d'un enfant*

Analyse du texte

1. De combien de parties se compose cette description? Donnez un titre à chacune de ces parties. Indiquez ensuite *l'impression dominante* du texte, en montrant qu'il s'agit du point de vue d'un enfant (relevez les mots qui l'indiquent).
2. Donnez l'aspect de chacun des verbes du texte.
3. Analysez les prépositions en italiques.
4. Donnez des synonymes, dans le contexte, de: **lors de, la tombée de la nuit, singulier, une petite montagne de sable, sentier.**
5. Donnez trois mots de la famille de: **impression, bain, vue** et **inconnu.** Employez les mots que vous aurez trouvés dans de courtes phrases qui en illustreront le sens.
6. Quand emploie-t-on **savoir** et quand emploie-t-on **connaître?** Illustrez leurs emplois respectifs à l'aide de courtes phrases.

Exercices d'expansion

A. Remplacez le superlatif absolu en italiques par un adjectif plus descriptif tiré de la liste suivante. (Vérifiez le sens de ces mots dans un dictionnaire français.)

affreux	extrême	radieux
brûlant	glacial	torrentiel
charmant	grandiose	touffu
démonté	limpide	

MODELE: une *très grande* impatience →
une **extrême** impatience

1. un spectacle *très imposant*
2. une forêt *très épaisse*
3. un paysage *très agréable*
4. un vent *très froid*
5. une eau *très claire*
6. un soleil *très chaud*
7. un soleil *très brillant*
8. une mer *très agitée*
9. une *très grande* tempête
10. une *très grande* pluie

B. Employez le collectif convenable. (Vérifiez le sens de ces mots dans un dictionnaire français.)

banc	gerbe	pile
bouquet	ligne	rangée
chaîne	meule	tas
file	pâté	

MODELE: *une ligne* de dunes →

1. _____ de poissons
2. _____ de spectateurs
3. _____ de voitures
4. _____ d'assiettes
5. _____ de sable
6. _____ de fleurs
7. _____ de blé
8. _____ de foin
9. _____ de maisons
10. _____ de montagnes

Composition française: La nature

C. Employez la préposition qui convient. Ajoutez les articles s'il y a lieu et faites les contractions qui s'imposent. (Révisez Appendice V: L'emploi des prépositions.)

1. L'avocat va _à la_ prison pour visiter son client qui est _en_ prison, _dans_ sa cellule.
2. _Avec_ qui allez-vous passer les vacances?
3. Nous sommes partis hier soir _de_ St. Louis _pour_ Louisiane. Nous passerons _par_ l'Arkansas et arriverons _à la_ Nouvelle-Orléans pour le carnaval. Nous pensons faire ce voyage _en_ huit jours, car nous avons projeté de nous arrêter quelque temps _à_ Bâton-Rouge, _chez/avec_ des amis que nous n'avons pas vus _depuis_ des années. _De_ là, nous prendrons l'autocar _pour_ notre destination.
4. Etant donné que l'autocar fait ce trajet _en_ une heure, nous devrions arriver _dans_ quelques minutes.
5. Il était parti _pour_ huit jours mais il y est resté _pendant_ trois ans.
6. _En_ combien de temps Le France faisait-il traversée _au_ Havre _à_ New York? _En_ cinq jours.
7. _Pour_ quand est ce devoir? _Pour_ lundi.
8. Nous vous attendons _depuis_ deux jours.
9. Né _—_ le 2 mai 1799, Balzac a vécu _au_ 19e siècle; il est mort _à_ Paris _en_ 1850.
10. Avez-vous lu «La Fille _aux_ yeux d'or», _de_ Balzac?
11. Damoclès avait une épée suspendue _au dessus_ sa tête.
12. Certains Français s'imaginent que les Américains mettent les pieds _sur la_ table.
13. Le chien à ses trousses, le facteur a bondi _par-dessus_ barrière.
14. Il ne pense qu'à se mettre les pieds _____ table: quel gourmand!
15. Cette ville a besoin de digues, car elle se trouve _____ niveau de la mer.
16. Il faut boire _dans_ un verre et non pas _à la_ bouteille.
17. Il avait la pipe _à la_ bouche et les mains _dans les_ poches.
18. N'écrivez pas votre composition _au_ crayon mais _à l'_ encre.
19. Il s'est fait attaquer par deux jeunes voyous; l'un l'a frappé _du_ poing, l'autre _avec_ un bâton.
20. Exprimez vos idées _d'_ une manière cohérente.

D. Employez de la manière suivante les pronoms indéfinis ci-dessous selon que vous avez affaire à un adjectif ou à un verbe à l'infinitif: **quelque chose, quelqu'un, personne, rien, autre chose, pas grand chose.**

MODELES: L'air sentait *je ne sais quoi* **d'**inconnu.

Il a *je ne sais quoi* **à** vous dire. →

53

1. Je voudrais _____ boire.
2. J'aimerais _____ bon _____ manger.
3. Je ne vois plus _____ faire.
4. Nous ne voyons _____ inviter.
5. Avez-vous rencontré _____ sympathique?
6. Voilà _____ rayer de la liste de vos amis.
7. Ce paysage n'a _____ sauvage.
8. Il n'avait _____ drôle ni _____ sérieux _____ me raconter.
9. Nous n'avons pas remarqué _____ frappant.
10. Avez-vous _____ plus divertissant _____ nous présenter?

PLAN ET VOCABULAIRE:
Description d'un spectacle et d'un phénomène de la nature

Conseils préliminaires

La description d'un phénomène de la nature présente souvent un aspect plus dynamique que celle d'une maison ou d'un monument. C'est pourquoi, pour traduire ce dynamisme, on peut employer des passés simples au milieu d'imparfaits descriptifs.

Les spectacles

A. La mer (l'océan)

1. *Détails géographiques:*
   un golfe, une baie, un cap, une île, une falaise, un récif, des brisants, une plage (de sable, de galets)
2. *Détails supplémentaires:*
   les coquillages, les algues, les bateaux (de pêche, de plaisance, à voile), un yacht, un hors-bord (qui trace un sillage), le ski nautique, les pédalos, les parasols (multicolores), les baigneurs (bronzés, au teint hâlé), les oiseaux de mer (une mouette)

la mer est	bleue, d'azur, verdâtre, argentée
	calme, d'huile, agitée, déchaînée
la marée est	basse, haute
les vagues	déferlent, se brisent sur (les récifs), ont une crête, de l'écume
on entend	le grondement de la mer (des vagues), le hurlement, le sifflement du vent, la sirène d'un bateau, le cri (perçant) des mouettes, le clapotis des vagues sur le sable

la mer, les vagues	grondent
le vent	hurle, siffle, mûgit
la sirène	hurle, mûgit
l'eau	clapote

B. La montagne

1. *Détails géographiques:*
   la chaîne de montagnes, le sommet (neigeux), le pic, la crête, la cime, le flanc, le versant, la pente (abrupte, escarpée), le pied, la vallée, les glaciers, le gouffre, le précipice, les rochers, une piste, un sentier

2. *Détails supplémentaires:*
   la neige (d'une blancheur éclatante, éblouissante), les neiges éternelles, les pâturages (verts), la forêt, les pins, les sapins, les arbustes, la végétation (luxuriante, maigre, éparse), les châlets

on peut	escalader une montagne, des rochers, gravir une montagne
le regard	plonge vers la plaine, la vallée
on a	une vue panoramique
la montagne	se dresse, s'élève
le torrent	dévale la montagne (la pente), bondit
les chutes (du Niagara) une cascade	dévale, rebondit, bouillonne, écume, gronde

Phénomènes

A. Un coucher de soleil — la tombée de la nuit, le crépuscule, l'ouest, l'occident

la nuit	tombe
le soleil	se couche, lance ses derniers rayons, descend, se cache, disparaît (à l'horizon), embrase l'horizon (le ciel, les nuages, l'occident), teinte, colore le ciel, les nuages (de rouge, orange, pourpre, etc.)
	ressemble à une boule de feu
la nature	s'endort
tout	se tait

B. Un lever de soleil — le point de jour, l'aube (ciel blanc et rose), l'aurore (ciel doré, d'or), l'est, l'orient

le jour	se lève
le soleil (pâle, rose)	se lève, lance ses premiers rayons, apparaît, se montre, pointe, monte (à l'horizon), enflamme l'horizon (le ciel, l'orient, les nuages)

	dissipe, disperse la brume
la nature	s'éveille
les oiseaux	lancent leurs premiers cris

C. Un orage — un ouragan (se déchaîne), une tempête (se lève, fait rage), une tornade (s'abat sur)

avant l'orage:

tout (la nature)	se tait
	est d'un calme menaçant
l'atmosphère	est accablante
soudain le vent	se lève, souffle (en rafales), siffle, gémit, hurle (dans les arbres)
les nuages	s'accumulent, s'amoncellent, roulent (dans le ciel)
le ciel	se couvre, s'obscurcit

dans le lointain

| on entend | les roulements, les grondements du tonnerre |
| on voit | des éclairs (oranges) qui illuminent le ciel |

l'orage:

	éclate
les éléments	se déchaînent
le tonnerre	éclate
les éclairs	sillonnent, zèbrent, déchirent le ciel
la foudre	frappe (une maison)
le vent	tourbillonne
la pluie	tombe (à grosses gouttes, à verse, à torrent, en rafales)
la grêle	martèle les toits, fracasse les vitres, déchiquette le feuillage

après l'orage:

la nature	reprend, recouvre son calme
le vent	s'apaise
la pluie	cesse
les nuages	se dispersent
le soleil	réapparaît

Impressions (voir Chapitre Six, pp. 38–39.)

à la vue de

| ce spectacle, | on éprouve un sentiment de, se sent frappé (saisi) de stupeur, de crainte, de panique, d'horreur |
| ce spectacle | remplit (d'admiration, de panique, de joie, d'allégresse, de crainte, de mélancolie), étonne, effraie, horrifie |

Exercices de style

A. Remplacez la proposition relative en italiques par l'adjectif approprié, tiré de la liste suivante, et faites l'accord s'il y a lieu.

abrupt	couvert	enneigé
animé	éblouissant	neigeux
aride	embrasé	rocailleux
assourdissant		

1. une falaise *qui tombe à pic* abrupt
2. un soleil *qui aveugle* éblouissant
3. un bruit *qui rend sourd* assourdissant
4. une plage *où il y a beaucoup de monde* animé
5. un chemin *qui est bloqué par les neiges* enneigé
6. un pic *qui est couvert de neige* neigeux
7. une vallée *où rien ne pousse* aride
8. un ciel *qui a des nuages* couvert
9. un versant *qui est couvert de pierres* rocailleux
10. un ciel *qui semble être en feu* embrasé

B. Remplacez les expressions en italiques par le participe passé qui convient, et faites l'accord s'il y a lieu.

abrité	disséminé	perdu
accroché	exposé	planté
ancré	perché	taillé
caché		

1. une ferme *qui est* au fond de la vallée perdu
2. un châlet *qui est* au flanc de la montagne perché
3. un petit port de pêche *qui est* dans une baie tranquille abrité
4. des bateaux *qui sont* dans le port ancré
5. un versant *qui est* au soleil exposé
6. un chemin *qui est* dans la roche taillé
7. de rares arbustes *qui sont* au flanc d'une colline disséminé
8. des parasols multicolores *qui sont* sur la plage planté
9. le soleil *qui est* derrière les nuages caché
10. une villa *qui est* au sommet d'une falaise perché

C. Remplacez les verbes peu expressifs, tels que *il y a, se trouve, est, on voit,* et **on entend,** par un des verbes descriptifs suivants.

briller	flotter	planer
se briser	gazouiller	pointer
clapoter	grimper	resplendir
dévaler	gronder	rouler

s'étendre   jaillir   scintiller
filer   miroiter   siffler
flamboyer   s'ouvrir

1. Dans un ciel d'azur *il y a* un aigle. *plane*
2. Dans la vallée *il y a* une cascade. *dévale*
3. Dans le ravin *on entend* un torrent. *roule*
4. Entre deux rochers *il y a* une source. *jailli*
5. Sur les hauteurs *il y a* une brume légère. *flotté*
6. Dans le ciel *on voit* les étoiles. *scintiller*
7. Dans le feuillage *on entend* les oiseaux. *gazouille*
8. Vers le sommet *se trouve* un sentier. *grimpe*
9. Dans un ciel clair *on voit* la lune. *brille*
10. Au bord du chemin *se trouve* un précipice. *s'ouvre*
11. Sous le soleil couchant *est* un glacier. *miroite*
12. Au-dessus des nuages *est* une cime neigeuse. *pointe*
13. Le long du rivage *se trouve* un hors-bord. *file*
14. Dans les arbres *on entend* le vent. *siffle*
15. A perte de vue *il y a* la mer. *s'étendre*
16. Au lointain *on entend* le tonnerre. *gronde*
17. A l'horizon *est* le soleil couchant. *flamboie*
18. Sur les rochers *on entend* des vagues furieuses. *se brise*
19. Dans un ciel bleu *on voit* le soleil. *resplendiss*
20. Sur la plage *on entend* les vagues. *clapotent*

D. Remplacez le mot **bruit** par un nom plus descriptif de la liste suivante.

clapotis *splash*   gazouillis *Chirping*   martèlement *hammering*
fracas   grondement *rumbling*   sifflement *whistling*
frémissement *rustling* hurlement *howling*

1. le *bruit* du tonnerre *grondement*
2. le *bruit* des oiseaux *gazouillis*
3. le *bruit* des vagues *clapotis*
4. le *bruit* de la grêle sur les vitres *martèlement*
5. le *bruit* du vent dans la ramure *sifflement*
6. le *bruit* d'une avalanche *fracas*
7. le *bruit* de la sirène d'un navire *hurlement*
8. le *bruit* des feuilles agitées par la brise *frémissement*

E. Remplacez le mot **lumière** par un nom plus descriptif de la liste suivante.

chatoiement *sparkling*   lueur *glow*   scintillement *twinkle*
clarté   miroitement *glistening*   splendeur
éclat *luminous*

1. la *lumière* de la lune
2. la *lumière* des étoiles
3. les *lumières* rouges du soleil couchant
4. la *lumière* du soleil de midi
5. la *lumière* d'un lac gelé
6. la *lumière* du soleil équatorial
7. la *lumière* du givre sur les arbres

[Handwritten annotations: Clarté, Scintillement, lueur, éclat, miroitement, splendeur, chatoiement]

———————————— *Sujet proposé* ————————————

Décrivez un phénomène ou un spectacle de la nature en essayant d'en dégager *l'impression dominante*. Inspirez-vous du *Plan et vocabulaire*.

Exercices préparatoires

1. Employez dans quelques phrases de votre choix au passé des mots choisis dans les listes des *Exercices d'expansion* A et B.
2. Employez dans quelques phrases de votre choix: a) les prépositions de temps: **en, dans, pour, depuis, pendant;** b) les prépositions de lieu: **sur, sous, au-dessus, au-dessous, par-dessus, par-dessous.**
3. Employez tous les pronoms indéfinis de l'*Exercice d'expansion* D dans des phrases de votre choix.
4. Composez quelques phrases à l'aide d'adjectifs de la liste de l'*Exercice de style* A.
5. Composez quelques phrases de votre choix avec des participes passés de la liste de l'*Exercice de style* B.
6. Composez quelques phrases à l'aide de noms tirés des listes des *Exercices de style* D et E.

Etablissement du plan

Une fois que vous aurez choisi le phénomène ou le spectacle de la nature que vous voulez décrire, ainsi que *l'impression dominante* que vous désirez créer, établissez un plan en vous inspirant du *Plan et vocabulaire*, et en sélectionnant dans la série d'exercices précédents les phrases qui conviennent et que vous pouvez modifier, sans bien sûr vous limiter au vocabulaire et aux structures du chapitre.

Exercice d'auto-correction

Réfléchissez aux questions suivantes, puis relisez attentivement votre composition. (Cf. *Exercice d'auto-correction*, Chapitre Quatre.)

1. Avez-vous transmis au lecteur l'aspect dynamique qui se dégage de la nature?
2. Avez-vous réussi à communiquer au lecteur une impression dominante?
3. Le choix des mots et des verbes donne-t-il une image précise de ce que vous voulez décrire? Faites-vous allusion à des phénomènes naturels pour rendre votre description plus imagée? (Cf. *Plan et vocabulaire*.)
4. Avez-vous employé des noms collectifs, si possible?
5. Pouvez-vous utiliser des adjectifs plus précis ou plus imagés?
6. Pouvez-vous éviter les répétitions et simplifier certaines structures?

Portrait de Marie-Antoinette

CHAPITRE NEUF

Composition française: Le portrait

Consultez l'*Appendice VI*

Révision de verbes

Révisez les verbes suivants à tous les temps de l'indicatif, du subjonctif et du conditionnel:

croire, devenir, venir, mettre, émettre, séduire

Texte modèle

Sylvain Kohn était petit, trapu, *la* face entièrement rasée, à l'améri- ~~wide~~
caine, le teint trop rouge, les cheveux trop noirs, une figure large et
massive, *aux* traits gras, les yeux petits, plissés, fureteurs, la bouche un
peu de travers, *un* sourire lourd et malin. Il était mis avec une élégance qui
cherchait à dissimuler les défectuosités de sa taille, ses épaules hautes et la
largeur de ses hanches. C'était là l'unique chose qui chagrinât son amour- ← *égoïste*   *imparfait de vous*
propre; il eût accepté de bon cœur quelques coups de pied au derrière pour
avoir deux ou trois pouces de plus et la taille mieux prise. Pour le reste, il
était fort satisfait de lui-même; il se croyait irrésistible. Le plus fort est qu'il   *because of the superbe, c'est une opinion*
l'était... On se moquait de lui; mais cela ne l'empêchait point de réussir.
Ceux qui disent que *le* ridicule tue à Paris ne connaissent point Paris.

ROMAIN ROLLAND (1866–1944), *Jean-Christophe à Paris*

Analyse du texte

1. D'après ce portrait, quelle vous semble être l'attitude du narrateur vis-à-vis du personnage et de la société parisienne? Relevez les mots ou expressions qui reflètent cette attitude.
2. Analysez les articles en italiques.
3. a. Donnez des synonymes de: **fureteurs, malin, (il était) mis, élégance, dissimuler, défectuosités, chagrinât, de bon cœur.**
   b. Donnez des antonymes de: **trapu, gras, réussir.**
4. **Sourire** est un infinitif substantivé. Donnez cinq autres mots formés de la même manière et employez-les dans de courtes phrases.

Exercices d'expansion

A. Complétez les phrases suivantes en employant les mots de la liste ci-dessous. (Consultez les dictionnaires.)

Un coup de foudre — love at first sight

bâton	œil	téléphone
essai	pied	tête
état	sang	théâtre
feu	sifflet	tonnerre
foudre	soleil	vent (2 fois)
grâce		

MODELE: Il eût accepté de bon cœur quelques coups *de pied* au
derrière. →

1.   L'agent de police qui règle la circulation donne des coups *de sifflet*.
2.   Un coup *vent* ébouriffa ses cheveux. *ruffle.*
3.   Un coup *tonnerre* annonça le début de l'orage.
4.   Un coup *feu* retentit et un homme au visage masqué sortit en
coup *vent*
5.   Les personnages de farce reçoivent souvent des coups *de bâton*
6.   Il avait un teint de homard dû à de nombreux coups *de soleil*
7.   C'est la première fois qu'il entreprend ce travail: c'est son coup *d'essai*
8.   Il a quitté la maison paternelle sur un coup *de foudre* *pied*
9.   Dès leur première rencontre ce fut le coup *de foudre*! huit jours après ils se
mariaient.
10.   Son arrivée à l'improviste provoqua un coup *de théâtre*
11.   Il s'approcha de son cheval blessé, tira son revolver et lui donna le
coup *grâce*
12.   Pendant l'examen, il jetait sur la copie de son voisin des coups *d'œil*
désespérés.
13.   Le gouvernement fut renversé par un coup *d'état*
14.   Si vous voulez des nouvelles de votre ami, passez-lui donc un
coup *téléphone*
15.   Il est mort d'apoplexie; c'est-à-dire d'un coup *de sang*

B.   Transformez les phrases ci-dessous dont la construction est inélégante
d'après le modèle suivant.

Note: Le changement (1) n'est possible que dans le cas où les sujets sont les
mêmes dans les deux propositions.

Adonis	dandy	Einstein
Aristote	Don Juan	Vénus

MODELE: Il croyait qu'il était irrésistible. →
Il croyait être irrésistible.
Il se croyait irrésistible.
Il se trouvait irrésistible.
Il se prenait pour un Don Juan.

1. Elle croyait qu'elle était belle. *venus*
2. Il croit qu'il est élégant. *dandy*
3. Ils croient qu'ils sont intelligents. *Einstein*
4. Il croit qu'il est philosophe. *Aristote*
5. Il croyait qu'il était beau. *Adonis*

C. Dans les phrases suivantes, opérez les changements préconisés par le modèle ci-dessous.

beauté   génie   séducteur *seductive*
érudit *scholarly*   jeune premier *leading man*   simple d'esprit
femme fatale   *simple of*

MODELE: On croyait qu'il était irrésistible. →
           On le croyait irrésistible.
           On le savait irrésistible.
           On le trouvait irrésistible.
           On le prenait pour un séducteur.

niais = foolish, silly

1. On croyait qu'il était instruit. *érudit*
2. On croyait qu'elle était belle. *beauté*
3. On croyait qu'il était niais. *simple d'esprit*
4. On croyait qu'il était intelligent. *génie*
5. On croyait qu'elle était séduisante. *femme fatal*
6. On croyait qu'il était beau garçon. *jeune premier*

D. Emploi de l'article défini et indéfini devant les parties du corps. Lorsque l'adjectif précède le nom, on ne peut employer que l'article indéfini:

MODELE: Il avait *de* petits yeux plissés. →

Lorsque l'adjectif suit le nom, il est possible d'employer soit l'article défini:

MODELE: Il avait *les* yeux petits, plissés, fureteurs. →

soit l'article indéfini:

MODELES: Il avait *des* yeux petits, plissés, fureteurs.

           Il avait *un* sourire lourd et malin. →

1. Elle avait *le/un* nez retroussé.
   Elle avait *un* petit nez retroussé.
2. Elle avait *les* yeux bleus.
   Elle avait *de* beaux yeux bleus.
3. Elle avait *les* mains fines.
   Elle avait *de* belles mains fines.
4. Elle avait *le* regard vif.
   Elle avait *de/un* beau regard vif.

5. Il avait _la_ moustache fine.
   Il avait _une_ petite moustache fine.
6. Il avait _la_ barbe blanche.
   Il avait _une_ longue barbe blanche.
7. Elle avait _le_ sourire radieux.
   Elle avait _un_ large sourire.
8. Elle avait _des_ mains petites et grasses. et (les)
   Elle avait _de_ petites mains grasses.
9. Elle avait _les_ dents chevalines.
   Elle avait _de_ grandes dents chevalines.

E. Transformez les phrases suivantes d'après le modèle ci-dessous:

   MODELE: Ses yeux étaient fureteurs. →
   Il avait *les* yeux fureteurs.
   C'était un homme *aux* yeux fureteurs.

1. Sa face était rasée. *Il avait la face rasée. C'était un homme à la face rasée*
2. Son dos était voûté. *Il avait le dos voûté.*
3. Ses mains étaient potelées. *pudgy*
4. Ses yeux étaient gris.
5. Ses cheveux étaient grisonnants.
6. Son sourire était malin.
7. Sa démarche était chancelante.
8. Son visage était anguleux.
9. Son regard était magnétique.
10. Sa mine était renfrognée.

PLAN ET VOCABULAIRE:
Le portrait

for composition

Conseils préliminaires

L'intérêt du portrait, comme genre littéraire, est de laisser deviner les caractéristiques morales d'une personne par un choix judicieux dans la description de ses caractéristiques physiques et de ses actions. Attention à l'emploi de l'article devant les parties du corps.

La taille, la stature

ce personnage est
c'est un personnage

grand, petit, svelte, trapu, mince maigre, gros, corpulent, obèse plantureux, gracieux, bien bâti, bien fait, de haute taille, de taille élevée (élancée, moyenne), de courte taille

il a   le dos voûté, les épaules larges (carrées,
                         de lutteur, tombantes, frêles, étroites),
                         la taille mince (fine, souple, flexible,
                         épaisse, lourde)

Les membres

ses membres (bras,   maigres, grêles, fins, délicats, frêles, soli-
    jambes) sont   des, forts, robustes, musclés
ses mains sont   }   longues, courtes, grasses, potelées, os-
il a les (des) mains   }   seuses, maigres, douces, lisses,
                         blanches, rugueuses, calleuses, crevas-
                         sées

il fait   des gestes, de grands gestes
il gesticule

La tête

il a le (un) visage   régulier, fin, allongé, carré, rond, plein,
                         maigre, anguleux, osseux, ridé, pâle,
                         blême, rouge, sanguin, barbu, imberbe,
                         rasé de frais
son visage   respirait la santé
il a une figure   belle, agréable, laide, sotte, intelligente
il a le (un) teint   coloré, éclatant, vermeil, mat, flétri (déco-
                         loré), hâlé, bronzé, clair, foncé, frais,
                         fatigué (les traits tirés)
il a les (des) yeux   en amande, enfoncés, saillants

ses yeux: sont vifs, ardents, brillants, perçants, vitreux,
                    langoureux, tristes, rieurs, malins, es-
                    piègles
            pétillent de malice
            rayonnent de joie
            brillent de colère

il a:
        le (un) regard sévère, rusé, mélancolique, souriant,
                     magnétique, sournois, franc
         le (un) front haut, bas, large, étroit, bombé, dégarni,
                     chauve, ridé, lisse
           le (un) nez droit, pointu, épaté, camus, aquilin, re-
                     troussé
         les (des) joues creuses, pleines
    les (des) pommettes saillantes, rondes, vermeilles, rosées,
                     pâles

les (des) lèvres minces, fines, épaisses, sensuelles

les (des) cheveux blonds, roux, châtains, bruns, gris, grisonnants, blancs, clairsemés, touffus,
longs, courts, en brosse, bouclés,
frisés, ondulés, lisses, crépus, ébouriffés, en broussaille, en bataille

le (un) menton carré, volontaire, énergique, fuyant (un
double menton)

la mine (expression du visage)

on a (santé) une bonne mine, une mauvaise
mine

(intelligence) la mine éveillée, apathique

(humeur) la mine souriante, joyeuse, renfrognée

La voix

il a la (une) voix (intensité) faible, forte, puissante

il parle *d'*une voix ⎫ (timbre) basse, haute, rauque, claire,
il s'exprime *d'*une voix ⎭ grave, aiguë, perçante, éraillée, bien
timbrée, sourde, sonore, de stentor

(qualité) chantante, mélodieuse, criarde,
discordante, chevrotante

il crie

il chuchote

il bégaie

il bredouille

La démarche

il a la (une) démarche ferme, assurée, fière, noble, chancelante,
hésitante, lente, lourde, pesante, sautil-
lante, rapide, alerte, aisée

il marche *d'*une manière ferme, assurée, chancelante, etc.

elle marche en se déhanchant

il a un pas léger, leste, agile, pesant, lent

Exercices de style

A. Remplacez les détails descriptifs par des expressions plus vivantes et
plus suggestives, tirées de l'actualité ou de l'histoire.

Maurice Chevalier   de Gaulle   Jeanne d'Arc
Yul Brynner   Fidel Castro   Juliet Prowse *-dancer*
Salvador Dali   Jackie Gleason   Phyllis Diller *comedine*
Cyrano   Dolly Parton   Voltaire *smile*

MODELE: Il avait le crâne rasé. →

     Il avait **un** crâne **à la** Yul Brynner.

1. Il avait la barbe touffue. *Fidel Castro*
2. Il avait la moustache fine. *Dali*
3. Elle avait les cheveux très courts. *Jeanne d'Arc*
4. Il avait le sourire malicieux. *Voltaire*
5. Elle avait les jambes fines et élégantes. *Juliet Prowse*
6. Il avait le ventre rebondi. *Jackie Gleason*
7. Elle avait les cheveux ébouriffés. *Phyllis Diller*
8. Il avait, soi-disant, l'accent français. *Maurice Chevalier*
9. Il avait le nez bourbonien. *de Gaulle*
10. Elle avait la poitrine opulente. *Dolly Parton*
11. Il avait le nez très long. *Cyrano*

B. Remplacez les expressions **où l'on voyait, qui exprime** par une
expression adjective plus descriptive, tirée de la liste suivante.

blême *pale*   pétillant *seething*   tremblant
convulsé *devour* rayonnant   vert
dévorant   resplendissant   voilé *masked*
écarquillé *wide open* rouge

MODELE: des yeux *où l'on voyait* la malice →
     des yeux **pétillants de** malice

1. un sourire *où l'on voyait* la joie *rayonnant de joie*
2. un visage *où l'on voyait* la santé *resplendissant de santé*
3. un visage *qui exprime* la colère *blême*
4. un visage *qui exprime* la honte *rouge*
5. un visage *où l'on voyait* la peur *vert de peur*
6. des lèvres *où l'on voyait* l'émotion *tremblantes d'émotion*
7. des yeux *où l'on voyait* la surprise *écarquillés*
8. un visage *où l'on voyait* la douleur *convulsé de*
9. des yeux *où l'on voyait* la tristesse *voilés de tristes*
10. un regard *où l'on voyait* la passion *dévorant*

C. Remplacez le superlatif absolu par un adjectif plus descriptif, tiré de la
liste suivante.

blême   génial   replet *chubby*
captivant   livide   séduisant

crépu   obèse   touffu

crevassé   perçant   vermeil

décharné   potelé

enchanteur   prodigieux

MODELE: une voix *très aiguë* →

        une voix **perçante**

1. un homme *très gras* *[obèse]*
2. des cheveux *très épais* *[touffus]*
3. un monsieur *très corpulent* *[replet]*
4. des joues *très rondes* *[potelées]*
5. une femme *très attirante* *[séduisante]*
6. un sourire *très charmant* *[enchanteur]*
7. une *très grande* force *[prodigieuse]*
8. un visage *très pâle* *[blême]*
9. un visage *très très pâle* *[livide]*
10. un teint *du plus beau rouge* *[vermeil]*
11. des cheveux *très frisés* *[crépus]*
12. des membres *très maigres* *[décharnés]*
13. des mains *très rugueuses* *[crevassées]*
14. une voix *très agréable* *[captivante]*
15. un esprit *très intelligent* *[génial]*

D. Remplacez la construction substantif-adjectif en italiques par une expression substantive.

MODELE: Son élégance cherchait à dissimuler *sa taille défectueuse*. →

        Son élégance cherchait à dissimuler **la défectuosité de sa taille**.

1. Une légère robe d'été soulignait *ses formes gracieuses*. *[la grâce de ses formes]*
2. Une robe noire accentuait *son visage pâle*. *[la pâleur de son visage]*
3. Un survêtement ample dissimulait *ses muscles puissants* et *ses larges épaules*. *[la puissance de ses muscles et la largeur de ses épaules]*
4. Son maintien digne s'harmonisait avec *sa démarche lente* et *sa voix grave*.
5. *Son regard magnétique* vous subjuguait. *[la magnétisme de...]*
6. Son sourire radieux faisait oublier *sa figure laide*. *[la laideur de sa fig.]*
7. *Ses dents blanches* tranchaient sur son visage bronzé. *[la blancheur de ses dents]*
8. *Sa voix tremblante* révélait sa timidité. *[le tremblement de sa voix]*
9. *Ses lèvres sensuelles* contrastaient avec *son visage ascétique*.
10. On était séduit par *sa démarche aisée*, *ses traits fins* et *son regard franc*.
11. Sa corpulence contrastait avec *ses mouvements vifs*.

E. Remplacez les mots en italiques par l'adjectif propre, tiré de la liste suivante.

alerte	ferme	malin
camus	fureteur	mat
clairsemé	gracieux	ridé
coloré	grisonnant	sournois
dégarni	hésitant	vitreux

MODELE: des yeux *curieux et indiscrets* →
des yeux **fureteurs**

1. un visage, un front *couvert de rides*
2. une personne, un visage, un air, un regard *qui manifeste la dissimulation*
3. un front *qui a perdu ses cheveux*
4. un nez *qui est court et plat*
5. une barbe, des cheveux *qui deviennent gris (qui commencent à blanchir)*
6. des cheveux *qui deviennent rares*
7. une jeune fille *qui charme par sa silhouette et son maintien*
8. une voix, une démarche *qui manque d'assurance*
9. une personne *aux mouvements vifs*
10. une démarche *pleine de naturel et d'assurance*
11. un teint *qui manque d'éclat, de brillant*
12. un teint *qui a de vives couleurs*
13. des yeux *qui ne brillent plus*
14. des yeux, un sourire, un air *qui révèlent de l'ingéniosité et de la finesse*

F. Remplacez les mots en italiques par l'adjectif propre, tiré de la liste suivante.

aquilin	chevrotant	hâlé
bouclé	criard	lisse
bronzé	éraillé [2 fois]	ondulé
en broussaille	espiègle	retroussé
chauve	fuyant	de stentor

1. un sourire, des yeux *qui expriment une malice joyeuse et puérile*
2. des cheveux *qui forment des anneaux, ou des spirales*
3. des cheveux *qui évoquent le mouvement des vagues*
4. des cheveux, des sourcils *épais et en désordre*
5. un front, un menton *très incliné*
6. des yeux *qui sont striés de filets rouges*
7. une voix *qui émet un son rude et rauque*
8. une voix *forte et retentissante*
9. une voix *retentissante, mais très désagréable*
10. une voix *tremblotante qui rappelle le bêlement de la chèvre*
11. un crâne *qui n'a pas de cheveux*
12. une peau *brunie par le vent*
13. une peau *brunie par le soleil*

14. un front *qui n'est pas ridé* lisse
15. un nez *qui a la forme d'un bec d'aigle* aguilin
16. un nez *qui se relève par le bout* retroussé

----------- *Sujet proposé* -----------

Faites le portrait d'un personnage *que vous connaissez bien,* en mettant en relief les détails physiques et moraux les plus caractéristiques, le tout subordonné à *une impression dominante.*

Exercices préparatoires

1. Employez dans quelques phrases au passé des expressions avec **coup,** comme dans l'*Exercice d'expansion* A. Il n'est pas nécessaire de se limiter à la liste donnée.
2. Composez quelques phrases de votre choix en employant les structures (2) et (4) des *Exercices d'expansion* B et C.
3. Composez quelques phrases de votre choix en employant les structures des *Exercices d'expansion* D et E et en vous inspirant du *Plan et vocabulaire.*
4. En vous inspirant de l'*Exercice de style* A, inventez quelques autres ressemblances prestigieuses.

   MODELE: Il avait une *petite* moustache *carrée.* →
   Il avait une moustache **à la Charlie Chaplin.**

5. Employez dans quelques phrases de votre choix des expressions de l'*Exercice de style* B.
6. Employez dans quelques phrases de votre choix des expressions de l'*Exercice de style* C.
7. Composez quelques phrases de votre choix avec les expressions de l'*Exercice de style* D. Ces expressions devront être employées dans une fonction (sujet ou complément d'objet) différente de celle de l'exercice.

   MODELES: *La défectuosité* de sa taille était pour Sylvain Kohn une source d'embarras.

   Un sourire radieux découvrait *la blancheur* de ses dents. →

8. Composez quelques phrases de votre choix en employant des adjectifs des *Exercices de style* E et F.

Etablissement du plan

Une fois que vous aurez choisi la personne que vous voulez décrire, ainsi que *l'impression dominante* que vous désirez créer, établissez un plan en vous inspirant du *Plan et vocabulaire*, et en sélectionnant dans la série d'exercices précédents les phrases qui conviennent et que vous pouvez modifier, sans bien sûr vous limiter au vocabulaire et aux structures du chapitre.

Exercice d'auto-correction

Réfléchissez aux questions suivantes, puis relisez attentivement votre composition. (Cf. *Plan et vocabulaire*, Chapitre Quatre.)

1. Avez-vous réussi à transmettre au lecteur une impression dominante?
2. Avez-vous brossé un portrait complet de la personne? Pouvez-vous donner d'autres détails? (Cf. *Plan et vocabulaire*.)
3. Avez-vous réussi à suggérer les caractéristiques morales de cette personne dans votre description?
4. Pouvez-vous éviter certaines répétitions en utilisant des expressions plus précises (verbes, adjectifs…)?
5. Avez-vous vérifié l'emploi des articles avec les parties du corps?

Le subjonctif

Textes modèles

Je suis content, dit-il, que tu sois[1] d'accord avec mon renard.

ANTOINE DE ST. EXUPERY (1900–1944), *Le Petit Prince*

Mon fils! que le jour où tu reviens à moi soit béni.[2]

ANDRE GIDE (1869–1951), *Le Retour de l'enfant prodigue*

Dites au gouvernement, au procureur du roi, qu'on me les amène,[3] je le veux!

HONORE DE BALZAC (1799–1850), *Le Père Goriot*

Peut-on être un saint sans Dieu, c'est le seul problème concret que je connaisse[4] aujourd'hui.

ALBERT CAMUS (1913–1960), *La Peste*

Ce que je hais, c'est la mort et le mal, vous le savez bien. Et que vous le vouliez[5] ou non, nous sommes ensemble pour les souffrir et les combattre.

ALBERT CAMUS, *La Peste*

Bien sûr, quand on est braconnier, il arrive qu'on se fasse[6] prendre.

MAURICE GENEVOIX (1890–1980), *Raboliot*

Mais avec quelque talent qu'on puisse[7] être né, l'art d'écrire ne s'apprend pas tout d'un coup.

JEAN-JACQUES ROUSSEAU (1712–1778), Confessions

S'il est vrai que le caractère de l'esprit et les passions du cœur soient[8] extrêmement différents dans les divers climats, les lois doivent être relatives et à la différence de ces passions et à la différence de ces caractères.

MONTESQUIEU (1689–1755), L'Esprit des lois

Les Français furent les seuls qui réussirent[9] dans le genre de l'éloquence.

VOLTAIRE (1694–1778), Le Siècle de Louis XIV

Il avait eu si peur, quand Bourrel avait découvert les lapins, que la tête lui avait tourné.[10]

MAURICE GENEVOIS (1890–1980), Raboliot

ETUDE DU SUBJONCTIF

1. sois	Le subjonctif est employé ici dans une proposition substantive dépendante d'un verbe d'émotion. La déclaration est teintée de subjectivité.
2. soit béni	Cette forme après **que,** quelquefois considérée comme un impératif, est en fait dépendante d'un verbe sous-entendu exprimant ici la prière, et introduisant normalement un subjonctif: **Je prie que le jour où tu reviens vers moi soit béni.** Comparer avec: *God save the king. For: may God save the king.*
3. amène	Le subjonctif est employé après un verbe exprimant la volonté. **Dites,** normalement *verbe déclaratif,* est suivi d'un *indicatif;* cependant quand il exprime *la volonté* il est suivi du *subjonctif*: **Dites-lui qu'il** *est* **pardonné et qu'il** *revienne.*
4. connaisse	Le subjonctif est employé après un superlatif pour exprimer un fait présenté non comme une réalité concrète mais comme une opinion personnelle.

5. vouliez   Ici le subjonctif exprime un fait présenté comme hypothétique. **Que vous le vouliez ou non,** veut dire: *il importe peu que* **vous le vouliez ou que vous ne le vouliez pas.** Si on ne voulait pas laisser d'alternative, on emploierait l'indicatif: *Même si* **vous ne le** *vouliez* **pas.**

6. se fasse   Le subjonctif ici est dépendant d'un verbe exprimant la conjecture. **Il arrive qu'on se fasse prendre** pourrait s'exprimer par: *Il est fort possible* **qu'on** *se fasse* **prendre.**

7. puisse   Le fait de posséder du talent ici est présenté non pas comme conforme à la réalité mais comme une hypothèse, d'où le mode subjonctif. La même idée présentée comme un fait réel exigerait l'indicatif: **même si on** *est* **né avec du talent**....

8. soient   Ici le subjonctif est logiquement employé par Montesquieu; en effet **soient** est dépendant non pas de: **il est vrai que** qui exigerait l'indicatif mais de **si** hypothétique. De nos jours cependant, et contre toute logique, le **si** est suivi normalement de l'indicatif.

9. réussirent   Ici nous avons un verbe à l'indicatif bien qu'il soit dépendant d'un superlatif (cf. 4) pour exprimer un fait présenté, comme ayant eu vraiment lieu et donc comme étant conforme à une réalité objective. Voltaire nous présente ce fait comme *une vérité*.

10. avait tourné   L'indicatif ici est tout à fait logique car **il avait eu si peur** n'affecte pas subjectivement la subordonnée *que* **la tête lui avait tourné.** Les deux propositions nous sont présentées comme deux faits réels, accomplis, l'un étant le résultat de l'autre: **Il avait eu si peur,** et à cause de cela, **la tête lui avait tourné.**

Exercices

A. Complétez les phrases suivantes par le verbe entre parenthèses au mode convenable.

1. Dites-lui donc qu'il (avoir) réussi à son examen.
   Dites-lui donc qu'il (se taire). Il nous ennuie.

2. De tous les bateaux qui sont ancrés dans cette baie, c'est le plus grand qui m' (appartenir).

   C'est le plus grand bateau que nous (avoir) jamais vu, n'est-ce pas?

3. Je cherche une librairie où l'on (vendre) des livres français. Y en a-t-il une dans ce quartier?

   Je cherche une librairie où l'on (vendre) des livres français. Savez-vous où elle se trouve?

4. Savez-vous que votre candidat (avoir) été élu? Cela vient de paraître dans les journaux.

   Savez-vous que votre candidat (avoir) été élu? Je n'en ai pas été averti.

5. Nous voulons un ministre qui (être) intègre.

   C'est un ministre qui (être) intègre.

6. Connaissez-vous quelqu'un qui (pouvoir) m'aider?

   Oui, j'ai sous la main quelqu'un qui (pouvoir) vous aider.

7. Il se doute que vous (être) ici.

   Il ne se doute pas que vous (être) ici.

8. Nous souhaitons qu'il (faire) beau demain.

   Nous espérons qu'il (faire) beau demain.

9. Il a travaillé d'arrache-pied de sorte qu'il (avoir) enfin réussi.

   Nous l'avons aidé de sorte qu'il (pouvoir) réussir à son prochain examen.

10. Il est à la recherche d'une villa qui (être) au bord du lac.

    Il a loué une villa qui (être) au bord du lac.

B. Complétez les phrases suivantes par le verbe entre parenthèses au mode convenable.

1. Avertissez-le qu'il (se faire) tard et qu'il (vouloir) bien se presser.

2. Téléphonez-lui qu'il (venir) me voir demain et que je lui (donner) alors ma réponse.

3. Ecrivez-lui que je (être) en vacances et qu'elle me (rendre) visite.

4. L'université m'a répondu que mes notes (être) satisfaisantes et que je (s'inscrire) à la prochaine session.

5. Nous ne cessons de lui répéter que nous (s'intéresser) à ses travaux et qu'il nous (faire) parvenir son manuscrit.

6. Faites-lui savoir qu'il (vouloir) bien se présenter à l'examen le 25 mai et que surtout il (être) à l'heure.

7. Nous vous signalons que notre prochain numéro (paraître) le 25 courant et qu'il (coûter) la modique somme de deux francs.

8. Si vous (avoir) encore des difficultés avec le subjonctif et que vous ne (savoir) pas faire ces exercices, consultez donc l'Appendice VI.

9. Si vous en (avoir) le temps et que le cœur vous en (dire) venez donc prendre le café avec nous.

10. Si vous (vouloir) que je (faire) ceci, il suffit que vous m'en (laisser) le temps.

C. Complétez les phrases suivantes par le verbe entre parenthèses au mode convenable.

1. Avez-vous pris un livre rouge qui (se trouver) sur mon bureau?
2. Croyez-vous que je ne (voir) pas votre manège?
3. Nous voulons quelqu'un en qui nous (pouvoir) avoir confiance. *puissions*
4. Niez-vous maintenant que je (avoir) dit la vérité?
5. Il est peu probable que nous (avoir) fini à temps.
6. Je me doute que vous (avoir) passé d'agréables vacances.
7. Quelque faute que vous (avoir) commise, je vous pardonne.
8. J'espère que vous (pouvoir) passer la soirée avec nous. *pourrez*
9. Le médecin recommande que vous (rester) un mois de plus à la montagne.
10. Il paraît que cette pièce (être) un chef-d'œuvre.
11. C'est un sournois et nous ne pensons pas qu'il (avoir) dit la vérité.
12. Que vouliez-vous qu'il (faire) contre trois? Qu'il (mourir).—Corneille
13. Il a échoué à l'oral, soit qu'il ne se (être) *soit* pas suffisamment préparé, soit qu'il (avoir) *ait* été intimidé.
14. Il est à craindre que cette situation ne (aller) *aille* de pis en pis. *j'aise*
15. Il ne pose pas sa candidature, non que le poste ne lui (plaire) pas, mais il a horreur des campagnes électorales.

D. Complétez les phrases suivantes par le temps du subjonctif qui convient. Dans cet exercice ll = langue littéraire.

1. Si elle ne retrouve pas son sac à main, il est fort possible qu'on le lui (voler). *ait volé*
2. Si elle ne fait pas attention à son sac à main, il est fort possible qu'on le lui (voler). *vole* *stole it from her.*
3. Il finira ses études avec succès à supposer qu'il (fournir) *fournisse* le même effort.
4. Il eût mieux valu qu'elle (faire) attention. (ll) *fît* → *vienne*
5. Pour obtenir cet emploi, il suffit qu'il (venir) me voir.
6. Bien qu'il (lire) *ait lu* ce poème maintes fois, il ne le comprend toujours pas.
7. Faites en sorte qu'il (terminer) *ait terminé* son devoir quand j'arriverai.
8. Elle trouvait tout naturel qu'on lui (faire) des compliments. (ll) *fît*
9. Tout arrogant qu'il (être), il ne m'impressionne pas.
10. J'aimerais que vous me (téléphoner) dès votre arrivée. → *téléphoniez*
11. Il est regrettable qu'elle (partir) déjà. → *soit déjà partie.*
12. Parlez plus haut qu'on vous (entendre). → *entende* *soit déjà partie.*
13. Je n'aime pas qu'on (m'interrompre). *m'interrompe*
14. Je ne pense pas qu'il (pouvoir) *puisse* se tirer d'affaire de si tôt.
15. Je déplore que vous ne me (consulter) pas hier au sujet de cette affaire. *ayez pas consulté*

E. Reliez les phrases juxtaposées en employant dans la proposition subordonnée le mode convenable. Faites les changements nécessaires.

MODELE: Il n'est pas venu. Je le regrette. →
Je regrette *qu'il ne soit pas venu.*

1. Il viendra. Je le veux.
2. Il a menti. Le croyez-vous?
3. Nous aurons des ennuis. C'est certain.
4. Vous réussirez. Je l'espère.
5. Il aura fini sa thèse en un an! C'est peu probable.
6. Nous irons en France l'année prochaine. C'est très probable.
7. Prenez un jour de congé. Nous le voulons bien.
8. Il a perdu sa mère. C'est navrant.
9. Ce projet sera terminé le mois prochain. C'est essentiel.
10. A-t-il des chances de gagner à la loterie? Je pense que non.
11. Il éprouvera des difficultés. Je m'en doute.
12. A-t-il triché à son examen? Ses camarades le nient.
13. J'étais très occupé. Cependant il ne l'a pas cru.
14. Mon fils est inscrit au tableau d'honneur. J'en suis fier.
15. Il n'a pas entrepris ce voyage. Il n'avait pas le temps, ou bien il n'avait pas les fonds nécessaires.
16. Un poste de police est près de la gare. Ce touriste le cherche.
17. Une fusée qui pourra atterrir sur Mars? Le gouvernement cherche à en construire une.
18. Il s'exprimait ainsi. Cela semblait peu naturel.
19. Il trouvera enfin son maître. C'est inévitable.
20. Je reviens. Attendez.

F. Dans les phrases suivantes, remplacez la proposition nominale au subjonctif par un substantif.

MODELE: J'empêche *qu'il soit exécuté.* →
J'empêche **son exécution.**

1. Nous demandons *qu'il meure.*
2. Ils autorisent *qu'il revienne.*
3. J'ai empêché *que vous partiez.*
4. Nous désirons *qu'elle soit heureuse.*
5. Il exige *que nous soyons arrêtés.*
6. Je désire *qu'il m'approuve.*
7. Nous aimons *que l'on nous complimente.*
8. Nous n'espérons plus *qu'il soit acquitté.*
9. Il souhaite *que je collabore avec lui.*
10. Je réclame *qu'il soit gracié.*
11. Il ne croit pas *que je sois coupable.*

12. Je doute *que vous soyez sincère.*
13. Nous détestons *que l'on mente.*
14. Nous mettons en doute *qu'il soit loyal.*
15. Je ne disconviens pas *que ses propos soient vrais.*
16. Je ne conçois pas *qu'on soit si imprudent.*
17. Ils déplorent *qu'elle soit si naïve.*
18. Nous ne nions pas *que vous soyez intelligent.*
19. Nous nous sommes disputés avant *qu'il ne parte.*
20. Restez ici jusqu'à *ce que je revienne.*

Paris, le jardin des Tuileries   PETER MENZEL

CHAPITRE ONZE

*Composition française:
La narration*

Consultez les *Appendices VII* et *VIII*

Révision de verbes

Révisez les verbes suivants à tous les temps de l'indicatif, du subjonctif et du conditionnel:

> (s') avancer, boire, écrire, essayer, finir, s'enfuir, se joindre à,
> prendre, sortir, (se) tenir, entretenir

Texte modèle

Dans ce passage débordant d'humour et de fantaisie, Marcel Aymé nous présente Etienne Duvilé, petit fonctionnaire chargé de famille, pour qui le vin est devenu un luxe et une véritable obsession tournant bientôt à l'hallucination: un soir, en rentrant chez lui, Duvilé croit voir en son beau-père une bouteille de bordeaux et, à la manière d'un de ses camarades de régiment, le Sergent Moreau, joyeux luron et gros buveur, il va tenter de l'ouvrir.

Lorsque son beau-père fut assis, Duvilé vint *à* lui avec un tisonnier *dans* la main droite.

—Ne bougez pas, dit-il en lui plaçant un doigt sous le menton.

Le vieillard souriait bonnement. Reculant d'un pas pour prendre le champ convenable, Duvilé leva le bras et lui déchargea sur le col un bon coup de tisonnier. Le choc était rude, non mortel. Le malheureux poussa un hurlement. Mme Duvilé et les deux enfants, *avec* des cris et des supplications, essayèrent de s'interposer. Mais Duvilé voyait vin rouge. Heureusement, un voisin alerté par le bruit fit irruption dans la salle à manger. Croyant voir entrer une bouteille de bourgogne, le forcené se tourna *contre* lui, car il avait une estime particulière pour les bourgognes. De ce côté, il se heurta à une très vive résistance qui l'eut bientôt découragé. S'échappant alors de l'appartement, il dévala les étages au galop, ayant toujours son ringard solidement en main.

Dans la rue l'attendait un spectacle merveilleux. Des dizaines et des dizaines de bouteilles, des crus les plus divers, déambulaient sur le trottoir, les unes solitaires, les autres par rangées. Un moment, il suivit *des* yeux avec amitié le couple charmant que formaient un bourgogne râblé et une fine bouteille d'Alsace *au* col élancé. Puis, avisant un clochard qui se recommandait à lui *par* son aspect poussiéreux, il s'en approcha et l'étourdit d'un seul coup de ringard. Des soldats américains qui passaient par là réussirent à le maîtriser. Emmené au poste de police, il y manifesta le désir *de* boire le commissaire.

Aux dernières nouvelles, Duvilé est dans un asile d'aliénés et il semble qu'il ne soit pas près d'en sortir, car les médecins l'ont mis à l'eau de Vittel.

MARCEL AYME (1902–1967), Le Vin de Paris

Analyse du texte

1. Quelle est *l'idée dominante* de cette narration? Comment est-elle développée dans le temps et dans l'espace? Tracez le plan de l'action de ce passage.
2. Citez trois éléments comiques du texte et indiquez-en la source.
3. Analysez les participes présents du texte et explicitez-en le sens au moyen d'une construction différente (cf. Appendice VIII).
4. Indiquez l'idée exprimée par les prépositions en italiques. Donnez un autre emploi de chacune de ces prépositions et illustrez-le à l'aide d'une courte phrase (cf. Appendices IV et V).
5. Expliquez l'emploi du mode subjonctif dans la dernière phrase.
6. Expliquez les mots ou expressions suivants: **fit irruption, déambulaient, un bourgogne râblé.**
7. Donnez un synonyme des mots en italiques suivants: **souriait** *bonnement,* **prendre** *le champ,* **déchargea** *un bon* **coup,** *se heurta à,* **une** *vive* **résistance,** *dévala, avisant.*
8. Donnez trois mots de la famille de: **mortel, se tourna, solidement, passaient.** Employez-les dans de courtes phrases.

Exercices d'expansion

A. *Position des pronoms personnels dans les groupes infinitifs.* Remplacez les éléments en italiques par des pronoms personnels. (Révisez dans une grammaire de référence l'emploi des pronoms personnels.)

MODELES: Il croit voir entrer *une bouteille.* →
Il croit **en** voir entrer **une.**

Duvilé s'est laissé emmener *au commissariat.* →
Duvilé s'**y** est laissé emmener.

1. Laissez venir à moi *les petits enfants.*
2. On a fait entrer *l'accusé.*
3. J'ai entendu dire *qu'il venait.*
4. Laissez faire *ce travail à Paul.*
5. J'ai envoyé chercher *le médecin.*
6. Il est allé voir *un excellent film.*
7. Je lui ai entendu dire *cela.*
8. Nous avons fait étudier *sa leçon à Jean.*
9. Elle est allée promener *le chien.*
10. Elle s'est fait faire *une permanente.*

B. Remplacez la proposition relative soit par une proposition infinitive, soit par un substantif, selon que le verbe de perception exprime une idée de base (**voir, entendre, sentir, écouter...**) ou une idée nuancée (cf. Appendice VII).

MODELES: Il croit voir une bouteille *qui entrait.* →
Il croit *voir* **entrer** une bouteille.

Il croit apercevoir un avion qui *atterrissait.* →
Il croit *apercevoir* **l'atterrissage** d'un avion.

1. J'entendis une voiture *qui klaxonnait.* J'entendis le klaxonnait qu' une voiture
2. J'écoutais la pluie *qui martelait* les vitres.
3. Il remarqua un étrange personnage *qui entrait.*
4. Le soldat sentit une balle *qui lui passait* près de l'oreille.
5. On put distinguer alors un bateau *qui arrivait* dans la brume.
6. L'enfant suivit des yeux l'avion *qui partait.*
7. L'ingénieur surveillait les travaux *que l'on exécutait.*
8. Il lui sembla entendre une branche *qui craquait.*
9. Les membres du jury contemplaient les candidates *qui défilaient.*
10. L'homme considérait avec un vif intérêt *celui qui arrivait.*

C. La préposition **à** qui accompagne les verbes ci-dessous peut prendre deux valeurs différentes. Préposition de *lieu*, elle sera suivie d'un pronom personnel *tonique* (**moi, toi, lui...**). Au contraire, si elle n'introduit qu'un complément d'objet indirect, le verbe sera accompagné d'un pronom *atone* (**me, te, le, la...**).

Note: Les verbes pronominaux se construisent toujours à l'aide d'un pronom tonique.

MODELES: Duvilé vint *à son beau-père.* →
Duvilé vint **à lui.**

Il déchargea *à son beau-père* un bon coup de tisonnier. →
Il **lui** déchargea un bon coup de tisonnier.

1. Remplacez les noms en italiques par des pronoms personnels.
   a. Elle a rêvé *à son ami.*
   b. Faites attention *à cet individu.*
   c. Il a commandé un martini *au barman.*
   d. Avez-vous parlé *à votre patron?*
   e. Elle se joindra *à ses amies* en fin de soirée.
   f. Il se mêla *aux invités.*
   g. Je n'ai rien prêté *à Paul.*
   h. Il n'avait rien dit *à son avocat.*
   i. Allez *à votre mère* et avouez votre faute.
   j. Le petit chien ne tarda pas à s'attacher *à son sauveteur.*

       lui

k. Le chat aime se frotter *à son maître.*

l. Personne ne peut se fier *à ce poltron.*

2. Remplacez les termes en italiques par **lui, à lui** ou **y** selon le cas.

   a. Nous ne nous attendions pas *à cet affront.*

   b. Songez donc *à ce qui pourrait arriver.*

   c. Mais vous ne pensez pas sérieusement *à une chose pareille!*

   d. Elle ne peut s'empêcher de penser *à son ami.*

   e. Qui se frotte *à cela,* se pique *à cela.*

   f. Dans l'armée, on doit obéir *aux ordres reçus.*

   g. Je ne puis résister *à cette tentation.*

   h. Prenez garde *à ce virage,* il est dangereux.

   i. Résistez *à l'envahisseur.*

   j. Payez l'addition *au garçon.*

   k. Adressez-vous *au doyen de la faculté.*

   l. Faites attention *à ce qu'on vous dit.*

D. Evitez les expressions peu élégantes: telles que **à l'aide de, au moyen de, en se servant de.** Employez à la place la préposition convenable **de** ou **avec** (cf. Appendice V: L'emploi des prépositions, XIV).

MODELE: Il l'étourdit *d'*un coup de ringard. →
            Il l'étourdit *avec* un ringard.

1. Il le frappa _____ un coup de bâton.
2. Il renvoya la balle _____ sa raquette.
3. Elle le suivit _____ yeux.
4. Je lui fis signe _____ un geste de la main.
5. Il frappa le ballon _____ pied gauche.
6. Elle biffa sa phrase _____ un geste de rage.
7. Il accepta _____ un signe de tête.
8. L'astronome observait les étoiles _____ un télescope.
9. Il considérait la jeune fille _____ un œil timide.
10. L'enfant se dirigeait vers l'école _____ un bon pas.
11. L'explorateur se frayait son chemin _____ une machette.
12. L'automobiliste changea de file _____ un coup de volant.
13. Il m'écoutait, mais _____ une oreille distraite.
14. Il brisa la vitre _____ un caillou.
15. Il écrivait cette lettre _____ un stylo à bille.

E. Remplacez les conjonctions passe-partout **quand** et **lorsque** par les conjonctions suivantes qui explicitent plus précisément la relation temporelle.

à l'époque où	au moment où	si
à l'instant même où	chaque fois que	toutes les fois que
après que (2 fois)	pendant que	

Toutes les fois
les

MODELE: *Lorsque* son beau-père fut assis, Duvilé vint à lui. →
          Après que son beau-père fut assis, Duvilé vint à lui.

Au mo ment où

1. *Quand* il venait la voir, il lui apportait des fleurs.
2. Cette fois-là, *lorsque* le chien le vit approcher, il se mit à aboyer.
3. *Quand* vivait Jeanne d'Arc, la France traversait des années critiques.
4. *Lorsqu'* il eut englouti son cognac, il en commanda un autre.
5. *Quand* par hasard j'ai des difficultés, je lui demande son aide.
6. *Lorsqu'* il voyait arriver sa belle-mère, il s'esquivait.
7. *Quand* ils se virent, ce fut le coup de foudre.
8. *Lorsqu'* il se fut échappé de l'appartement, il dévala les étages au galop.
9. *Quand* il se prélassait dans son lit, elle vaquait aux soins du ménage.

F.   Complétez les phrases suivantes à l'aide des verbes **laisser, partir, quitter, rentrer, repartir, retourner, revenir** et **venir**.

MODELE: Lorsque son beau-père fut assis, Duvilé *vint* à lui. →

1. Il était ici il y a deux ans et il _est revenu_ me voir l'an dernier.
2. Il était tard et il fallait que je _rentre_ chez moi.
3. Nous étions à Acapulco l'été passé et nous aimerions y _retourner_ l'été prochain.
4. Regardant sa montre, il s'exclama: «Oh, il est temps de _____.»
5. Ce jeune émigré _____ sa famille pour s'établir dans ce pays.
6. Elle _____ sa voiture devant le poste de police.
7. Allant en vacances, ils _____ leur bébé chez ses grands-parents.
8. Après cette première étape et une bonne nuit de repos, nous _____ de bonne heure le lendemain matin.

G.   Complétez les phrases suivantes à l'aide des verbes: **apporter, emmener, emporter, ramener, rapporter, remmener, remporter**. Cherchez une définition et des exemples dans un dictionnaire français.

MODELE: *Emmené* au poste de police, il y manifesta le désir de voir le commissaire. →

1. Il m'avait prêté sa voiture et il fallait que je la lui _ramene_ le soir même.
2. Gourmet comme elle était, elle _a apporté_ au pique-nique une bonne bouteille de Bourgogne.

bring back 3. Son steak étant bien trop cuit, il dit au garçon: «_remportez_-moi ça, ce n'est pas ce que j'ai commandé!»
4. Dans tous ses voyages, il _emportait_ toujours un stock de pilules.
remmenez 5. «_____ le prisonnier dans sa cellule!», s'écria le commissaire en colère après le troisième interrogatoire.
ramenez 6. «_____-moi cet enfant dans huit jours», déclara le médecin à la fin de la consultation.

to bring back.

H. Dans les phrases suivantes, remplacez le verbe et l'adverbe par un verbe plus descriptif tiré de la liste suivante.

affubler	écarquiller	guetter
assener	entrevoir	se planter
bousculer	s'évader	se précipiter
courir	flanquer	ricaner
détaler	franchir	saisir
dévaler	frôler	singer
dévorer	se glisser	se trémousser

MODELE: Il *descendit* les étages *à toute vitesse.* →
Il **dévala** les étages.

1. Le clochard *mangeait avidement* son morceau de pain.
2. En s'enfuyant, il me *toucha légèrement.*
3. Il *courut rapidement* vers moi en *poussant violemment* les passants.
4. Elle lui *prit brusquement* la main et d'une prise de judo le *jeta rudement* par terre.
5. Le voleur *pénétra furtivement* dans la banque et *donna brutalement* au garde un coup de matraque.
6. *A l'insu de ses gardes* il *s'échappa* du camp de concentration et *courut péniblement* la distance qui le séparait de la frontière.
7. Il *s'arrêta subitement* devant le commissaire et se mit à *rire méchamment.*
8. *Vêtue ridiculement* d'une mini-jupe écarlate, la grosse Margot *dansait grotesquement* aux accords dissonants d'une boîte à musique.
9. A cet étrange spectacle, les spectateurs *ouvraient tout grands* les yeux.
10. Elle *fréquentait assidûment* les maisons de couture, *imitant maladroitement* les élégantes.
11. Apercevant ses créanciers qui *l'attendaient pour le surprendre* à sa porte, il fit volte-face et *s'enfuit rapidement.*
12. Il *voyait* déjà *vaguement* la solution du problème.

PLAN ET VOCABULAIRE:
La narration et l'anecdote

Conseils préliminaires

Narrer, raconter, c'est présenter des faits qui se succèdent selon un rythme plus ou moins rapide. Ce mouvement peut être entrecoupé de descriptions, d'où alternance entre passés simples, passés composés et imparfaits. Le tout est subordonné à *une idée dominante* que l'auteur veut communiquer.

Dans le texte de Montherlant, par exemple (Chapitre Trois, p. 11), l'auteur nous raconte l'histoire de la naissance d'un amour irrésistible mais déjà senti comme malheureux à cette époque par la narratrice Inès.

1. La force irrésistible de cet amour est présentée par les comparaisons des deux premières phrases, qui constituent une sorte d'introduction à la narration proprement dite.
2. L'impression de malheur est évoquée par: **il était toujours plein de réserve, et moi j'étais toujours triste.**

La progression de *cette idée dominante* nous est communiquée par des expressions temporelles (adverbes, conjonctions, etc.), et par des verbes dynamiques, dont certains sont des verbes de mouvement (**je m'étais retirée, me rejoignit, s'était mis, revis,** etc.), sur un fond descriptif dépeint par des imparfaits (**c'était, on entendait, changeaient,** etc.).

Cette narration est particulièrement subjective, étant faite à la première personne; une narration à la troisième personne donnerait une impression d'objectivité de la part du narrateur qui se présente comme témoin plutôt que comme participant, par exemple, le texte d'Anatole France de la page 11.

Introduction

Dans l'anecdote, l'introduction doit être très courte et donner le plus brièvement possible les détails nécessaires au déroulement du récit. Les sujets d'anecdote pouvant varier à l'infini, nous nous bornerons ici à citer certaines expressions passe-partout:

A. Temps

    ce jour (matin, soir)-là
    il y avait une fois, il était une fois
    à cette époque (-là), à l'époque où (débute, se passe, se déroule, etc. cette histoire)
    un jour (matin, après-midi)
    (par) un (beau) *jour* de septembre, d'été (aspect ponctuel)
    (par) une (belle) *journée* ensoleillée de septembre (aspect duratif)
    (par) une nuit sans lune
    figurez-vous qu'un jour (soir, etc.)
    imaginez (-vous) qu'un jour (soir, etc.)

B. Lieu

    à Paris, en France, aux Etats-Unis
    dans une petite ville
    au (beau) milieu de la chaussée

au faîte d'un arbre
sous un soleil de plomb, sous une pluie battante
à une fenêtre

C. Circonstances de l'action

imaginez-vous un vieux clochard
il y avait (à Paris) un vieux clochard qui
attablé à la terrasse d'un café
affalé sur le trottoir
accoudé au comptoir
les deux pieds sur la table, mastiquant son chewing-gum
en rentrant du théâtre
à la sortie du cinéma

D. Verbes

le narrateur   voit, aperçoit, distingue, note, remarque
                   entend
                   sent

Le développement

Etant donné la diversité des sujets, nous ne citerons que des formules de transition, de temps et d'opposition, ainsi que certains verbes de mouvement.

A. Temps

1. *Antériorité:*

l'avant-veille, deux jours avant, deux jours plus tôt
la veille, le jour précédent
ces derniers temps, ces jours-ci
au premier abord, à première vue, tout d'abord
après que, dès que, aussitôt que, à peine (eut-il)... que
quand, lorsque
sur le point de (+ *infinitif*)

2. *Simultanéité:*

ce jour-là, cette fois-là
en même temps, à la fois
au moment (même) où, à l'instant (précis) où
au moment de (+ *infinitif*)
quand, lorsque
tandis que, pendant que, comme

> à mesure que, chaque fois que
> durant, pendant, au cours de
> maintenant, en ce moment, à ce moment-là, alors

3. *Postériorité:*

> le lendemain, le jour suivant
> le surlendemain, deux jours après (plus tard)
> puis, ensuite, et puis, et ensuite, enfin, finalement
> avant que
> à la suite de
> soudain, tout à coup

B. Lieu

Le lieu ayant une valeur plus descriptive que narrative, vous voudrez bien vous reporter au *Plan et vocabulaire* des Chapitres Quatre et Six.

C. Opposition

> alors que
> pourtant, cependant, toutefois, néanmoins
> au contraire
> par contre
> quant à (moi, lui, son frère, celui de, etc.)

D. Verbes

s'approcher (de) s'avancer (vers, à la rencontre de)	sans bruit, en tapinois, à pas (lourds, menus, lents)
se précipiter (sur, dans) se ruer (sur, dans) faire irruption (dans) surgir	brusquement, soudainement
s'éloigner (de) s'enfuir (de) s'échapper (de) s'évader (de) détaler prendre ses jambes à son cou (*fam.*)	sans bruit, en tapinois
descendre (de) dévaler dégringoler (*fam.*)	au galop, (l'escalier) quatre à quatre, en trombe, à toute vitesse, etc.
monter (sur, dans, à) grimper (sur, dans, à) gravir	(l'escalier) quatre à quatre, à toute vitesse, péniblement

La conclusion

La conclusion d'une anecdote, dépendant du sujet, sera laissée à votre initiative. Toutefois, puisqu'elle met un point final au récit, elle devra être d'une extrême brièveté.

Exercices de style

A. Complétez les phrases ci-dessous à l'aide des expressions suivantes. N'employez qu'une seule fois chaque expression.

alors	enfin	par un soir
à l'époque où	ensuite	puis
à mesure que	figurez-vous	tout d'abord
au moment	il était	la veille
dès que	il y avait	

1. _____ où commence cette histoire, l'homme venait tout juste de descendre du singe.
2. _____ de novembre, la neige se mit à tomber à gros flocons.
3. _____ qu'un soir, _____ de me coucher, je découvris que mon lit avait disparu.
4. _____ une fois un homme qui n'aimait pas le vin.
5. Il arriva qu'un soir, et malencontreusement _____ de Noël, le bonhomme à barbe blanche tomba malade.
6. _____, dans l'Himalaya, un homme qui souffrait du vertige.
7. _____ il eut appris la nouvelle, il se précipita sur le téléphone.
8. Il décacheta l'enveloppe sans se presser et se mit à lire d'un air désinvolte. C'est _____ que ses traits se contractèrent.
9. _____, un bruit de moteur se fit entendre. _____ les plus observateurs distinguèrent un point noir à l'horizon. _____, le point grossit et se posa _____ devant la foule en délire.
10. _____ j'avançais, la montagne semblait reculer.

B. Complétez les phrases ci-dessous à l'aide des expressions suivantes. N'employez qu'une seule fois chaque expression.

à la fois	à première vue	comme
à la suite	au début	soudain
à l'instant même	au cours	sur le point
alors	au moment	tout à coup
à peine	chaque fois	

1. L'air se faisait plus pesant. La nature entière, silencieuse et craintive, paraissait attendre. _____ un éclair sillonna le ciel.

2. C'est _____ d'un accident d'automobile qu'il trouva la mort.
3. Depuis notre dispute, _____ qu'il me voyait, il changeait de trottoir.
4. _____ il n'avait rien à dire, il se tut.
5. J'étais _____ de sortir, lorsque la sonnette retentit.
6. Il avait amassé sa fortune _____ qu'il était encore jeune.
7. _____ de l'année suivante, la situation s'aggrava.
8. _____ fut-il sorti qu'on le demanda au téléphone.
9. Devant ce silence désespérant, le maître s'écria: «Ne parlez pas tous _____.»
10. _____ ce tableau paraissait authentique. Mais, à y regarder de plus près, point n'était besoin d'être expert pour déceler la supercherie.
11. _____ où le dictateur se levait pour prononcer son discours, un coup de feu éclata _____ et un vent de panique parcourut l'assistance.
12. _____ de ce siècle, éclata la première guerre mondiale.
13. _____ de commencer cette histoire, je me sens envahi d'une vague de tristesse.

C. Complétez les phrases ci-dessous à l'aide des expressions suivantes. N'employez qu'une seule fois chaque expression.

alors que	malgré	par contre
au contraire	même	pour ma part
bien que	même si	quant à
en dépit		

1. L'homme était d'une laideur repoussante. _____ ses yeux reflétaient une bonté qui faisait oublier cette erreur de la nature.
2. Don Quichotte se nourrissait de rêves fantastiques. _____ la tête de Sancho Pança était pleine de bon sens terre à terre.
3. Giton était riche _____ Phédon était pauvre.
4. «Vous rédigez vos compositions _____ du bon sens», s'exclama le professeur.
5. On raconte partout que la guerre aurait cessé. _____, je n'y crois pas.
6. _____ pauvre, il trouvait toujours le moyen de s'offrir une bonne bouteille.
7. _____ ses airs austères, il n'en célébrait pas moins, dans la plus stricte intimité, le culte de Bacchus.
8. _____ il ne fût pas loin de midi, il déambulait dans le métro en smoking.
9. Elle courait les maisons de couture. _____ lui, il éprouvait un attrait irrésistible pour les boîtes de nuit.
10. _____ il avait été sobre, il n'aurait pas pu éviter cet accident.

D. Mettez les passages suivants au passé (non relié au présent) en remplaçant les expressions de temps en italiques par celles qui conviennent et en effectuant les changements verbaux qui s'imposent.

1. Je dois me présenter *aujourd'hui* à mon examen de littérature. J'ai passé tout mon temps *hier* à réviser le classicisme et, bien que je sois prêt, j'aimerais cependant n'affronter que *demain* cette horrible épreuve.
2. J'ai reçu *ce matin* une lettre de mon ami, postée *avant-hier.* Il désire savoir si je peux le rejoindre à Chicago *après-demain.* Je m'empresse donc de lui répondre *maintenant* que c'est avec joie que j'accepte son invitation.

E. Evitez, dans les phrases ci-dessous, le verbe **avoir** en employant un verbe plus descriptif tiré de la liste suivante.

arborer	jouer	occuper
se bercer	jouir de	porter
caresser	manifester	remporter
entretenir	mener	revêtir
éprouver	montrer	tenir
exercer		

MODELE: Il *manifesta* le désir de boire le commissaire. →

1. Le jeune homme _____ l'espoir de la revoir.
2. Il _____ du chagrin en apprenant la nouvelle.
3. Dans cette situation, Félicité _____ un très grand sang-froid.
4. Jeune, il _____ d'illusions sur la vie.
5. Cette cérémonie _____ un caractère officiel.
6. Tout homme _____ un nom.
7. Il _____ un immense prestige.
8. Il _____ une influence néfaste sur ses camarades.
9. A son premier récital, elle _____ un immense succès.
10. Nous ne voulons plus _____ cette vie d'esclavage.
11. Il _____ un couteau à la main.
12. Tartuffe _____ un air de sainteté.
13. Il _____ d'excellents rapports avec ses voisins.
14. Cet homme _____ un poste d'importance.
15. Mirabeau _____ un grand rôle dans la Révolution Française.

F. Evitez, dans les phrases ci-dessous, le verbe **donner.** Employez à la place un verbe plus descriptif tiré de la liste suivante.

accorder	distribuer	présenter
avancer	émettre	procurer
communiquer	fournir	prodiguer
conférer	infliger	recommander
consacrer	lancer	révéler
décerner	offrir	tendre
décharger	porter	verser

MODELE: Il lui *déchargea* sur le col un bon coup de tisonnier. →

1. Il _____ son opinion d'un ton calme et sûr de lui.
2. On _____ une récompense à l'enfant qui avait rapporté le portefeuille.
3. Il s'inclina devant elle et lui _____ ses respects.
4. Il lui _____ la main en signe d'amitié.
5. Pendant le vol, l'hôtesse de l'air _____ parfois des revues aux passagers.
6. Le président se leva enfin pour _____ les diplômes.
7. On lui _____ le premier prix d'anglais.
8. Ne _____ que des punitions qui soient méritées.
9. Avant de mourir, le chevalier _____ son âme à Dieu.
10. Il est toujours prêt à _____ ses conseils sans qu'on les lui demande.
11. Il _____ à son fils une bicyclette pour son anniversaire.
12. Louis Pasteur _____ sa vie à la science.
13. Elle nous _____ des nouvelles de son père.
14. Elle lui _____ un coup d'œil désapprobateur.
15. Si vous venez nous voir, on vous _____ du travail.
16. Je n'ai à vous _____ aucune explication.
17. Il disparut sans _____ son identité.
18. A la caisse, on pouvait lire: «Pour tout achat à crédit, prière de _____ des arrhes.»
19. Dès son arrivée, la bonne lui _____ un siège.
20. Il se leva et _____ un toast au succès de l'entreprise.

G. Evitez, dans les phrases ci-dessous, le verbe **faire**. Employez à la place un verbe plus descriptif tiré de la liste suivante.

adresser	exprimer	opposer
amasser	former	ouvrir
causer	formuler	pousser
commettre	s'imposer	présenter
contracter	jouer	prononcer
se dérouler	lancer	rouler
entreprendre	opérer	soulever

MODELE: Un bourgogne râblé et une fine bouteille d'Alsace *formaient* un couple charmant. →

1. Il la rattrapa pour lui _____ ses excuses.
2. J'ai bien peur qu'on ne _____ des objections.
3. Qui n'aimerait _____ un voyage autour du monde?
4. Cette nouvelle lui _____ un immense chagrin.
5. Il _____ un cri de douleur.
6. Seuls les fainéants ne _____ point d'erreurs.
7. Balzac passa sa vie à _____ des dettes.

8. Dieu ____ moins de miracles aujourd'hui qu'au Moyen Age.
9. Le cowboy mit pied à terre et ____ une cigarette.
10. Son oncle ____ une immense fortune au Pérou.
11. Il s'approcha de lui pour lui ____ un mauvais tour.
12. A son grand étonnement, on lui ____ une vive résistance.
13. Devant ce spectacle inattendu, je ____ des yeux ronds.
14. Le banquet ____ dans la plus grande euphorie.
15. Ses parents n'hésitèrent pas à ____ de nombreux sacrifices.
16. Le maire se leva enfin pour ____ son discours.
17. Il est inutile de lui ____ tant de reproches.
18. Un jeune voyou me barra la route en ____ des menaces.
19. Il ____ le vœu que vous réussissiez.
20. Rastignac ____ le souhait de s'enrichir.

Sujet proposé

Racontez au passé, sous forme d'anecdote, un incident, un événement ou une scène dont vous avez été témoin ou bien où vous avez joué un rôle, le tout centré sur *une impression dominante*.

Exercices préparatoires

1. Composez quelques phrases de votre choix avec des groupes infinitifs et des pronoms personnels compléments d'objet tirés de l'*Exercice d'expansion* A.
2. Composez quelques phrases de votre choix sur le modèle de l'*Exercice d'expansion* B. Employez des verbes de base (par exemple, **voir**) et des verbes nuancés (par exemple, **apercevoir**).
3. D'après l'*Exercice d'expansion* C, composez une phrase avec chacun des verbes suivants en employant soit un pronom atone (**me, le,** etc.), soit un pronom tonique (**moi, lui,** etc.): **s'adresser, aller, commander, se fier, prendre garde, se présenter, prêter, résister, rêver.**
4. D'après l'*Exercice d'expansion* D, employez soit **de** soit **avec** dans quelques phrases de votre choix pour exprimer l'idée de *moyen*.
5. Composez quelques phrases de votre choix en employant des conjonctions de la liste de l'*Exercice d'expansion* E.
6. Composez quelques phrases dans lesquelles sera illustré le sens exact des verbes suivants, tirés des *Exercices d'expansion* F et G: **amener, emporter, laisser, quitter, ramener, rapporter, retourner, revenir.**
7. Composez quelques phrases de votre choix avec des verbes de la liste de l'*Exercice d'expansion* H.

8. Composez quelques phrases contenant des expressions tirées des listes des *Exercices de style* A, B et C et du *Plan et vocabulaire*.
9. Composez trois courts paragraphes en employant dans chacun d'eux une des séries suivantes:

    tout d'abord, puis, enfin
    à première vue, mais
    au début, ensuite, finalement

10. Composez un paragraphe *au passé* en employant certaines expressions de temps que vous aurez trouvées dans l'*Exercice de style* D.
11. Composez quelques phrases de votre choix *au passé* en employant des verbes des *Exercices de style* E, F et G.

Etablissement du plan

Une fois que vous aurez choisi le sujet de votre narration, ainsi que *l'impression dominante* que vous désirez développer, établissez un plan en vous inspirant du *Plan et vocabulaire,* et en sélectionnant dans la série d'exercices précédents les phrases qui vous conviennent et que vous pouvez modifier, sans bien sûr vous limiter au vocabulaire et aux structures du chapitre.

Exercice d'auto-correction

Réfléchissez aux questions suivantes, puis relisez attentivement votre composition. (Cf. *Plan et vocabulaire,* Chapitre Quatre.)

1. Avez-vous réussi à communiquer au lecteur une idée dominante?
2. Votre plan est-il clair? Y a-t-il une progression dans vos idées? Avez-vous divisé votre texte en trois parties? (Cf. *Plan et vocabulaire.*)
3. Les idées dans chacun des paragraphes s'enchaînent-elles logiquement?
4. Pouvez-vous éviter des répétitions en utilisant des pronoms? des verbes plus descriptifs? des adjectifs? des noms collectifs?
5. Avez-vous employé les structures grammaticales suggérées dans ce chapitre ou dans les chapitres précédents?
6. Avez-vous vérifié l'emploi des différents temps du passé—le passé simple, le passé composé et l'imparfait? L'alternance entre ces temps est très importante, surtout si vous avez entrecoupé de descriptions la présentation des faits.

CHAPITRE DOUZE

La mise en relief

Consultez l'*Appendice X*

Textes modèles

Ce sont les lapins[1] qui ont été étonnés....

Beau saint Pierre,[2] vous qui tenez le grand-livre et la clé, pourriez-vous me dire si je ne suis pas trop curieux, combien vous avez de Cucugnanais en paradis.

Dans la vie de maître Cornille il y avait quelque chose[3] qui n'était pas clair.

Un jour que sa Sainteté se promenait toute seule sous les remparts avec sa bête, voilà mon Tistet[4] qui l'aborde.

Quelqu'un de très étonné aussi, en me voyant, c'est le locataire[5] du premier.

Mais alors, crie-t-il, d'être Dauphin[6] ce n'est rien du tout.

Maurice les aimait tant les cerises.[7]

C'est là qu'il y en avait de l'herbe.[8]

Et maintenant, comment voulez-vous que je le regrette, votre Paris[9] bruyant et noir?

C'est de là[10] que je vous écris, ma porte grande ouverte au bon soleil.

Les chèvres,[11] il leur faut du large.

Mais qu'est-ce qu'on leur a donc fait à mes chèvres[12]?

Pensez donc! il y a si longtemps[13] qu'il ne s'est rien mis sous la dent.

ALPHONSE DAUDET (1840–1897), *Lettres de mon moulin*

C'est à moi[14] qu'il appartient de dire la vérité.

> VOLTAIRE (1694–1778), *Le Siècle de Louis XIV*

C'est par orgueil[15] que nous sommes polis.

> MONTESQUIEU (1689–1755), *L'Esprit des lois*

ETUDE DE LA MISE EN RELIEF

1. lapins		Mise en relief du sujet par la forme la plus usuelle: **Ce sont... qui.** La structure normale aurait été: **Les lapins ont été étonnés.**
2. saint Pierre		Mise en relief du sujet par la simple répétition. La structure normale aurait été: **Beau saint Pierre qui tenez....** Cette mise en relief est courante dans l'invocation.
3. quelque chose		Mise en relief du sujet à l'aide de **il y avait... qui** exprimant la réalité, l'existence. La forme normale serait: **quelque chose n'était pas clair.**
4. Tistet		Mise en relief du sujet à l'aide de **voilà... qui. Voilà** présente visuellement le personnage en question. La structure normale serait: **...mon Tistet l'aborde.**
5. locataire		Ici la mise en relief est complexe car nous avons une double mise en relief du *sujet* et de l'*attribut*, la phrase normale étant: **Le locataire du premier fut très étonné....** La meilleure traduction serait d'ailleurs: *Very much surprised indeed upon seeing me was the second floor tenant.*
6. être Dauphin		Mise en relief de l'infinitif sujet à l'aide de **ce** et de **de.** La phrase normale serait: **...être Dauphin n'est rien.**
7. cerises		Mise en relief du complément d'objet direct par la simple reprise par le pronom.
8. herbe		Double mise en relief du partitif par **en** et du complément circonstanciel par **c'est... que.** La phrase normale serait: **Il y avait de l'herbe là.**
9. Paris		Mise en relief du complément direct par la simple reprise par **le.** La phrase normale est: **...comment voulez-vous que je regrette votre Paris...?**

10. là   Mise en relief du complément circonstanciel de lieu à l'aide de **c'est... que.** La structure normale serait: **Je vous écris de là.**

11. chèvres   Mise en relief du complément indirect par la simple répétition à l'aide du pronom **leur.** La structure normale serait: **Il faut du large aux chèvres.**

12. chèvres   Même exemple que le précédent, mais ici **leur** annonce le nom alors qu'à 11 il le reprend. La phrase normale serait: **Mais qu'est-ce qu'on a donc fait à mes chèvres?**

13. longtemps   Mise en relief du complément circonstanciel de temps par **il y a... que.** La forme ordinaire serait: **...il ne s'est rien mis sous la dent depuis longtemps.**

14. moi   Mise en relief du complément indirect à l'aide de **c'est... que.** La forme normale serait: **Il m'appartient de dire la vérité.**

15. orgueil   Mise en relief du complément circonstanciel d'origine par **c'est... que.** La forme normale serait: **Nous sommes polis par orgueil.**

Exercices

A. Mettez en relief les termes en italiques en employant **c'est.**

1. On voit le maçon *au pied du mur.*
2. *L'hôpital* se moque de la charité.
3. On devient forgeron *en forgeant.*
4. Je le revis *d'Avranches,* au soleil couchant.
5. *Je* le revis d'Avranches au soleil couchant.
6. J'allai vers elle *le lendemain.*
7. Dick pense *à l'avenir.*
8. Une telle décision ne se prend *pas sans douleur.*
9. Il s'agit *maintenant* de faire attention.
10. Elle frémissait *de colère.*
11. *Ils* en furent stupéfaits.
12. Un diplôme ne s'obtient *pas sans efforts.*
13. Il franchit, *non sans appréhension,* le portail du collège.
14. *Une nouvelle vie* commence.
15. Vous *me* parlez sur ce ton!

B. Mettez en relief *par la simple répétition* les termes en italiques.

> MODELE: Comme *ce petit* embrassait! →
> Comme **il** embrassait, **ce petit!**

1. Comme *ce paysage* est beau!
2. J'ai moins peur des examens qu'avant.
3. *Cette nouvelle* est navrante.
4. On doit le respect *à ses parents*.
5. *Un roi* est comme un grand arbre.
6. *Ce rythme* me plaît beaucoup.
7. J'étais gêné *de son attitude*.
8. Je suis entré *dans la maison* de Mᵉ Ceyssac.
9. J'avais enfin atteint *mon idéal*.
10. Je n'avais pas encore vu *la mer*.
11. *Rire* est le propre de l'homme.
12. J'étais toujours *triste*.
13. Je parie que vous ne scrutez pas assez *la relation*.
14. C'était une *vaste* maison.
15. Il y a d'autres *Annapurna* dans la vie des hommes.

C. Répondez aux questions suivantes en employant **C'est** ou la simple répétition, selon le cas.

1. Qui est Président des Etats-Unis?
2. Qui a lu *David Copperfield*?
3. Qui a écrit *David Copperfield*?
4. Qui vous a dit cela? (Elle)
5. Qui connaît Paris?
6. Quel est le roi de France qui a été décapité?
7. Quelle est votre spécialisation?
8. Qui a composé «La Marseillaise»? (Rouget de Lisle)
9. Qui aimerait faire un voyage en France? (Marie)
10. Est-ce Simone de Beauvoir qui a écrit *Le Deuxième Sexe*?

D. Mettez en relief l'attribut de l'infinitif de trois manières différentes.

> MODELE: horrible; calomnier son prochain →
> Calomnier son prochain, *c'*est horrible.
> *Il* est horrible *de* calomnier son prochain.
> C'est une horreur (que) *de* calomnier son prochain.

1. honteux; agir de la sorte
2. injuste; l'avoir condamné
3. réconfortant; avoir un ami sincère
4. réjouissant; être enfin en vacances
5. abominable; d'exterminer un peuple

E. Mettez en relief au moyen d'*une locution prépositive* et de *la répétition* les termes en italiques.

> MODELE: *Je* vous crois. →
> **Quant à moi,** je vous crois.

1. *Dick* n'est pas de cette génération-là.
2. Il était toujours plein de réserve, *et j'*étais toujours triste.
3. C'est *une grande justice!*
4. Voilà *mes objections.*
5. Il a commis *une erreur.*
6. *Le malheureux* poussa un hurlement.
7. *La liberté* est un trésor sur lequel nous vivrons.
8. Le malheureux poussa *un hurlement.*
9. C'était *un acte gratuit.*
10. Cet acte était *gratuit.*

F. Répondez aux questions suivantes par une phrase complète. (Attention au mode de la réponse.)

> MODELE: A qui venez-vous de parler? (son beau-père) →
> *C'est* à son beau-père *que* je viens de parler.

1. Qui a découvert l'Amérique? (Christophe Colomb)
2. Qu'est-ce qui a développé la littérature? (l'imprimerie)
3. Qu'est-ce qui fait la force? (l'union)
4. Quel poète vous plaît le plus?
5. Est-ce vous qui osez me parler ainsi? (oui)
6. Quel est le héros que vous admirez le plus?
7. Y aurait-il un mot qui vous ait choqué? (oui)
8. Y a-t-il une langue que vous ne sachiez point? (oui… beaucoup)
9. Y a-t-il longtemps que vous êtes à l'université? (non… un an)
10. Qu'est-ce qui est pour vous une rude épreuve? (la rentrée des classes)

G. Reliez les deux phrases en employant: **voilà, il y a, c'est… qui (que,** etc.), selon le cas. Effectuez les changements qui s'imposent.

> MODELE: Un ami est ici. Il veut vous voir. →
> *Il y a* un ami *qui* veut vous voir.

1. Un monsieur vient d'arriver. Il voudrait vous voir.
2. Vous voyez ce monsieur. Il m'a parlé de vous.
3. Jean est hypocrite. Paul ne l'est pas.
4. Des gens existent. Ces gens n'ont aucun tact.
5. Regardez ces gens. Ils n'ont aucun tact.
6. Contemplez ces tableaux. Je vous en ai déjà parlé.
7. Connaissez-vous Ben Franklin? Il a inventé le paratonnerre.
8. Permettez-moi de vous présenter M. Un tel. Il est des nôtres, ce soir.

9. Un mois s'est écoulé. Je ne les ai pas encore vus.
10. Cet élève a travaillé. Aussi a-t-il réussi.

H. Répondez aux questions suivantes en mettant en relief les mots en italiques. (Attention au mode et au temps dans chaque réponse.)

Note: Dans le cas d'un complément de temps on emploie **il y a... que, voilà... que** ou **cela (ça) fait... que.** Quant à l'indéfini, il est mis en relief par **il y a... qui, que,** etc.

MODELE: Que voulez-vous donc? (*la tranquillité*) →
Ce que je veux, *c'est* la tranquillité.

1. De quoi donc s'agit-il? (*politique*)
2. Vient-il seulement d'arriver? (*longtemps*)
3. A-t-il *de la chance*? (oui)
4. Qu'est-ce que *vous* auriez fait à ma place? (*cela*)
5. Aimeriez-*vous* aller *en Floride*? (oui)
6. Et *vous*, où avez-vous rencontré *votre femme*? (*à Paris*)
7. Avez-*vous* jamais mangé *du cheval*? (non)
8. A quelle heure devez-vous *le* voir? (*7 heures*)
9. Quelle *belle voix*, n'est-ce pas? (oui)
10. *Quelqu'un* est-il venu me voir? (non)
11. Que pensez-*vous* de *ces exercices*?

Molière: Le Malade imaginaire

CHAPITRE TREIZE

Composition française: Le dialogue littéraire

Révision de verbes

Révisez les verbes suivants à tous les temps de l'indicatif, du subjonctif et du conditionnel:

> s'asseoir, croire, falloir, lire, plaire, pouvoir, recevoir, reconnaître, vouloir

Texte modèle

Ce dialogue met en scène au départ deux personnages. L'un est célèbre pour avoir donné le feu aux hommes dans la mythologie grecque. L'autre n'est qu'un garçon de café plus ou moins instruit, qui se pique de philosophie et se perd dans le concept de l'acte gratuit.

J'ai un ami, Monsieur, vous ne le croiriez pas, qui est Miglionnaire. Il est intelligent aussi. Il s'est dit: une action gratuite? comment faire? Et comprenez qu'il ne faut pas entendre là une action qui ne rapporte rien, car sans cela... Non, mais gratuit: un acte qui n'est motivé par rien. Comprenez-vous? intérêt, passion, rien. L'acte désintéressé; né de soi; l'acte aussi sans but; donc sans maître; l'acte libre; l'Acte autochtone?

—Hein? fit Prométhée.

—Suivez-moi bien, dit le garçon. Mon ami descend, le matin, avec, sur lui, un billet de cinq cents francs dans une enveloppe et une gifle prête dans sa main.

Il s'agit de trouver quelqu'un sans le choisir. Donc, dans la rue, il laisse tomber son mouchoir, et, à celui qui le ramasse (débonnaire puisqu'il a ramassé), le Miglionnaire:

—Pardon, Monsieur, vous ne connaîtriez pas quelqu'un?

L'autre: —Si, plusieurs.

Le Miglionnaire: —Alors, Monsieur, vous aurez je pense l'obligeance d'écrire son nom sur cette enveloppe; voici des plumes, de l'encre, du crayon...

L'autre écrit comme un débonnaire, puis: —Maintenant, m'expliquerez-vous, Monsieur...?

Le Miglionnaire répond: —C'est par principe; puis (j'ai oublié de dire qu'il est très fort) lui colle sur la joue le soufflet qu'il avait en main: puis hèle un fiacre et disparaît.

Comprenez-vous? deux actions gratuites d'un seul coup: ce billet de cinq cents francs à une adresse pas choisie par lui, et une gifle à quelqu'un qui s'est choisi tout seul, pour lui ramasser son mouchoir. —Non! mais est-ce assez gratuit? Et la relation! Je parie que vous ne scrutez pas assez la relation. Car, parce que l'acte est gratuit, il est ce que nous appelons ici:

réversible. Un qui a reçu cinq cents francs pour un soufflet, l'autre qui a reçu un soufflet pour cinq cents francs..., et puis on ne sait plus... on s'y perd.

ANDRE GIDE (1869–1951), *Le Prométhée mal enchaîné*

Analyse du texte

1. Quelle est l'idée dominante de ce dialogue? Par quels procédés l'auteur nous communique-t-il cette idée?
2. Ce texte présente un dialogue à l'intérieur d'un autre dialogue, le tout comprenant quatre personnages. Identifiez ces quatre personnages, en indiquant à quel dialogue ils appartiennent.
3. Identifiez les éléments narratifs de chaque dialogue (cf. *Plan et vocabulaire* de ce chapitre).
4. Analysez les infinitifs du passage. (Cf. Appendice VII.)
5. Expliquez les mots ou expressions suivants: **qui ne rapporte rien, un débonnaire, on s'y perd, un acte gratuit.**
6. Donnez, dans le contexte, un synonyme des mots suivants: **entendre, motivé, suivez-moi bien, écrire, héler, d'un seul coup, tout seul, relation, scruter.**
7. Donnez un antonyme des mots suivants: **intelligent, disparaître, (action) gratuite, réversible, savoir.**
8. Donnez *un adjectif* de la famille de: **ami, action, main;** *deux verbes* de la famille de: **action, libre, main, adresse;** *un nom* de la famille de: **croire, motiver, né, suivre, oublier, disparaître, recevoir, perdre.** Employez tous ces mots dans une courte phrase.

Exercices d'expansion

A. *Les pronoms possessifs* his, her, their, *présentent en anglais des sens différents. Pour les rendre en français, diverses constructions s'imposent selon le cas.* D'après les modèles suivants et après analyse, complétez les phrases ci-dessous (cf. Appendice III: L'article défini II D).

MODELES: Il *lui* ramasse *son* mouchoir.

Elle lave *son* linge.

Elle *se* lave *les* mains.

Elle *lui* lave *les* mains. →

1. Il _____ coupa _____ doigt en pelant une pomme.
2. Il _____ lave _____ voiture chaque semaine.
3. Comme cet enfant est trop jeune, sa mère _____ brosse encore _____ dents.
4. Je suis allé le trouver pour _____ demander _____ avis.
5. Il s'avança vers lui et _____ serra _____ main.
6. Arrivée au bureau d'immigration, elle dut _____ présenter _____ passeport.
7. Il faut _____ cirer _____ chaussures, si l'on veut être présentable.
8. On risque de _____ mordre _____ langue, si on mange trop vite.
9. On doit _____ enlever _____ chaussures avant de pénétrer dans une mosquée.
10. Il aime qu'on _____ frotte _____ dos quand il prend un bain.
11. Le médecin s'assit au chevet du malade et _____ prit _____ pouls.
12. Puisqu'il ne se sent pas bien, prenez _____ _____ température.
13. S'arrêtant devant le jeune homme, elle _____ tendit _____ main à baiser.
14. Elle est blonde maintenant. Elle vient de _____ teindre _____ cheveux.
15. Bien qu'ayant un chauffeur, il _____ conduit lui-même _____ voiture.

B. Effectuez, d'après les modèles suivants que vous analyserez au préalable, les changements syntaxiques qui s'imposent (cf. Appendice III: L'article défini II D).

MODELES: Il ramassa *le* mouchoir *du* miglionnaire.
Il *lui* ramassa *son* mouchoir.

Elle lava *les* mains *de* son fils.
Elle *lui* lava *les* mains. →

1. Il prit le bras de sa femme.
2. Le tailleur prit les mesures de son client.
3. Le vendeur demanda la pointure du client.
4. Les révolutionnaires coupèrent la tête de Louis XVI.
5. Le jeune homme emprunta la voiture de son père.
6. Le mousquetaire transperça la poitrine de son adversaire.
7. La cornemuse écorchait les oreilles des auditeurs.
8. Le dentiste examina les dents de son client.
9. Le père, irrité, tondit les cheveux longs de son fils.

C. *En anglais, les pronoms, adjectifs et adverbes indéfinis* any, anybody, anyone, anything, anytime, anywhere, *etc., présentent chacun, selon le contexte, des sens différents. Au contraire, la langue française, pour rendre les mêmes nuances, dispose d'un plus grand nombre d'expressions, ce qui rend la tâche de l'étudiant de langue anglaise plus ardue et l'analyse nécessaire.*

Dans cet exercice, complétez les phrases ci-dessous au moyen des expressions suivantes. (Révisez les pronoms, adjectifs et adverbes indéfinis dans votre grammaire habituelle.)

n'importe lequel	personne	qui que ce soit
n'importe quel	quelque chose	quoi que ce soit
n'importe qui	quelqu'un	rien
n'importe quoi	quiconque	

MODELES: Vous ne connaîtriez pas *quelqu'un*?

Il s'agit de trouver *quelqu'un*.

Une action qui ne rapporte *rien*. →

1. Je ne connais _____ qui puisse vous aider.
2. Avez-vous jamais vu _____ d'aussi beau? Quel paysage!
3. Que voulait cette dame? Vous a-t-elle demandé _____?
4. Pour les timbres-poste, adressez-vous à _____ guichet.
    A _____, vous êtes sûr?
5. A _____ me demandera, répondez que je suis sorti.
6. Quand on vous pose une question, vous répondez toujours _____.
    Vous feriez bien de réfléchir un peu, tout de même!
7. _____ que vous ayez vu, vous ne savez absolument rien. C'est bien compris?
8. Vous n'êtes pas difficile; vous sortez avec _____.
9. Avez-vous parlé à _____ de haut placé comme je vous l'avais conseillé?
    Non, car je ne connais _____ au ministère.
10. Cette robe ne me plaît pas trop. Auriez-vous _____ de plus habillé?
11. N'auriez-vous pas, par hasard, croisé _____ dans l'escalier? Non, je n'ai vu _____.
12. _____ veut tuer son chien l'accuse de la rage.
13. Il ne faut jamais jurer de _____.
14. _____ vit par l'épée, périra par l'épée.

Complétez les phrases ci-dessous au moyen des expressions suivantes.

à n'importe quelle heure	n'importe comment	où
à n'importe quelle époque	n'importe où	où que
chaque fois que	n'importe quand	quand
longtemps	nulle part	

MODELE: Venez *n'importe quand*, vous serez le bienvenu. →

1. Cela ne prendra pas _____, c'est l'affaire d'un instant.
2. Je veux bien résider _____ pourvu qu'on me procure un emploi lucratif.
3. Ah, comme j'aimerais aller _____ bon me semble!
4. Venez donc _____ vous le voulez.
5. Il ne va jamais _____: il aime bien trop ses pantoufles.

6. On peut s'y rendre à _____: l'établissement ne ferme jamais.
7. _____ je me prépare à sortir, il me vient un visiteur.
8. _____ vous soyez, n'ayez crainte, je saurai bien vous trouver.
9. C'est un dilettante, il fait toujours ses devoirs _____, _____, _____!
10. Le subjectivisme se rencontre à _____ de la littérature.

D. *Passage du discours direct au discours indirect:* Cette transposition entraîne certains changements syntaxiques et grammaticaux, notamment dans l'emploi des temps verbaux.

MODELE: DISCOURS DIRECT: J'ai un ami, Monsieur, vous ne le croiriez pas, qui est miglionnaire. Il est intelligent aussi. Il s'est dit: une action gratuite? Comment faire?
DISCOURS INDIRECT: Le garçon a dit au *monsieur qu'il avait* un ami qui *était* miglionnaire. *Il a ajouté* que *cet ami était* intelligent aussi et qu'il *s'était dit:* Une action gratuite? Comment faire? →

Transposez le texte de l'exercice 1 du Chapitre Un au discours indirect en commençant par: «Le roi Ferrante *a dit* à *ceux qui l'entouraient* que doña Inès n'*était* plus....», jusqu'à «au-dessus de moi...» Effectuez tous les changements nécessaires (temps verbaux, pronoms personnels, adjectifs possessifs, etc.) et employez au besoin des verbes déclaratifs du *Plan et vocabulaire* de ce chapitre.

PLAN ET VOCABULAIRE:
Le dialogue littéraire

Conseils préliminaires

Le dialogue littéraire ressemble à la fois à une scène de théâtre et à un dialogue quotidien en ce qu'il met en scène des personnages qui parlent. Il diffère cependant de ces deux derniers modes d'expression en ce qu'il est entrecoupé d'éléments descriptifs et narratifs, ces derniers comprenant des verbes déclaratifs, souvent dans une proposition incise. Le dialogue est aussi organisé par l'auteur autour *d'une idée dominante* qu'il veut communiquer (avec en plus les éléments narratifs et descriptifs que n'emploie pas le théâtre).

L'introduction

Un dialogue, pouvant débuter comme une narration et utiliser les mêmes termes, on se reportera au Chapitre Onze: *Plan et vocabulaire.*

Le développement

En français, les changements d'interlocuteurs sont marqués par un tiret et parfois par un verbe déclaratif, dont le sujet est inversé, formant une proposition incise.

Le vocabulaire du développement comprendra des verbes de déclaration ainsi que des interjections souvent employées dans le dialogue.

A. Verbes déclaratifs

dire	faire, déclarer, affirmer, annoncer, exposer, proclamer
	lancer, s'écrier, s'exclamer
	balbutier, bredouiller, sangloter
	répéter, ajouter
répondre	répliquer, repartir
	objecter, riposter, rétorquer, alléguer

B. Interjections amenées par la situation

douleur	aïe!
soulagement	ouf!
dégoût	pouah!
	chut! silence!
	attention!
	Je ne vous retiens pas! à la porte! allez ouste!
	bon débarras!
	sauve qui peut!
	au secours! au feu! au voleur!
	à vos souhaits, à votre santé, à la vôtre

C. Interjections affirmatives amenées par le dialogue

acceptation		(tout à fait) d'accord, c'est entendu, avec plaisir
accord:		Je suis d'accord, très juste
	évidence	bien sûr, bien entendu, pardi!
		parbleu! (*you bet!*), et comment!
		je vous crois! à qui le dites-vous! (*you can say that again!*)
		ça devait arriver, il ne l'a pas volé (*he had it coming*)
		ça se comprend, ça saute aux yeux, ça crève les yeux (*it's obvious*)
approbation:	satisfaction	parfait! splendide! magnifique! sensationnel! fantastique! excellente idée!

	félicitations	mes compliments, (mes) félicitations
		chapeau (fam.) (*my hat off to...*)
appréhension		ça lui pend au nez (fam.) (*he is going to get it*), j'en ai (bien) peur, ça finira mal
indifférence		et puis après? et alors? (*so what?*)
		je m'en moque, ça m'est égal, ça me fait une belle jambe (fam.) (*I couldn't care less*)

D. Interjections négatives amenées par le dialogue

refus		pas question! (*out of the question!*)
		rien à faire (*nothing doing*)
		ça jamais! jamais de la vie! (*over my dead body!* or *not on your life!*), impossible
contestation, incrédulité		à d'autres! allons donc! (*oh, come on!*)
		vous plaisantez, vous voulez rire (*you must be joking*)
		vous vous fichez de moi (*you must be kidding*)
		taratata! (*nonsense*)
désapprobation:		
	mécontentement	c'est ennuyeux, agaçant, énervant, horripilant, c'est dégoûtant, écœurant
		c'est idiot
		zut!, mince alors! (*nuts! darn it!*)
	blâme	quelle honte (*shame on you*)
		c'est honteux! (*. . . should be ashamed!*)
		vous vous moquez du monde! (*you are the limit!*)
		vous êtes incorrigible
		vous n'en faites jamais d'autres (*you've done it again*)
		je ne vous fais pas mes compliments, vous pouvez être fier (ironique)
	irritation	quoi! comment! vous dites!
		ça, c'est trop fort (*this is the limit*)
		non, mais dites donc! (*why, you!*)

E. Interjections neutres amenées par le dialogue

sollicitation		comment? pardon? quoi donc?
		plaît-il? mais encore? (*but yet*)
		eh bien? pour quoi faire? (*what for?*)

surprise	non? pas possible? tiens! (*you don't say*)
	vraiment, ça par exemple!
	ça alors! (*is that so!*)
	incroyable! (*fantastic!*)
	je n'en reviens pas (fam.) (*I can't get over it*)
	ça me dépasse (*it's beyond me*)

La conclusion

(cf. Chapitre Onze: *Plan et vocabulaire*)

Exercices de style

A. Transposez les phrases ci-dessous en vous inspirant des modèles suivants.

MODELES: un acte *qui n'est motivé par rien* (forme passive)
           que rien ne motive (forme active)
           gratuit (adjectif)

           un acte *qui ne peut pas être prévu*
           qu'on ne peut pas prévoir
           imprévisible →

1. un poète *qui n'est pas compris*
2. un jargon *qui ne peut être compris*
3. un bruit *qui ne peut être perçu*
4. une faute *qui ne peut être pardonnée*
5. une chance *qui n'est pas espérée*
6. une télévision *qui peut être portée* (à la main)
7. une eau *qui peut être bue* (sans danger)
8. un vin *qui ne peut être bu* (sans dégoût)
9. un caractère *qui est aisément influencé*
10. un courage *qui ne peut être ébranlé*
11. un rire *qui ne peut être arrêté*
12. une personne *qui peut être impressionnée*
13. un esprit *qui n'a jamais été cultivé*
14. une situation *qui peut être aisément imaginée*
15. une phrase *qui ne peut être lue*
16. un roman *qui n'a jamais été édité*
17. une attitude *qui ne peut pas être conçue* (sans stupeur)
18. un juge *qui ne peut pas être corrompu*

19. une maladie *qui ne peut être guérie*
20. une fusée *qui est guidée à longue distance*

B. Dans les phrases suivantes, évitez le verbe banal **prendre**. Employez à la place un verbe plus descriptif, plus précis, tiré de la liste suivante.

accrocher	détourner	kidnapper
adopter	embaucher	manger
appréhender	s'emparer de	ramasser
s'armer de	emprunter	se munir de
arracher	engager	saisir
choisir	s'enflammer	tirer
dérober	enlever	usurper

MODELE: Il *ramassa* le mouchoir qui était tombé. →

1. Il faut savoir _____ ses amis.
2. En cas de pluie, _____ un parapluie.
3. _____ l'occasion dès qu'elle se présente.
4. Il _____ un tisonnier et déboucha son beau-père.
5. Après avoir acheté une Rolls-Royce, il _____ un chauffeur.
6. Le contremaître se chargea de _____ des ouvriers.
7. Les troupes ennemies _____ la ville à la faveur de la nuit.
8. Le pickpocket lui a _____ sa montre.
9. Voulez-vous _____ un morceau sur le pouce?
10. Pour se rendre à Chicago, il faut _____ la nationale 66.
11. Cette maxime est _____ de la Bible.
12. Le kleptomane a été _____ par la police.
13. Le bois sec _____ bien.
14. Le général a _____ le pouvoir à la suite d'un complot.
15. Sa perruque s'est _____ au lustre du salon.
16. Le sergent s'approcha de la sentinelle endormie et lui _____ son fusil.
17. Il lui _____ son sac à main et se perdit dans la foule.
18. Pour se venger, le domestique _____ l'enfant de son patron.
19. Si vous n'avez pas d'enfant, _____ -en un.
20. L'employé de banque a été incarcéré pour avoir _____ des fonds.

C. Dans les phrases suivantes, évitez le verbe **dire,** et employez à la place un verbe plus descriptif tiré de la liste suivante.

adresser	dévoiler	livrer
citer	exposer	mentionner
confier	fixer	réciter
conter	glisser	reconnaître
débiter	indiquer	soutenir
déclamer		

MODELE: J'ai oublié de *mentionner* qu'il est très fort. →

1. Il nous ____ sans cesse des histoires à dormir debout.
2. Pourriez-vous me ____ votre date de naissance?
3. ____-nous donc un exemple de l'emploi du subjonctif.
4. Il monta sur l'estrade pour nous ____ quelques mots.
5. Il a fini par ____ qu'il avait tort.
6. Il ____ avec véhémence avoir aperçu une soucoupe volante.
7. Cessez de nous ____ des balivernes.
8. ____-moi votre prix et nous en discuterons.
9. Il se faufila vers moi et me ____ quelques mots à l'oreille.
10. Il sait ____ ses vers avec beaucoup de naturel.
11. Cet acteur ____ «la tirade des nez» de Cyrano avec force de gestes.
12. Il s'étendit sur le sofa et ____ ses inquiétudes au psychanalyste.
13. Je vous supplie de ne ____ mon secret à personne.
14. ____-nous votre pensée, qu'on sache à quoi s'en tenir.
15. Le commissaire lui demanda de ____ les faits.

D. Dans les phrases ci-dessous, remplacez **dire** et **répondre** et leurs compléments adverbiaux par un verbe unique tiré de la liste suivante, qui en traduit les nuances.

affirmer	s'exclamer	répéter
ajouter	exposer	répliquer
annoncer	lancer	riposter
balbutier	objecter	sangloter
bredouiller	proclamer	
s'écrier	repartir	

MODELE: Je veux mon indépendance, me *dit* mon fils *d'un ton péremptoire.*
Je veux mon indépendance, m'**annonça** mon fils. →

1. En 1776, les Etats-Unis *dirent publiquement* leur indépendance.
2. Vous vous trompez, me *dit*-il *avec conviction.*
3. *Dites*-nous *en détails* ce dont vous venez d'être témoin.
4. On ne me la fait pas, à moi! nous *dit*-il *avec force et désinvolture.*
5. Au secours! *dit*-il *à pleins poumons.*
6. On vous a déjà *dit* cela *à plusieurs reprises.*
7. Qu'avez-vous à *dire de plus* pour votre défense?
8. Zut! voilà le prof, *dirent* les élèves, *surpris et déçus.*
9. Je... je... je suis innocent, *dit* l'accusé *sous le coup de l'émotion.*
10. Il *dit* des excuses *d'une voix hâtive et indistincte.*
11. Je te demande pardon, *dit*-elle *en pleurant.*
12. Je ne suis pas tout à fait d'accord avec vous sur ce point, *répondit*-il *à cet argument.*

13. Voilà qui est bien dit, *répondit-il à la réponse de son élève.*
14. Un homme bien portant est un malade qui s'ignore, *répondit* le médecin *d'une manière spirituelle.*
15. Et vous, Monsieur, vous êtes un malappris, *répondit*-il *violemment.*

E. Complétez les phrases suivantes à l'aide des interjections tirées de la liste suivante qui vous semblent les mieux appropriées au contexte.

à d'autres!	chapeau!	non, mais dites donc!
aïe!	chut!	ouf!
à la vôtre!	d'accord	pardon?
allez, ouste!	et puis après?	pouah!
au voleur!	il ne l'a pas volé	pour quoi faire?
avec plaisir	jamais de la vie!	sauve qui peut!
bon débarras!	je suis d'accord	tu peux être fier!
ça par exemple!	magnifique!	silence!
ça saute aux yeux!	mince alors!	vous vous moquez du monde!

MODELES: Soyez donc des nôtres demain soir. —*Avec plaisir.*

Encore le dernier en français! *Tu peux être fier!* s'exclama le père. →

1. _____! s'écria l'instituteur. On ne s'entend plus ici.
2. Il n'a rien fait de l'année. Il s'est fait recaler à l'examen; _____.
3. Vous m'avez convaincu; maintenant _____.
4. _____, répondit-il en levant son verre.
5. _____! soupira-t-il, mes examens sont terminés.
6. Le raseur enfin parti, la maîtresse de maison s'écria: «Ouf! _____!»
7. Lui, diplômé d'Harvard? _____! (incrédulité)
8. Vous êtes absent un jour sur deux. _____! (irritation)
9. _____! Pour qui me prenez-vous? (indignation)
10. _____? Voudriez-vous répéter?
11. Ils divorcent après 30 ans de mariage? _____! (surprise)
12. _____! s'écria-t-il, en se prenant le doigt dans la portière.
13. Il est allé à la gare? _____? (simple interrogation)
14. J'ai encore fait une erreur. _____ (mécontentement)
15. _____! lança-t-il, et qu'on ne vous revoie plus.
16. Tu as décroché le premier prix. Eh bien, mon vieux, _____!
17. Vous êtes plus riche que moi, _____? (indifférence)
18. Mais voyons, c'est évident, _____.
19. _____, répondit-il, je serai au rendez-vous à l'heure dite.
20. _____! on m'a dérobé ma montre.
21. Moi, épouser cette pimbêche? _____!
22. _____! cette sauce est infecte.
23. _____! murmura la mère le doigt sur la bouche, les enfants dorment.

24. ____! voilà l'ennemi.
25. Je viens de recevoir une augmentation. ____! répondit mon amie. (satisfaction)

Sujet proposé

En vous inspirant du *Texte modèle* de ce chapitre et en vous aidant du *Plan et vocabulaire*, composez un dialogue de votre choix organisé autour *d'une idée dominante*.

Exercices préparatoires

1. Composez quelques phrases de votre choix en employant chaque structure traitée dans les *Exercices d'expansion* A et B et avec des verbes différents à chaque fois.
2. Composez quelques phrases de votre choix en employant des expressions tirées des *Exercices d'expansion* C1 et C2.
3. En vous aidant d'un dictionnaire français, employez quelques adjectifs de l'*Exercice de style* A dans un contexte différent de celui de cet exercice.
4. Composez quelques phrases de votre choix en employant des verbes des *Exercices de style* B, C et D.
5. Imaginez des situations dans lesquelles vous utiliserez quelques interjections de l'*Exercice de style* E ou du *Plan et vocabulaire* de ce chapitre.
6. Transformez en dialogue la première moitié du *Texte modèle* du Chapitre Onze à partir de: «Ne bougez pas, dit-il...», avec les personnages suivants: Duvilé, son beau-père, sa femme, ses enfants et le voisin. Inspirez-vous du *Plan et vocabulaire* du Chapitre Treize.

Etablissement du plan

Une fois que vous aurez choisi le sujet de votre dialogue, ainsi que *l'idée dominante* que vous désirez présenter, établissez un plan en vous inspirant du *Plan et vocabulaire*, et en sélectionnant dans la série d'exercices précédents les phrases qui vous conviennent et que vous pouvez modifier, sans bien sûr vous limiter au vocabulaire et aux structures du chapitre.

Exercice d'auto-correction

Réfléchissez aux questions suivantes, puis relisez attentivement votre composition. (Cf. *Exercice d'auto-correction*, Chapitre Quatre.)

1. Avez-vous réussi à communiquer au lecteur une idée dominante?

2. Avez-vous divisé votre texte en trois parties? Avez-vous entrecoupé le dialogue d'éléments descriptifs et narratifs? L'ensemble du texte est-il cohérent?

3. Avez-vous utilisé des verbes déclaratifs, et des interjections pour rendre votre dialogue plus vivant? (Cf. *Plan et vocabulaire.*)

4. Avez-vous employé le discours indirect? Avez-vous fait tous les changements nécessaires?

5. Avez-vous vérifié l'emploi des pronoms personnels, des adjectifs possessifs et des articles?

6. Pouvez-vous en changeant l'ordre grammatical de la phrase, mettre en relief un mot ou une expression pour attirer l'attention du lecteur?

Les pronoms relatifs

Consultez l'*Appendice IX*

Texte modèle

Je suis né dans un port de moyenne importance, établi au fond d'un golfe, au pied d'une colline, *dont*[1] la masse de roc se détache de la ligne générale du rivage. Ce roc serait une île si deux bancs de sable—d'un sable incessamment charrié et accru par les courants marins *qui*,[2] depuis l'embouchure du Rhône, refoulent vers l'ouest la roche pulvérisée des Alpes—ne le reliaient ou ne l'enchaînaient à la côte du Languedoc. La colline s'élève donc entre la mer et un étang très vaste, dans *lequel*[3] commence—ou s'achève—le canal du Midi. Le port *qu'*[4] elle domine est formé de bassins et des canaux *qui*[5] font communiquer cet étang avec la mer.

Tel est mon site originel, sur *lequel*[6] je ferai cette réflexion naïve que je suis né dans un de ces lieux *où*[7] j'aurais aimé de naître. Je me félicite d'être né en un point tel que mes premières impressions aient été celles *que*[8] l'on reçoit face à la mer et au milieu de l'activité des hommes. Il n'est pas de spectacle *qui*[9] vaille ce *que*[10] l'on voit d'une terrasse ou d'un balcon bien placé au-dessus d'un port. Je passerais mes jours à regarder ce *que*[11] Joseph Vernet, peintre de belles marines, appelait les «différents travaux d'un port de mer».

PAUL VALERY (1871–1946), *Variété III*

Remarques

Le pronom relatif est:

1. *Un pronom* En effet il remplace un terme de la proposition principale qui peut être soit un nom de personne, soit un nom de chose, soit un pronom démonstratif, soit encore un membre de phrase ou même la proposition entière. Dans ces deux derniers cas le membre de phrase ou la proposition entière est repris par le démonstratif indéfini **ce**.

   EXEMPLES: 1. C'est bien la côte d'Azur *qui* m'enchante le plus.
   2. Nous allons visiter l'Europe, *ce que* nous désirons depuis longtemps. (*ce* remplace: «Nous allons visiter l'Europe»)

2. *Relatif* Il sert à relier deux propositions. Sa fonction et sa forme dépendent de la construction du verbe de la proposition relative, dont il faut s'assurer en consultant un dictionnaire français.

   EXEMPLES: 1. C'est le peintre *dont* nous vous avons parlé. (parler *de*)
   2. Voilà la baie *dans* laquelle est abrité le port. (être abrité *dans*)

ETUDE DES PRONOMS RELATIFS

1. dont	Pronom relatif à valeur génitive (indique la dépendance ou la possession). **Dont** remplace en effet non pas **colline** mais ***d'une* colline;** c'est la masse *de la* **colline** qui se détache.
2. qui	Remplace **courants marins,** dont la fonction dans la proposition relative est d'être sujet du verbe **refoulent.** **Les *courants marins* refoulent la roche.**
3. dans lequel	**Lequel** remplace **un étang très vaste,** dont la fonction dans la proposition relative est d'être complément circonstanciel (adverbial) de lieu des verbes **commence ou s'achève.** **Le canal du midi commence ou s'achève dans *un étang très vaste.***
4. qu'	Remplace **le port,** dont la fonction dans la proposition relative est d'être complément d'objet direct de **domine.** **La colline domine *le port.***

5. qui — Remplace **canaux,** dont la fonction dans la proposition relative est d'être sujet du groupe infinitif **faire communiquer.**

Les *canaux* **font communiquer cet étang avec la mer.**

6. sur lequel — Remplace **mon site originel,** dont la fonction dans la proposition relative est d'être le complément d'objet indirect de l'expression verbale **faire une réflexion sur** quelque chose.

Je ferai cette reflexion naïve sur *mon site originel.*

7. où — Pronom relatif à valeur adverbiale de lieu. Remplace **ces lieux,** dont la fonction dans la proposition relative est d'être complément circonstanciel de lieu du verbe **naître.**

J'aurais aimé de naître dans un de *ces lieux.*

8. celles que — **Celles,** pronom démonstratif, remplace **mes premières impressions; que** remplace **celles,** dont la fonction dans la proposition relative est d'être le complément d'objet direct du verbe **recevoir.**

On reçoit *les premières impressions* **face à la mer.**

9. qui — Remplace **spectacle,** dont la fonction dans la proposition relative est d'être le sujet du verbe **valoir. Spectacle** est ici introduit par le tour de présentation: **Il n'est pas de... qui,** suivi du subjonctif pour exprimer une opinion subjective.

10. ce que — **Ce,** pronom démonstratif à valeur d'indéfini, remplace quelque chose que l'on ne nomme pas, comme **les choses. Que** remplace **ce,** dont la fonction dans la proposition relative est d'être le complément d'objet direct du verbe **voir.**

On voit *les choses* **d'une terrasse.**

11. ce que — Voici un autre pronom démonstratif indéfini: **ce.** Il remplace quelque chose qui n'est pas encore nommé mais qui va l'être. **Que** remplace **ce,** dont la fonction dans la proposition subordonnée est d'être le complément d'objet direct du verbe **appeler.**

Joseph Vernet appelait *ces choses* **les «différents travaux d'un port de mer».**

Exercices

A. Complétez les phrases suivantes à l'aide de: **qui, que, dont, où.** (La plupart des phrases ci-dessous sont tirées des textes littéraires de ce manuel.)

1. Dick est un chien _qui_ ne songe qu'à la sécurité.
2. Je l'ai fait exécuter pour supprimer le scandale _qu'_ elle causait dans mon Etat.
3. J'ai la charge _que_ Dieu m'a confiée.
4. Un roi est comme un grand arbre _qui_ doit faire de l'ombre.
5. Nous avons l'honneur de déposer à vos pieds l'histoire universelle _que_ nous avons composée.
6. J'ai rencontré un poète _qui_ m'a récité ses vers.
7. Le jour _que_ je l'ai connu est comme le jour _où_ je suis née.
8. C'était une vaste maison avec un très petit jardin _qui_ moisissait dans l'ombre des hautes clôtures.
9. J'ai visité le Mont-Saint-Michel _que_ je ne connaissais pas.
10. J'atteignis l'énorme bloc de pierre _qui_ porte la petite église.
11. Je voudrais essayer de dire l'impression _que_ la mer m'a causée.
12. Il était mis avec une élégance _qui_ cherchait à dissimuler les défectuosités de sa taille.
13. Il suivit des yeux le couple charmant _que_ formaient un bourgogne râblé et une fine bouteille de vin d'Alsace.
14. Des soldats américains _qui_ passaient par là réussirent à le maîtriser.
15. Un jour _où_ sa Sainteté passait par là Tistet l'aborda.
16. C'est une action _dont_ on ne retire aucun bénéfice.
17. La montagne a été pour nous une arène naturelle _où_ nous avons trouvé notre liberté.
18. Nous avons trouvé cette liberté _dont_ nous avions besoin.
19. La seule raison _qui_ lui reste est la raison du cœur.
20. Voilà quelqu'un _qui_ a besoin d'aide.
21. Voilà la basilique _qu'_ on avait bombardée en '40.

B. Complétez les phrases suivantes à l'aide de: **ce que, ce qui, ce dont, ce à quoi.**

1. J'ai passé de dix ans _ce qu'_ un poète appelle le milieu du chemin de la vie.
2. J'ai accepté qu'il connût _ce que_ je suis.
3. Je ne voyais pas _ce que_ le garde faisait.
4. _Ce que_ je hais, c'est le mal et la mort.
5. Nous aimerions savoir _ce qui_ l'irrite.
6. Vous auriez dû me tenir au courant, _ce que_ j'aurais préféré.
7. Un meilleur plan d'attaque, voilà _ce dont_ il a besoin.
8. Il préfère ne pas parler de _ce qui_ le gêne.

119

9. Ils arrivèrent à l'improviste, *ce à quoi* nous n'avions pas songé.
10. J'aimerais vous expliquer *ce qui* va se produire.
11. Vous pouvez prendre tout *ce que* vous voulez.
12. Il avait totalement oublié *ce dont* nous avions parlé.
13. Indiquez-nous *ce dont* vous voulez discuter. *(de)*
14. Il aurait pu nous dire *ce à quoi* il pensait.
15. Voilà *ce que* je pense.

Study **C.** Complétez les phrases suivantes à l'aide de pronoms relatifs simples (**qui, que, dont,** etc.) ou composés (**ce qui, celui avec lequel,** etc.).

1. Il ne vit pas cette révolution *pour laquelle* il avait lutté toute sa vie.
2. La pièce *à laquelle* vous avez assisté est *celle qui* a remporté le plus grand succès de l'année.
3. Balzac est un écrivain *dont* j'aime lire les romans.
4. Savez-vous *d'où* il vient? On dit qu'il est canadien, mais c'est un fait *dont* je ne suis pas convaincu.
5. La ville *où* je suis né se trouve près de Paris.
6. C'est un artiste *qui* fait exactement *ce qu'* il veut faire et *qui* n'écoute que rarement *ce que* disent les critiques.
7. L'ennui est une maladie *dont* le travail est le remède.
8. La Bretagne est une contrée *où* l'on rencontre maintes landes.
9. Le paysagiste Le Nôtre traçait des jardins *dont* les parterres avaient des formes géométriques régulières.
10. Le plafond faisait voir des solives *aux quelles* on suspendait les provisions pour l'hiver.
11. Votre jardin était enclos d'une haie *où (ou) dans laquelle* nichait une colonie d'oiseaux.
12. Des cavaliers passaient sur la chaussée portant un casque *d'où* pendait une crinière mouvante.
13. Après un long silence *pendant lequel* il jetait des pommes de pin dans le feu, il commença à se plaindre.
14. Il laisse tomber son mouchoir et *à celui qui* le ramasse il dit: «Pardon Monsieur.»
15. L'idéal, c'est un but *vers lequel* on tend.
16. *Vers laquelle / sur lequel* La montagne ▬ nous serions tous allés sans un sou vaillant est un trésor ▬ nous vivrons.
17. Voilà le chemin au bout *duquel* se trouve la réussite.
18. La lutte contre la drogue, voilà le problème *auquel* il faudrait consacrer tous nos efforts.
19. Voici l'assistante avec l'aide *de laquelle* vous pourrez vous préparer à votre examen.
20. C'est un politicien *contre lequel* vous ne pouvez espérer gagner. → *de laquelle*
21. Il venait de trouver une ficelle à l'extrémité ▬ il y avait un nœud.
22. De tous les poèmes de Baudelaire ▬ je préfère est «Les Aveugles». *celui que*

23. Mon médecin, *qui* avait une belle collection de tableaux, m'a montré *qu'il* préférait.

24. Ce recueil contient plusieurs histoires; je vous commenterai *celles qui* m'intéressent le plus.

25. Ce bâtiment, *dont* je n'aime pas beaucoup le style, est propriété de l'Etat.

D. Reliez les phrases suivantes à l'aide de: **ce qui, ce que, ce dont, ce... quoi,** la première devant rester la proposition principale.

1. Le voisin fit irruption dans la pièce / Cela effraya Duvilé *ce qui*
2. Le voisin fit irruption dans la pièce / Duvilé ne voulait pas cela *ce que*
3. Le voisin fit irruption dans la pièce / Duvilé ne s'effraya pas de cela *ce dont* *ce à quoi*
4. Le voisin fit irruption dans la pièce / Duvilé ne s'attendait pas à cela
5. Le magasin était fermé / Cela a beaucoup ennuyé les touristes *ce qui*
6. Il n'y a pas de train le dimanche / Vous avez oublié de me dire cela *ce que*
7. Pierre a amené plusieurs amis à notre soirée / J'étais assez mécontent de cela *ce dont*
8. Ecrire est un travail d'organisation / Vous n'avez pas assez réfléchi à cela *ce à quoi*
9. Il arriva à l'improviste / Nous n'étions pas préparés à cela
10. Elle a réussi à son examen / Elle est fière de cela *ce dont*

E. Reliez les phrases suivantes à l'aide de pronoms relatifs, la première phrase devant rester la proposition principale.

1. C'est un mélodrame populaire / A la fin de ce mélodrame tout le monde se tue *à la fin duquel* *ce que*
2. Voilà le quartier / Au centre de ce quartier se dresse le palais royal *au centre duquel*
3. La dame n'arrêtait pas de fumer / L'hôtesse de l'air m'avait placé à côté de cette dame *à côté de laquelle*
4. Connaissez-vous ce parc? / Nos amis habitent près de ce parc *auprès duquel*
5. Devant nous s'étendait la célèbre avenue / Au bout de cette avenue se dressait l'Arc de Triomphe *au bout de laquelle*
6. Don Juan met en scène des personnages / Le caractère de ces personnages est complexe
7. Mes amis ont acheté une maisonnette / Ils sont ravis de cette maisonnette *ce dont*
8. Cette résidence est la demeure de nos amis / Devant cette résidence s'élève un grand marronnier
9. Je vous parlerai de certains tableaux de Manet / Je me souviens le mieux de ces tableaux
10. La cathédrale possède deux flèches dissymétriques / Je vais vous montrer les diapositives de cette cathédrale
11. Le château est de style Renaissance / J'ai passé maintes heures dans ce château

12. Il est difficile de choisir entre ces deux romans / L'un des romans est de science fiction et l'autre d'aventures
13. Ce sont des vérités / Je n'insisterai pas sur elles
14. Voilà de difficiles problèmes / Je ne veux pas y songer
15. C'est une méchanceté / Je n'y consentirai pas
16. Je vous propose plusieurs solutions / Il faudra choisir entre ces solutions

Si vous n'arrivez pas à comprendre la lettre, référez-vous à la page 139.

CHAPITRE QUINZE

Composition française: La correspondance

Consultez l'*Appendice IX*

123

Révision de verbes

Révisez les verbes suivants à tous les temps de l'indicatif, du subjonctif et du conditionnel:

> craindre, devoir, élire, (se) mettre, partir, pouvoir, prendre,
> reconnaître, (s'en) remettre, savoir, souffrir

Texte modèle

Le texte ci-dessous est tiré du roman de Christiane Rochefort, *Les Stances à Sophie*. Céline Rodes, d'une classe sociale modeste, a épousé par amour un jeune bourgeois qui la traite en enfant et l'exploite pour poursuivre son ambition politique. Ne pouvant plus supporter un milieu qui l'étouffe, Céline place dans le réfrigérateur une lettre de rupture adressée à son mari qui a fini par se faire élire député dans le cadre d'un parti dont l'idéologie répugne à la jeune femme.

Mon cher Philippe,

Tu m'as invité au Carmel.[1] Je t'ai suivi. Je m'en suis remise à toi. C'était te faire une bien grande confiance. Et, de ma part, c'était très étourdi. Je crains mon cher Philippe que tu ne te sois un peu pris pour un Autre.[2] Abandonnée dans tes mains je n'ai fait que descendre. Un homme ne fait pas un Carmel. Alors, un député!... Ainsi que je t'en ai averti à temps, je ne serai pas même une heure la femme d'un député de cette étiquette.

Tu es élu, je te félicite, et je te quitte.

Je ne vois pas que tu aies à souffrir de la perte d'une personne dont tu n'aimais rien, sauf la défaite, c'est donc avec sérénité que j'abandonne cette maison, sûre de n'y point laisser de larmes. Au reste tes succès te guériront de tout. Pour moi je pars sans regrets: ce n'était pas du temps perdu; grâce à toi, par les hasards de l'amour, j'ai pu approcher la Machine,[3] dont tu es à la fois un rouage inconscient, et un exécuteur, et qui est pour nous qui respirons encore, un instrument de mort. Il importe de la connaître, d'observer comment elle opère, afin de pouvoir s'en défendre, et se garder en vie. Merci d'avoir été cette occasion Philippe, je

---

[1] *Carmel* se réfère à des conversations précédentes entre les époux, où ce mot signifiait l'abdication de la volonté de Céline à son mari, comme le font les carmélites à l'ordre religieux du Carmel et à Dieu.

[2] *un Autre* suggère Dieu.

[3] *la Machine* symbolise l'ordre oppressif et les conventions sociales de la classe bourgeoise dirigeante.

ne sais pas pourquoi je t'ai aimé, mais ce ne fut pas en vain, tu m'as livré des clés dont je saurai me servir. Merci.

Pour les modalités pratiques, Maître Martineau se mettra en rapport avec toi. Votre protocole veut je crois qu'un homme de ta position prenne les torts, afin de préserver un honneur indispensable à sa carrière, et tout particulièrement à celle où tu t'engages; aussi, bien qu'ils soient tous à moi, je suis disposée à t'en laisser le privilège. Si cependant ton irritation l'emportait sur tes intérêts, je serais prête, le dissentiment politique n'étant point reconnu par le code Napoléon, à produire en abondance tout ce qui serait légalement nécessaire.

J'ai pris quelques objets personnels, que j'estime avoir gagnés, et sur lesquels la Séparation ne joue pas. Je te laisse par contre les robes destinées à la députée, dont je n'aurai jamais l'usage; elles pourront servir.

Céline Rodes

P.S. Ton dîner est prêt.

Analyse du texte

1. Quelle est l'idée dominante de cette lettre? Montrez le développement de cette idée dans les trois premiers paragraphes.
2. Quel est le ton de cette lettre? Citez, en les expliquant, quelques éléments du texte qui contribuent à soutenir ce ton.
3. Relevez les pronoms relatifs du texte et justifiez leur emploi dans la phrase.
4. Donnez un synonyme dans le contexte des mots en italiques: **un homme ne *fait* pas un Carmel, *étiquette*, votre *protocole veut*, dont je *n'aurai jamais l'usage*.**
5. Expliquez les expressions suivantes: **je m'en suis remise à toi, le code Napoléon, exécuteur, l'emportait sur tes intérêts, prenne les torts, la Séparation ne joue pas, t'en laisser le privilège, la députée.**
6. Donnez deux mots de la famille de: **étourdie, crains, averti, élu, se défendre, s'engager,** et employez chacun d'eux dans une courte phrase qui en explicitera le sens.
7. Justifiez l'article partitif **du** dans la construction: **Ce n'était pas *du* temps perdu.**

Exercices d'expansion

A. Dans la construction **pouvoir** + l'infinitif, lorsque le verbe **pouvoir** au passé présente l'infinitif comme *un acte accompli* (aspect perfectif), on emploie le passé composé ou le passé simple. Si par contre il ne présente qu'un acte potentiel dont l'issue n'est pas sentie comme achevée (aspect imperfectif), on emploie alors l'imparfait. Notez toutefois que l'imparfait peut exprimer *une série d'actes réalisés*, mais non délimitée dans le temps. Analysez les situations suivantes afin d'employer le temps du passé qui convient. Indiquez s'il y a plusieurs solutions possibles et justifiez-les.

MODELES: Grâce à toi, j'*ai pu* approcher la Machine. (acte accompli)

Grâce à toi, je *pouvais* approcher la Machine. (acte potentiel)

Grâce à toi, je *pouvais* approcher la Machine chaque fois que je te voyais. (série d'actes réalisés, mais non délimités dans le temps) →

1. Comme j'avais son adresse, je _____ (*pouvoir*) lui envoyer une invitation, qu'il a reçue à temps.
2. J'avais son adresse et je _____ (*pouvoir*) facilement le joindre, mais j'en ai été empêché par un événement fâcheux.
3. Puis-je vous rendre mon devoir demain? Je _____ (*ne pas pouvoir*) finir de le taper et je compte le faire ce soir.
4. Pendant toute sa vie il _____ (*ne jamais pouvoir*) arriver à l'heure!
5. Nous _____ (*pouvoir*) vous avertir de notre arrivée par lettre, mais nous avons préféré vous téléphoner.
6. Comme elle avait un examen le lendemain, elle a dit qu'elle _____ (*ne pas pouvoir*) nous accompagner au concert. Mais on a fini par la convaincre de nous accompagner.
7. Hier soir, d'un bout à l'autre du film, ils _____ (*ne pas pouvoir*) s'empêcher de faire des remarques sarcastiques à haute voix.

B. *Le verbe* **pouvoir** *s'emploie également à d'autres temps du passé selon le contexte. La concordance des temps habituelle régit alors son emploi.*

1. Si nous _____ (*pouvoir*) le loger chez nous, nous l'aurions fait volontiers, mais nous _____ (*ne pas pouvoir; vraiment*).
2. Dès qu'elle _____ (*pouvoir*) trouver une minute de libre, elle ne manquera pas de nous donner signe de vie.
3. Il _____ (*pouvoir*) tout de même nous faire part de son mariage. Ç'aurait été la moindre des choses!
4. Si vous _____ (*pouvoir*) nous avertir à temps de sa visite, nous nous serions fait une joie de le recevoir.
5. Dès qu'elle _____ (*pouvoir*) se mettre en rapport avec son avocat, elle entama les démarches de son divorce.

C. *Le verbe* **devoir** *s'emploie de façon semblable à* **pouvoir** *aux temps du passé.* Analysez les situations suivantes pour employer le temps du passé qui convient. Précisez également le sens exact de **devoir** dans chaque phrase à l'aide d'un synonyme ou d'une expression équivalente (**être censé, être obligé, probablement,** etc.).

MODELES: Son avocat *a dû* se mettre en rapport avec Philippe. (acte accompli = s'est probablement mis en rapport)

Son avocat *devait* se mettre en rapport avec Philippe. (acte potentiel; **se mettre en rapport** reste ici à l'état d'intention ou de projet, et l'imparfait laisse même supposer qu'elle ne s'est pas, ou même jamais, produite = était censé se mettre en rapport, mais...) →

1. Ils _____ (*devoir*) nous avertir dès leur retour, mais la date est passée et nous sommes encore sans nouvelle.
2. Ils _____ (*devoir*) rentrer de voyage, car je vois de la lumière à la fenêtre de leur appartement.
3. Nous _____ (*devoir*) lui faire suivre son courrier, mais il est parti sans nous laisser son adresse en Europe.
4. Comme mon chèque n'était pas au courrier d'aujourd'hui, je _____ (*devoir*) emprunter un peu d'argent à un ami.
5. Je ne vois plus le bébé, nous _____ (*devoir*) l'oublier au magasin!

D. *Le verbe* **devoir** *s'emploie également à d'autres temps et modes selon le contexte. La concordance des temps habituelle régit alors son emploi.* Indiquez par quel synonyme ou expression équivalente on pourrait remplacer **devoir.** S'il y a plusieurs solutions possibles, précisez-les et justifiez-les.

1. Je _____ (*devoir*) te féliciter de ton succès, mais je te quitte.
2. Vous _____ (*devoir*) me le communiquer puisque vous le saviez.
3. Le courrier est plus lent que je ne le pensais, je _____ (*devoir*) poster mes lettres plus tôt à l'avenir.
4. La victime _____ (*devoir*) passer la nuit dans l'appartement, car le lit était défait et on voyait les restes d'un petit-déjeuner sur la table.
5. Il est douteux qu'elle _____ (*devoir*) partir la semaine dernière.

E. *Les verbes* **vouloir** *et* **savoir** *sont susceptibles de prendre les mêmes aspects verbaux que les verbes précédents.* Analysez les situations suivantes afin d'employer le temps du passé qui convient. Indiquez par quel synonyme on pourrait remplacer **vouloir** et **savoir** (**avoir l'intention, essayer, être conscient, apprendre,** etc.). S'il y a plusieurs solutions possibles, justifiez-les.

MODELES: J'*ai voulu* m'en remettre à toi. (= j'ai décidé, j'ai essayé; la décision ou l'acte de «s'en remettre» est soit accompli, soit en voie d'accomplissement)

127

Je *voulais* m'en remettre à toi (= j'avais le désir; l'acte de
«s'en remettre» n'est que potentiel, et aucune tentative de
le réaliser n'est mise en œuvre) →

1. Je _____ (*vouloir*) lui téléphoner, mais je n'osais pas.
2. Se sentant en danger, le petit animal _____ (*vouloir*) s'échapper, mais le chat a bondi sur lui et l'a enserré dans ses machoires.
3. Nous _____ (*savoir*) qu'il ne tarderait pas à arriver, puisqu'il avait annoncé sa visite ce soir-là.
4. Dès que j'ai vu l'enveloppe timbrée, je _____ (*savoir*) que c'était une lettre de lui.

F. *Comment distinguer entre* would *et* should. Should *exprime en général l'idée de nécessité, d'obligation morale, tandis que* would *présuppose une condition introduite par* si. Complétez les phrases suivantes à l'aide des formes qui conviennent logiquement à la situation. Indiquez s'il y a plusieurs possibilités. Attention à la concordance des temps.

MODELES: Je le *ferais* encore, *si* j'avais à le faire. (pure condition)

je *devrais* le *faire*, mais je n'en ai pas envie. (obligation morale) →

1. Elle _____ (*répondre*) aussitôt à ce télégramme, mais telle que je la connais, elle repoussera cette tâche à plus tard.
2. Si vous aviez à revivre cette expérience, _____ (*agir*)-vous de la même manière?
3. Il ne _____ (*revenir; jamais*) à cet endroit, puisqu'il lui rappelait de si tristes souvenirs.
4. Qu'est-ce que _____ (*vous; comprendre*) si vous aviez entendu de telles paroles? —Tout simplement que je _____ (*ne pas prendre*) au sérieux les propos d'un homme comme lui.
5. Nous _____ (*se mettre*) en rapport avec l'avocat, car l'affaire se complique et réclame l'intervention d'un expert.

G. **Tout** (*et ses dérivés*) *et sa place dans la phrase*. **Tout** *peut être adverbe, adjectif ou pronom*. Complétez les phrases suivantes en tenant compte des indications présentées ci-dessous.

MODELES: Tes succès te guériront de *tout*. (pronom)

Bien qu'*ils* soient *tous* à moi... (pronom)

Il prendra *tous* les torts. (adjectif)

Elle est *toute* triste. (adverbe variable devant une consonne)

Elle est *tout* étonnée. (adverbe invariable devant une voyelle) →

1. Tes succès te guériront de _____ tes peines.

2. _____ furieux de n'avoir pas été invité, il incitait ses amis à boycotter la soirée.
3. Ils étaient _____ ravis de vous accueillir. (deux solutions à expliquer)
4. «_____ ce qui brille n'est pas or.»
5. «_____ peine mérite salaire.»
6. Il y a une leçon à retirer de _____ échec.
7. _____ les citoyens sont égaux devant la loi.

H. *La place variable du pronom* **tout.** Remplacez, d'après les modèles ci-dessous, le nom en italiques par un pronom (personnel ou démonstratif) modifié par une forme de **tout,** et mettez-le à la place qui convient.

MODELES: Bien que *les torts* soient à moi... → Bien qu'**ils** soient **tous** à moi...

Bien que **tous** soient à moi...

J'ai *l'aide* qu'il me faut → J'ai **toute celle** qu'il me faut.

1. Tu m'as livré *les clés* dont je saurai me servir.
2. Nous avons lu *les lettres.*
3. *Les parents et amis* avaient reçu le faire-part de mariage.
4. Il faudra produire *les documents* qui sont nécessaires.
5. Nous avons écrit *aux membres du club.*
6. Nous avons écrit *aux personnes* qui étaient présentes.

PLAN ET VOCABULAIRE:
La correspondance

Conseils préliminaires

La lettre comprend les parties suivantes:

1. *L'appel,* c'est-à-dire le nom ou le prénom, et dans certains cas, la qualité du correspondant.
2. *L'introduction,* qui dépend du but principal de la lettre. Les formules d'introduction sont susceptibles de varier d'après les niveaux de langue (officiel, poli, familier).
3. *Le corps de la lettre,* le développement se fait selon le ton adopté (officiel, sérieux, familier, ironique, etc.), ainsi que le degré d'intimité avec le correspondant (une personne haut placée, un inconnu, une simple connaissance, un ami, etc.). De ces aspects dépendent le choix et le niveau du vocabulaire, la syntaxe et la liaison des phrases. Et dans le cas du style familier, l'emploi d'interjections, de points d'exclamation et d'inter-

rogation qui donnent une allure vivante à la lettre. C'est ainsi que l'on peut même imaginer un dialogue avec son correspondant, selon le modèle des lettres de Madame de Sévigné au 17e siècle.

4. *La conclusion*, la formule de conclusion sera plus élaborée en français qu'en anglais. On répète en général la qualité du correspondant mentionnée au début de la lettre. Avant de conclure on peut vouloir rappeler brièvement le but principal de la lettre (en particulier dans une lettre officielle). Si en anglais on ne s'embarrasse guère de longues formules, en français par contre la formule de conclusion sera plus élaborée:

EXEMPLE: Veuillez agréer, chère Madame, mes sincères salutations.

Format et disposition de la lettre

En-tête de l'expéditeur
ou de l'expéditrice

Madame Yvette Unetelle
34, avenue Partout
33170 Issy, France

Appel Monsieur,

Introduction
Corps de la lettre
Conclusion

Date Issy, le 3 avril 1999/le 3.4.99

Destinataire
Monsieur Jean Untel
13, rue du Général Toulemonde
98765 Nimportou, France

Yvette Unetelle
Directeur des ventes
signature

A. **Appel** Monsieur, Madame, Mademoiselle,
Messieurs, Mesdames, Mesdemoiselles,
Cher Monsieur, (etc.)
Monsieur et Cher collègue,
Madame le Directeur,
Monsieur le Juge,
Mon cher Duval,
Mon vieux Michel,
Ma chère Françoise,
Anne-Marie,
Ma chère maman,
Mon petit papa chéri,
Mon André adoré,

> Ma douce petite chatte,
> Vieille crapule, (ici terme d'affection)
> Sacré lâcheur, (idem)

B. Introduction Formules officielles

1. *Annonce* J'ai le plaisir
>>> le regret
>>> la douleur
>>> l'honneur   de vous annoncer (+ nom, que)
>>>>>>> informer (que, de + nom)
>>>>>>> faire savoir (que + nom)

2. *Demande*
> J'ai l'honneur de poser ma candidature à... (poste, emploi)
>>> solliciter de votre (haute) bienveillance...

3. *En réponse à une lettre*
Style officiel:
> En réponse à votre lettre en date du 21 courant (du 11 mars dernier...)
> Suite à votre note du... (ma lettre du..., ma demande du...)
> J'accuse réception de votre lettre du... et vous en remercie vivement.

Style moins protocolaire:
> J'aimerais vous demander... (poli)
> Je vous prie(rais) de bien vouloir... (très poli)
> Je vous serais (fort) obligé, reconnaissant de bien vouloir... (très poli)
> Je vous remercie de votre lettre du... dans laquelle vous... (poli)
> Veuillez me pardonner ce retard à répondre à votre dernière lettre. (poli)
> J'ai bien reçu ton petit mot du mois dernier. (intime)
> Ta missive du... m'arrive ce jour avec quelques semaines de retard. (intime)

C. Conclusion

1. *Rappel officiel*
> Dans l'espoir que vous voudrez bien accorder une suite favorable à ma demande, je vous prie d'agréer, Madame le Directeur Général, l'expression de ma haute considération.
> Dans l'attente d'une prompte réponse de votre part, je vous prie de croire, Monsieur, à mes sentiments cordiaux.

2. *Rappel familier*
> En attendant impatiemment de vos nouvelles, je...
> A bientôt te lire,
> (signé) Lucie

3. *Formules de conclusion* (ordre décroissant de politesse)

   (à une personne haut placée) Je vous prie d'agréer, Monsieur le
       Ministre, l'expression de ma très haute considération.

   (à un[e] égal[e]) Recevez, Monsieur et Cher Collègue, mes
   salutations distinguées.

   (à une personne de connaissance) Veuillez agréer, Chère
       Mademoiselle, l'assurance de mes sentiments les plus cordiaux.

   (à un[e] ami[e]) Croyez, Cher ami, à ma très sincère amitié.
       Croyez, Chère amie, à toute ma sympathie.

   (à un[e] intime) Bien amicalement vôtre,
       Bien cordialement,
       Bien affectueusement,
       Affectueuses pensées,
       Grosses bises, Gros bisous (très familier: famille, ami intime)
       Mille baisers, Mille caresses, etc. (laissé à l'imagination!)

D. Remarques complémentaires

1. *Le message* Si l'on connaît un(e) parent(e) du destinataire (femme, mari,
   mère, etc.) il est de bon usage d'émettre une pensée à son égard:

   > N'oubliez pas, je vous prie, de présenter mes hommages (respects)
   > à Madame votre mère.
   >
   > Vous voudrez bien transmettre mon amical souvenir à votre
   > aimable frère.
   >
   > Fais une bise de ma part à Brigitte.

   De même on peut se faire l'intermédiaire de quelqu'un de son
   entourage:

   > Suzette m'a chargé de vous transmettre ses plus affectueuses
   > pensées.
   >
   > Mes parents se joignent à moi pour vous embrasser de tout cœur.

2. *Evolution actuelle des usages* Les usages se simplifient à l'heure actuelle
   et il est de plus en plus coutume d'abréger la formule finale (surtout
   entre égaux, personnes jeunes, ainsi qu'en relations d'affaires entre
   personnes qui se connaissent bien):

   > Sincères salutations,
   > Sentiments dévoués,
   > Cordiales salutations,

3. *Quelques expressions utiles,* dans la lettre:
   Veuillez trouver ci-joint... Vous trouverez ci-joint...
   P.J., Pièces jointes: curriculum vitae
                          lettres de références
   P.S. (Post scriptum)

sur l'enveloppe:

Faire suivre (s.v.p.), Prière de faire suivre
Personnel, Confidentiel
Aux bons soins de M. Dufour (personne transportant la lettre à
remettre en mains propres)

4. *Format type de curriculum vitae:*
Nom et prénoms ROCHEREAU, Anne-Marie
Date et lieu de naissance Le 23 mars 19... à Marseille
Adresse 46, Boulevard Saint-Michel, 75005 Paris

Etudes
19...   Baccalauréat, section Philosophie-Lettres
19...   Licence d'anglais, Université de Paris IV

Emplois occupés
Eté 19...   Caissière dans un supermarché
Octobre 19... à   Surveillante au Lycée Voltaire, Paris
Juin 19...
Etés 19... et 19...   Travail au pair dans une famille à Londres,
                       en Angleterre

Langues Anglais (couramment) et Allemand (bon niveau)
Séjours et voyages à l'étranger Angleterre, Allemagne, Espagne, Italie
Loisirs Tennis, voile, cinéma, piano
Références Sur demande

Exercices de style

A. Dans les formules d'introduction ci-dessous, indiquez la *situation,* le *niveau* (officiel, poli, intime), si possible, le *rapport* social ou professionnel entre les correspondants, ainsi que le *ton* (froid, poli, chaleureux, passionné, etc.).

1. Je suis heureux de vous faire part du mariage de mon fils Daniel avec Mademoiselle Denise Duval, qui sera célébré en l'église Saint-Sulpice...
2. Il faut absolument que je vous apprenne une nouvelle qui vous fera lever les bras au ciel...
3. Suite à votre lettre du 10 courant, je me permets d'attirer votre attention sur la clause numéro 4 de notre contrat, laquelle stipule expressément que...
4. Merci d'avoir répondu si promptement et si gentiment à ma lettre. Je savais bien que je pouvais compter sur une femme de cœur telle que vous dans de si tristes circonstances.

5. Madame et chère collègue,

    Je m'apprête à poser ma candidature à une bourse de recherches Fulbright et vous serais vivement reconnaissant si vous acceptiez d'appuyer ma demande auprès de cet organisme.

6. Nous avons le plaisir de vous informer que votre demande d'aide financière dans le but de poursuivre vos études l'an prochain a été approuvée. Vous êtes donc prié de bien vouloir vous rendre au plus tôt à nos bureaux, afin d'y remplir les formalités nécessaires.

7. Nous souhaiterions avoir l'honneur de votre présence lors du banquet annuel de notre association qui doit avoir lieu le 15 décembre, à l'occasion de…

8. Ma chère famille française,

    Comme le temps a passé depuis votre dernière lettre. Si je ne vous ai pas encore répondu, ce n'est pas faute de penser à vous, croyez-moi. Mais je termine à peine un semestre épouvantable…

B. Dans les formules de conclusion ci-dessous, indiquez la *situation*, le *niveau* (officiel, poli, intime), si possible, le *rapport* social ou professionnel entre les correspondants, ainsi que le *ton* (froid, poli, chaleureux, passionné, etc.).

1. En espérant que vous serez des nôtres ce dernier dimanche d'octobre, je vous prie de croire, cher ami, à mon plus cordial souvenir.

2. Dans l'espoir d'une réponse favorable à ma demande de bourse, je vous prie d'agréer, Madame l'attaché culturel, mes salutations distinguées.

3. Et enfin n'oubliez pas, je vous prie, de présenter mes respects à Madame votre mère.

4. Ah, si tu savais, après tant d'années, combien je me fais une joie de te revoir pendant les prochaines vacances. Entre-temps je t'embrasse bien affectueusement. (signé) Françoise.

5. Vite, vite une lettre. Je ne saurais attendre même une semaine de plus. Tu veux donc me faire mourir d'impatience, cruelle que tu es! (signé) Ton André qui t'adore.

6. Veuillez croire, Monsieur le Secrétaire Général, à l'expression de ma haute considération.

7. Croyez, chère Madame, à l'assurance de ma plus profonde sympathie.

8. En vous remerciant encore de votre générosité, je vous prie de croire, Madame la doyenne, à mes sentiments les plus respectueux.

C. *L'emploi du* verbe impersonnel *convient assez bien au style poli et par conséquent au style officiel*. En utilisant les verbes de la liste ci-dessous, transformez les phrases suivantes selon les modèles indiqués. Choisissez la construction avec **de** ou **que** selon le cas, en effectuant les changements qui s'imposent.

il apparaît	il importe	il en résulte
il convient	il (m')incombe	il risque
il (me) déplaît	il (me) peine	il suffit
il s'ensuit	il se peut	il (me) tarde
il faut	il reste	il va de soi

MODELES: La connaître *est important*. → **Il importe de** la connaître.

L'avocat *doit* être consulté. → **Il faut que** l'avocat soit consulté.

1. Selon le protocole un homme doit prendre tous les torts.
2. De fâcheuses répercussions sont à prévoir dans cette affaire.
3. Le voir décliner de la sorte nous rendait tristes.
4. Nous avons hâte de recevoir de vos nouvelles.
5. Evidemment Céline n'aura jamais l'usage de ces robes destinées à la députée.
6. Philippe était malgré tout un petit bourgeois égoïste.
7. Lui rappeler son devoir sera assez pour le convaincre.
8. Céline semble avoir d'amples raisons pour divorcer.
9. Les médecins ont mis Duvilé à l'eau de Vittel. Par conséquent il n'est pas prêt à sortir de l'asile. (deux solutions)
10. Dépouiller le courrier et répondre aux clients est ma responsabilité.
11. L'important serait de savoir ce que l'on veut dans la vie.
12. On recevra peut-être de ses nouvelles d'ici la fin de la semaine.
13. Elle n'aimait pas rester mariée à un député de cette étiquette.

D. Afin de varier le style, nombre d'*adverbes en* **-ment,** ainsi que certains adverbes susceptibles d'être fréquemment employés de par leur sens (**beaucoup, peu, trop, assez,** etc.) peuvent être avantageusement remplacés par des *locutions adverbiales* à usage idiomatique.

Remplacez chacun des adverbes en italiques par la locution appropriée de la liste ci-dessous.

MODELES: Je serais prête à produire *beaucoup*. → Je serais prête à produire **en abondance**.

Tu es *doublement* un rouage inconscient et un exécuteur. → Tu es **à la fois** un rouage inconscient et un exécuteur.

Ce ne fut pas *vainement*. → Ce ne fut pas **en vain**.

en apparence	à la hâte	en premier lieu
à dessein	à juste raison	en retour
à l'excès	à la lettre	à la vérité
en fin de compte	à maintes reprises	
en général	au préalable	

1. Philippe ne boira pas *trop*.
2. *Finalement* cette rupture l'arrangeait bien, en dépit des blessures de son amour-propre.
3. Cécile ne pouvait *vraiment* pas rester mariée contre ses principes.
4. Elle avait *souvent* averti son mari de leur rupture éventuelle.
5. On a *généralement* recours à un avocat pour les modalités pratiques.
6. Mais *avant*, il faut s'assurer les services d'un bon avocat.
7. Céline avait placé sa lettre *intentionnellement* dans le réfrigérateur.
8. J'ai suivi *littéralement* les instructions que vous m'aviez données.
9. *Premièrement* il faudra faire une demande, puis l'envoyer et enfin attendre patiemment une réponse.
10. *Apparemment* la situation se présente bien, mais il ne faut pas agir *précipitamment*.
11. Céline a pris l'initiative de cette rupture *judicieusement*.
12. Je vous remercie de vos aimables vœux de nouvel an et vous prie *réciproquement* d'accepter les miens.

E. Même exercice que le précédent. Remplacez chacune des expressions en italiques par la locution appropriée de la liste ci-dessous.

MODELE: Il m'est arrivé *de temps en temps* de jouer au golf. →
Il m'est arrivé *à l'occasion* (occasionally) de jouer au golf.

à l'amiable	au hasard	à propos
au besoin	à l'improviste	à souhait
à cœur ouvert	à la légère	
à l'écart	à la longue	

1. On vous demande de nous parler *sans rien cacher* de vos ennuis.
2. L'inconnu se tenait timidement *séparé de l'assistance*.
3. Le visiteur est arrivé *sans qu'on s'y attende*.
4. Et, *si cela est nécessaire*, nous pourrons modifier nos objectifs.
5. *Avec le passage du temps* on finit toujours par se consoler de ses malheurs.
6. Philippe prenait les craintes et les réticences de Céline *sans y prêter grande importance*.
7. Philippe et Céline vont sans doute résoudre leur différend *sans recours aux tribunaux*.
8. Les arguments de la lettre de Céline ont été soigneusement pesés. Elle ne les a pas rédigés *en laissant agir la chance*.
9. Sa réponse était brève *comme on pouvait le souhaiter* et très *appropriée à la situation*.

F. La langue française tend à employer un *substantif* là où l'anglais exprime l'idée par un *verbe*. Dans le présent exercice, on passera de la construction *verbale* (en italiques) à une construction *substantive* conforme à cette tendance du français soigné. Attention à l'emploi de la préposition et aux changements entraînés. L'emploi d'un dictionnaire anglais/français est recommandé.

MODELES: Je ne vois pas que tu aies à souffrir de *perdre* une personne... → Je ne vois pas que tu aies à souffrir de **la perte d**'une personne...

En *me hâtant*, j'oubliai d'emporter mon passeport. → **Dans ma hâte,** j'oubliai d'emporter mon passeport.

1. Il s'est endormi *en lisant* un roman.
2. *En attendant* votre réponse, je vous prie d'agréer, Madame, mes salutations distinguées.
3. Nous entreprenons ce voyage *en espérant* vous rencontrer.
4. Elle n'a pas indiqué dans son curriculum vitae *qu'elle avait séjourné* un an en France.
5. *En descendant* d'avion, vous serez accueilli par ma secrétaire qui sera allée vous chercher.
6. *Voir* une situation si déplorable nous désespère.
7. Nous ne nous attendions pas à *ce qu'elle s'en aille si précipitamment*.
8. Dès *que j'aurai reçu* votre chèque, je vous expédierai votre commande.
9. *Si* le destinataire *est absent*, prière de faire suivre.
10. Quelle est la personne à prévenir *si vous avez* un accident?
11. Je vous crois *parce que vous le dites*.
12. *N'ayant pas* d'argent, je vais devoir repousser mon voyage.
13. Veuillez me répondre dès *que vous aurez reçu* ce courrier.

Sujet proposé

Choisissez un des sujets suivants:

1. une lettre officielle: demande d'emploi, de bourse, etc., accompagnée de votre curriculum vitae
2. une lettre familière à un ou une amie ou à un membre de votre famille pour lui donner de vos nouvelles.

Sachez adopter le style et le ton qui conviennent à la situation et employez le format et les formules appropriés.

Exercices préparatoires

1. Employez le verbe **pouvoir** dans quelques phrases de votre choix en vous inspirant des *Exercices d'expansion* A et B.
2. Employez le verbe **devoir** dans quelques phrases de votre choix en vous inspirant des *Exercices d'expansion* C et D.

3. Employez les verbes **vouloir** et **savoir** dans quelques phrases en vous inspirant de l'*Exercice d'expansion* E.

4. En vous basant sur l'*Exercice d'expansion* F, composez quelques phrases où vous saurez distinguer les valeurs équivalentes de *would* et *should*.

5. En vous inspirant des *Exercices d'expansion* G et H, composez des phrases où les divers emplois de **tout** seront apparents.

6. En vous inspirant de l'*Exercice de style* A et du *Plan et vocabulaire*, trouvez un titre et une *formule d'introduction* qui conviennent aux situations suivantes:
   a. Demande d'emploi au chef du service du personnel d'une société importante.
   b. Annonce de la mort d'un membre de votre famille à un de ses amis.
   c. Lettre de remerciement à une amie de votre mère pour un cadeau qu'elle vous a envoyé à l'occasion de votre diplôme de fin d'études secondaires.
   d. Demande de bourse d'études à l'étranger auprès d'un comité de professeurs.
   e. Réponse à une offre d'emploi que vous aviez postulée et qui ne vous tente plus.
   f. Demande de renseignements sur le programme d'études avancées en français dans une autre université.
   g. Lettre à une amie d'une amie, étudiante elle aussi, pour lui demander de vous sous-louer son appartement pendant l'été.

7. En vous inspirant de l'*Exercice de style* B et du *Plan et vocabulaire*, trouvez un titre et une *formule de conclusion* qui conviennent aux situations suivantes.
   a. Lettre de plainte à un bon ami dont vous n'avez pas reçu de nouvelles depuis longtemps.
   b. Vous venez d'apprendre que la bourse que vous postuliez auprès d'un professeur vous a été accordée.
   c. Lettre à votre sénateur pour lui demander de soutenir une cause importante (que vous choisirez).
   d. Réponse à une personne de votre connaissance qui vous a informé du décès d'un membre de sa famille.
   e. Lettre à vos parents pour leur donner de vos nouvelles.
   f. Lettre ironique à votre petit(e) ami(e) qui a été récemment très désagréable ou cruel(le).

8. Composez quelques phrases de votre choix avec des verbes impersonnels tirés de la liste de l'*Exercice de style* C.

9. Employez quelques locutions adverbiales de la liste de la section 1 de l'*Exercice de style* D dans des phrases de votre choix.

10. Répétez l'exercice précédent pour la section 2 de l'*Exercice de style* E.

11. Composez des phrases de votre choix avec quelques expressions que vous aurez trouvées dans l'*Exercice de style* F.

Etablissement du plan

Une fois que vous aurez choisi le sujet de votre lettre, ainsi que *l'idée dominante* que vous désirez communiquer, établissez un plan en vous inspirant du *Plan et vocabulaire,* et en sélectionnant dans la série d'exercices précédents les phrases qui conviennent et que vous pouvez modifier, sans bien sûr vous limiter au vocabulaire et aux structures du chapitre.

Exercice d'auto-correction

Réfléchissez aux questions suivantes, puis relisez attentivement votre composition. (Cf. *Exercice d'auto-correction,* Chapitre Quatre.)

1. Avez-vous réussi à communiquer une idée dominante dans votre lettre?
2. Avez-vous suivi votre plan? Avez-vous respecté les différentes parties que comprend une lettre?
3. Avez-vous choisi le niveau de langue qui convient à la situation choisie? Votre lettre est-elle cohérente? Le format et les formules sont-ils appropriés?
4. Avez-vous utilisé les verbes introduits dans les exercices d'expansion? Les avez-vous mis au temps convenable?
5. Pouvez-vous remplacer certains des adverbes par des locutions adverbiales pour éviter les répétitions?
6. Avez-vous vérifié l'emploi des pronoms relatifs? Pouvez-vous remplacer certaines des propositions relatives par un adjectif ou un participe présent afin d'éviter les lourdeurs de style?

Montrouge, le samedi 21 janvier 1989 (déjà!)

Mon cher Pedro!

J'ai dû attendre que mon CCP soit réalimenté (il est vrai que Noël et le Nouvel An l'avaient sérieusement mis à mal) pour procéder à l'envoi du «Quid 1989» acheté depuis le 5 décembre au SUPER M du quartier. J'espère que tu comprendras et pardonneras ce contretemps bien involontaire...

Merci pour tes bons voeux. Dieu fasse qu'ils se réalisent et que soient également exaucés mes souhaits de bonne santé et de bonheur (avec tout ce que cela suppose!) que je formule pour Jane et toi!

L'approche de nos retrouvailles me réjouit, tu le sais bien. Avec toi, je connais les richesses diverses d'une vieille amitié distillée (et à quel taux!) au fil de deux existences pourtant bien différentes mais toujours empreintes d'une confiance inépuisable de chacun envers l'autre.

Pour le «reste», je vis toujours sous pression, sans cesse sollicité par d'autres et par moi-même (il faut bien faire—et faire bien—ce qui exige qu'on s'en occupe).

Grosses bises á toi et à Jane.

Maurice

Devise de la République française   PHILIPPE GONTIER/THE IMAGE WORKS

CHAPITRE SEIZE

Composition française: La dissertation morale

Consultez l'*Appendice IX*

Texte modèle

Ce passage nous présente les réflexions de Maurice Herzog après une ascension périlleuse mais réussie de l'Annapurna, l'un des sommets les plus élevés de l'Himalaya.

Bercé dans ma civière, je pense à cette aventure qui se termine, à cette victoire, inespérée. On parle toujours de l'idéal comme d'un but vers lequel on tend sans jamais l'atteindre.

L'Annapurna, pour chacun de nous, est un idéal accompli: dans notre jeunesse, nous n'étions pas égarés dans des récits imaginaires ou dans les sanglants combats que les guerres modernes offrent en pâture à l'imagination des enfants. La montagne a été pour nous une arène naturelle, où, jouant aux frontières de la vie et de la mort, nous avons trouvé notre liberté qu'obscurément nous recherchions et dont nous avions besoin comme de pain.

La montagne nous a dispensé ses beautés que nous admirons comme des enfants naïfs et que nous respectons comme un moine l'idée divine.

L'Annapurna, vers laquelle nous serions tous allés sans un sou vaillant, est un trésor sur lequel nous vivrons. Avec cette réalisation c'est une page qui tourne.... C'est une nouvelle vie qui commence.

Il y a d'autres Annapurna dans la vie des hommes.

MAURICE HERZOG (1919—), Annapurna

Analyse du texte

1. Trouvez l'idée dominante de chacun des paragraphes du texte.
2. Que représente l'Annapurna pour l'auteur? Comment conçoit-il la notion d'idéal?
3. Expliquez les expressions suivantes:
   a. **Nous n'étions pas égarés dans des récits imaginaires.**
   b. **offrent en pâture**
   c. **sans un sou vaillant**
   d. **cette réalisation**
   e. **une arène naturelle**
4. Rétablissez dans les expressions elliptiques suivantes les verbes manquant:
   a. **comme d'un but**
   b. **comme de pain**
   c. **comme un moine l'idée divine**
5. Donnez un synonyme dans le contexte de: **égaré, dispensé, naïfs, se termine, respectons.**

6. Donnez deux mots de la famille de: **inespérée, tendre, liberté, tourner, combats,** et employez chacun de ces mots dans une courte phrase qui en illustrera le sens.

Exercices d'expansion

A. *Le substantif anglais* people *a plus d'extension que son équivalent français et doit être traduit le plus souvent par un terme plus précis suivant le contexte.* Complétez les phrases suivantes à l'aide du mot juste. Consultez un dictionnaire anglais-français, si nécessaire.

MODELE: *On* dit qu'il est alpiniste. →

1. C'est une ville de 20.000 ____.
2. Un roi est responsable de ses ____.
3. En 1940, le général a lancé un appel au ____ français.
4. Le discours télévisé du Président s'adressait à la ____ entière.
5. Après avoir parcouru le monde, l'enfant prodigue rentra dans sa ____.
6. L'esclave africain avait la nostalgie de sa ____.
7. On construit actuellement des avions, véritables navires volants, qui transporteront 600 ____.
8. La salle de théâtre croula sous les applaudissements de tous les ____.
9. Ce programme vous est offert par les 6000 ____ de «Union Electric».
10. A l'étranger, c'est toujours avec plaisir qu'on rencontre un de ses ____.
11. Ces ____ n'ont aucun savoir-vivre!
12. La plupart des étudiants passent les vacances chez leurs ____.

B. Reliez les phrases suivantes à l'aide d'un pronom relatif (cf. Appendice IX: Les pronoms relatifs).

MODELE: L'idéal est un but. On tend vers ce but. →
L'idéal est un but *vers lequel* on tend.

1. La montagne a été pour nous une arène naturelle. Nous y avons trouvé notre liberté.
2. La montagne nous a dispensé ses beautés. Nous les admirons.
3. La vie nous dispense les joies. Nous en avons besoin.
4. La vie nous inflige aussi des peines. Nous devons les endurer.
5. Notre condition humaine nous vaut des devoirs. Nous devons les accepter et les accomplir.
6. Je suis né un 29 février. Cela n'est pas toujours drôle!
7. L'étude crée des règles. Il faut s'y plier.
8. Nous avons certains talents. Nous devons orienter nos efforts vers ces talents.

9. On se choisira un idéal. Cet idéal sera à la portée de ses capacités.
10. Il a échoué à l'examen final. Il s'en doutait.
11. Elle a enfin réussi à entreprendre ce voyage en Europe. Elle rêvait à cela depuis longtemps.
12. Ceci n'est pas clair: ceci n'est pas français.
13. J'attendais avec impatience le 30 mai: à cette date, j'allais savoir si j'avais atteint mon but.
14. Je me suis fixé un but dans la vie. Je désirais cela ardemment.

C. Reliez les deux phrases en exprimant la cause d'après le modèle ci-dessous (cf. Appendice VII: L'infinitif précédé de prépositions autres que **à** et **de;** et Appendice VIII: Le participe présent III).

MODELE: Nous avons joué aux frontières de la vie et de la mort. Nous avons trouvé notre liberté. →

Jouant (Ayant joué) aux frontières de la vie et de la mort, nous avons trouvé notre liberté.
Comme nous avons joué..., nous avons trouvé....
Nous avons trouvé... pour avoir joué....

1. Il n'a pas travaillé. Il a échoué.
2. Il a cru en la dignité de l'homme. Il a mérité le titre d'humaniste.
3. Elle n'a point failli à sa tâche quotidienne. Elle a fini par atteindre son idéal.
4. Le professeur s'est montré compréhensif. Il a gagné la confiance de ses élèves.
5. Il a su accepter les critiques de ses maîtres. Il a acquis l'humilité du véritable érudit.

D. Dans les phrases suivantes, marquez l'opposition à l'aide d'une proposition infinitive d'après le modèle ci-dessous (cf. Appendice VII: L'infinitif absolu).

MODELE: On tend vers un but, mais on ne l'atteint jamais. →
On tend vers un but *sans jamais l'atteindre.*

Note: Cette construction, d'un style plus élégant, n'est possible que lorsque les sujets sont identiques dans les deux propositions.

1. On fait un rêve, mais on ne le réalise pas.
2. On se fait des préjugés, mais on ne veut pas l'avouer.
3. Chacun exige la liberté, mais il ne veut pas en subir les conséquences.
4. On veut de bonnes notes, mais on ne se fatigue pas.
5. Certains prennent toujours tout, mais ne donnent jamais rien.
6. Je souhaitais l'amitié de tous, mais je n'accordais jamais la mienne.
7. Elle achetait tout ce qu'elle voyait, mais elle n'avait besoin de rien.
8. Je croyais tout savoir, mais je n'avais rien étudié.

9. J'arrivais désormais à parler français, mais je n'oubliais pas pour autant ma langue maternelle.
10. Elle croyait être sociable, mais elle ne recevait jamais personne chez elle.
11. Trop fier, je souhaitais l'aide de tous, mais je ne voulais jamais rien demander à personne.
12. Il sentait confusément sa vocation, mais il ne pouvait pas encore la définir.
13. Je savais mes faiblesses, mais je n'avais pas encore le courage de les admettre.
14. Il désirait le succès, mais ne voulait pas en payer le prix.
15. Je brûlais de m'acheter une voiture, mais je n'en avais pas les moyens.

E. *En français, comme en anglais, certains verbes peuvent s'employer soit transitivement, soit intransitivement* (cf. Appendice VIII: La voix passive):

Herzog *commence* l'ascension.
L'ascension *commence*.

D'autres verbes, ne pouvant s'employer que transitivement à la voix active, possèdent une forme pronominale à valeur intransitive:

Herzog *termine* son ascension.
L'ascension *se termine*.

Dans les phrases suivantes, employez la forme correcte du verbe entre parenthèses. Vérifiez l'emploi des verbes dans un dictionnaire français.

1. (augmenter)
   Le président a décidé de _____ les impôts.
   Le coût de la vie ne cesse de _____.
2. (interrompre)
   Au beau milieu de sa phrase, il _____.
   Ses efforts, il sera malheureusement forcé de _____.
3. (cacher)
   Il sait remarquablement bien _____ ses émotions.
   Brusquement, le soleil _____ entre deux pics.
4. (redoubler)
   Piqué au vif, il _____ ses efforts.
   Vers le sommet, le vent _____ de violence.
5. (établir)
   Il réussit enfin à _____ à son compte.
   Avant l'escalade, les alpinistes _____ un plan d'action.
6. (vanter)
   Herzog _____ les mérites d'une vie vouée à l'action.
   Elle _____ constamment de ses conquêtes.

7. (embellir)

La joie _____ son visage.

Cette enfant _____ de jour en jour.

8. (développer)

Il faut apprendre à _____ ses facultés.

Les vertus _____ à force de persévérance.

9. (éveiller)

_____ chez l'enfant cette curiosité naturelle!

La curiosité _____ tôt chez l'enfant.

10. (sentir)

Il _____ la grandeur du but à atteindre.

Devant de tels obstacles, il _____ désemparé.

PLAN ET VOCABULAIRE:
La dissertation morale

Conseils préliminaires

La dissertation, c'est la présentation et l'analyse critique d'une question d'ordre moral, littéraire ou philosophique. Nous allons essayer de vous aider dans l'élaboration du plan et du développement d'une telle composition, étant bien entendu que cette méthode n'est pas exclusive, car chaque question présente un caractère particulier, auquel le plan et le développement doivent être subordonnés.

Devant un sujet donné à développer:

1. Dans *l'introduction,* il convient de replacer le sujet dans son contexte: Qui a énoncé cette idée? Dans quelles circonstances? Quelle est sa place dans son contexte général? Comment poser le problème soulevé par cette idée?

2. Dans *le développement,* il convient d'*expliquer* en détails les ramifications de l'idée en question de façon organisée: Quelles sont les ramifications de cette idée? Quelles en sont les limites? Dans certains cas particuliers il faudra *illustrer* les applications de cette idée: Quelles en sont les applications concrètes selon votre expérience personnelle ou vos lectures?

Si l'idée est à controverse, il faut la *discuter,* c'est-à-dire en présenter les arguments pour et contre, avant d'en tirer une conclusion. C'est le processus usuel: *thèse/antithèse/synthèse.* Votre but étant de convaincre le lecteur, il est essentiel de prouver la véracité de vos idées par la rigueur de votre raisonnement et par des citations faisant force d'autorité.

3. Si la méthode a été suivie rigoureusement, *la conclusion* peut se borner à une réflexion personnelle qui reprend brièvement l'idée principale ou qui peut laisser entrevoir des perspectives nouvelles.

Il est important, entre et à l'intérieur de chaque partie, de ménager soigneusement les transitions:

- d'*ordre:* **d'abord, ensuite, enfin,** etc.
- d'*opposition-concession:* **mais, néanmoins, pourtant, cependant,** etc.
- d'*hypothèse:* **à supposer que, dans le cas où,** etc.
- de *cause:* **car, puisque, comme, étant donné que, vu que, sous prétexte que,** etc.
- de *conséquence:* **alors, donc, par conséquent, par suite,** etc.

L'introduction

Moyens de replacer l'idée dans son contexte et de poser le problème:

> Au cours d'un monologue tout particulièrement pathétique, Hamlet s'écrie: «être ou ne pas être...» Quel sens faut-il attacher à ses paroles?
> Dans *Hamlet,* Shakespeare fait dire à son héros: «être ou ne pas être...» Qu'entendait par là le grand dramaturge?
> Dans son livre sur... l'auteur déclare...

Le développement

A. Développement

Phrases d'exposition et de transition:

> Expliquons tout d'abord le sens de cette citation.
> Par cette assertion l'auteur a voulu démontrer...
> Cette citation (assertion, pensée, ces mots) signifie...
> A mon avis, il semble (semblerait) que...
> Certains croient que... D'autres au contraire prétendent...
> On croit souvent que... Cependant...
> Au premier abord... Mais, à y regarder de près,...

B. Illustration d'une pensée

> J'ai fait moi-même une telle expérience...
> Il me souvient avoir fait une expérience analogue...
> J'ai pris conscience de: cette vérité...
> l'universalité de cette pensée...
> le bien-fondé de cette assertion...
> la vérité de cette pensée...

C. Vocabulaire utile

1. Buts: se bercer *d'*illusions
   rêver *à* (au jour où)   caresser l'espoir *de* (+ l'infinitif)

former des projets	se proposer un but
se promettre *de* (+ l'infinitif)	se fixer un but
chercher sa voie	viser un but
se fixer (poursuivre) un idéal	tendre *vers* un but

2. Moyens:
   adopter une attitude (envers)
   se rire *du* danger
   faire preuve *de* (montre *de*) volonté, persévérance, ténacité, audace, courage, héroïsme,...
   se montrer tenace, audacieux, héroïque...
   se soumettre *à* une volonté
   se plier *à* une discipline
   lutter *contre*
   se mesurer *à* une tâche
   affronter des obstacles
   exercer une influence *sur*
   subir l'influence *de*
   mener une vie (exemplaire)

3. Résultats:
   réaliser, accomplir un idéal
   atteindre un but
   surmonter des obstacles; essuyer un revers, une défaite
   remporter un succès, une victoire; subir un échec
   remplir sa tâche, son devoir; faillir *à* sa tâche, *à* son devoir
   triompher *de*
   se réaliser
   s'affirmer
   trouver sa voie, sa vocation

La conclusion

Dans une composition de la sorte, plusieurs solutions s'offrent à vous:

1. Si l'idée a été bien illustrée, la conclusion n'est pas nécessaire.
2. Il est possible cependant de récapituler l'illustration par la phrase même de l'auteur ou par une courte phrase reprenant son idée:

   C'est ainsi que j'appris que «le ridicule tue».
   C'est ainsi que je découvris le pouvoir destructeur du ridicule.

3. Il est possible aussi de terminer sa composition sur une pensée qui élargit l'idée initiale, comme par exemple:

   L'impassibilité stoïque ne serait-elle pas un remède efficace contre le ridicule?

ou encore, pour prendre la position contraire:

La quiétude souriante de l'épicurien semble pouvoir lutter à armes
égales contre le ridicule.

Exercices de style

A. *Le français a une tendance plus marquée que l'anglais à substantiver les adjectifs. L'anglais préfère employer l'adjectif modifiant un substantif tel que:* man, woman, boy, girl, people, person, *etc.* Récrivez les expressions suivantes en employant un adjectif substantivé. Consultez un dictionnaire anglais-français.

MODELE: un jeune homme originaire de France →
un jeune *Français*

1. une adolescente originaire du Mexique
2. une jeune fille fervente de sport
3. un vieil homme qui ne travaille plus
4. un enfant du Canada
5. une élève qui déteste le travail
6. une personne qui avoue une faute
7. une jeune femme qui s'habille avec goût
8. une vieille femme qui vit d'intrigues
9. un jeune homme qui ne peut ni parler ni entendre
10. une jeune fille qui habite la ville
11. un homme qui a perdu la vie
12. une personne qui a peu d'argent
13. une personne qui a toujours peur
14. un vieillard qui porte la barbe
15. une belle femme de l'Andalousie
16. une femme riche de l'Amérique du Sud
17. une personne originaire de la campagne
18. un jeune homme qui manque de respect à ses aînés
19. une jeune fille qui n'a aucune politesse
20. un jeune homme qui ne sait pas attendre

B. Transformez les phrases suivantes d'après le modèle ci-dessous (cf. Appendice VII: L'infinitif précédé de **à**; L'infinitif précédé de **de**; et Appendice VIII: La voix passive).

MODELE: On apprend facilement ce poème. →
Ce poème est facile *à* apprendre.
Il est facile *d'*apprendre ce poème.
Ce poème *s'apprend* facilement.

148

1. On retient ce proverbe aisément.
2. On ne peut surmonter ces obstacles.
3. On remarque cette faute difficilement.
4. On accorde aisément une petite faveur.
5. On peut réaliser ce rêve.
6. On endure malaisément les revers de fortune.
7. On accepte avec plaisir un avancement.
8. On franchit les longues distances avec peine.
9. On manie cet outil facilement.

C. Remplacez le mot **chose** par le substantif exact tiré de la liste suivante, en effectuant les changements de genre nécessaires.

arme	exploit	passion
art	fléau	qualité
aventure	habitude	réalisation
but	incident	spectacle
danger	moyen	surprise
épreuve	nouvelle	vertu
événement	obstacle	vice

MODELE: On parle de l'idéal comme d'une *chose* vers laquelle on tend. →

On parle de l'idéal comme d'un **but** vers lequel on tend.

1. L'amour est souvent une *chose* dévorante.
2. La persévérance est une *chose* essentielle.
3. La charité est la plus grande des *choses* chrétiennes.
4. Fumer est une bien mauvaise *chose.*
5. L'intempérance est une *chose* redoutable.
6. J'ai été témoin d'une *chose* tragique.
7. La satire fut la *chose* préférée de Voltaire.
8. Je viens d'apprendre une *chose* surprenante.
9. Les examens sont parfois de pénibles *choses.*
10. La vie réserve souvent d'amères *choses.*
11. La poursuite de l'idéal est jalonnée de *choses* à franchir.
12. Herzog a participé à une *chose* prodigieuse.
13. Pour atteindre son but, il n'aurait jamais dû employer des *choses* malhonnêtes.
14. La famine est toujours une terrible *chose.*
15. Il faut se tenir au courant des *choses* importantes de son siècle.
16. Je n'avais jamais contemplé une *chose* si touchante.
17. La politique est une *chose* difficile.
18. Les astronautes ont accompli des *choses* sans précédents.
19. Le cerveau électronique est une des *choses* les plus importantes de notre siècle.
20. S'endormir sur ses lauriers est une *chose* à éviter.

D. Remplacez les expressions suivantes par le verbe propre. Consultez un dictionnaire anglais-français et vérifiez-y l'emploi transitif ou intransitif du verbe.

> MODÈLE: devenir maigre; maigrir (verbe intransitif)
> rendre maigre; amaigrir (verbe transitif) →
> Il *maigrit* à vue d'œil.
> Les privations l'ont *amaigri*.

1. devenir riche; rendre riche
2. devenir grand; rendre grand
3. devenir rouge; rendre rouge
4. devenir vieux; rendre vieux
5. redevenir jeune; rendre jeune à nouveau
6. devenir beau; rendre beau
7. devenir gros; rendre gros
8. devenir sombre; rendre sombre
9. devenir clair; rendre clair
10. devenir long; rendre long
11. devenir large; rendre large
12. devenir solide; rendre solide
13. devenir aigre; rendre aigre
14. devenir doux; rendre doux
15. redevenir doux; rendre doux à nouveau
16. devenir triste; rendre triste
17. devenir irrité; rendre irrité
18. devenir calme; rendre calme
19. devenir meilleur; rendre meilleur
20. devenir scandalisé; rendre scandalisé

E. *Fréquemment, une construction passive anglaise se traduit en français par une construction pronominale.* Transformez les phrases ci-dessous en phrases pronominales à sens passif (cf. Appendice VIII: La voix passive V C).

Notez: Le substantif sujet se transforme en un verbe pronominal, l'adjectif attribut en un adverbe et le complément d'objet en locution adverbiale.

> MODÈLE: La lecture de cette dissertation est rapide. →
> Cette dissertation *se lit* rapidement.

1. La compréhension de cette idée est aisée.
2. L'emploi de ce mot est courant.
3. La conception d'une telle situation est facile.
4. La construction de cette phrase est fréquente.
5. La gestion d'un magasin est difficile.
6. L'expression d'une idée claire n'est pas difficile.
7. Le gouvernement d'un pays demande de la diplomatie.
8. Le bon contrôle des passions est rare.

9. La correction d'un vice est difficile.
10. La lecture de *La Reine morte* est assez facile.
11. La conduite d'une voiture demande de la prudence.
12. L'imitation de l'accent français est aisée.
13. L'obtention d'un diplôme demande une grande persévérance.
14. L'ouverture des portes est à 9 heures.
15. L'organisation d'un programme est minutieux.
16. L'oubli d'une règle de grammaire est assez fréquent.
17. Le pardon d'une petite faute est facile.
18. Le remplacement d'un être humain est impossible.
19. En France, le port du béret est plus rare qu'on le croit.
20. La pratique du baseball en France est presque inexistante.
21. La projection des diapositives a lieu sur un écran.
22. La solution de ce problème est malaisée.
23. La rédaction d'une telle lettre est aisée.
24. La multiplication des humains est constante.
25. La division de ce chiffre par trois est possible.
26. Couper ce bifteck n'est pas très facile.
27. Le développement d'une jeune nation demande de nombreux sacrifices.
28. La perte d'une mauvaise habitude est lente.
29. La digestion de ce mets est malaisée.
30. La restitution d'un bien mal acquis est nécessaire.
31. La pratique de cette coutume est générale.
32. L'établissement d'un contrat a lieu avant l'exécution du travail.
33. La fermeture de ce portillon est automatique.
34. La révision des notes est nécessaire avant l'examen.

Sujet proposé

Expliquez et *illustrez* cette pensée: «Il y a d'autres Annapurna dans la vie des hommes.»

Note 1. *Expliquez.* Une pensée pouvant être très concise, on doit en dégager le sens exact et en délimiter la portée.

Note 2. *Illustrez.* C'est le procédé le plus simple, qui consiste à apporter des exemples concrets de l'application pratique d'une pensée.

Exercices préparatoires

1. Composez quelques phrases avec des noms de l'*Exercice d'expansion* A.
2. Composez quelques phrases de votre choix sur le modèle de l'*Exercice d'expansion* B en employant des pronoms relatifs précédés d'une des prépositions suivantes: **à, de, avec, pour, à côté de, parmi, par.** Arrangez-vous pour employer trois fois le pronom **ce.**

151

3. Composez une phrase de votre choix pour chacune des structures de l'*Exercice d'expansion* C.

4. Composez quelques phrases de votre choix avec une proposition infinitive introduite par **sans,** sur le modèle de l'*Exercice d'expansion* D.

5. Composez quelques phrases de votre choix en employant les verbes de l'*Exercice d'expansion* E.

6. Composez quelques phrases de votre choix en employant un adjectif substantivé tiré de l'*Exercice de style* A. Puis trouvez trois nouveaux adjectifs substantivés, que vous utiliserez dans des phrases.

7. Composez des phrases de votre choix pour chacune des trois structures de l'*Exercice de style* B.

8. Employez quelques noms de la liste de l'*Exercice de style* C, chacun dans une phrase de votre choix.

9. Composez quelques phrases de votre choix avec les verbes de l'*Exercice de style* D, en vous inspirant des modèles suivants:

   MODELES: Il *maigrit* à vue d'œil. (verbe intransitif)

   Les privations l'**ont amaigri.** (verbe transitif) →

10. Composez quelques phrases de votre choix en employant des verbes pronominaux sur le modèle de l'*Exercice de style* E.

Etablissement du plan

Après avoir bien assimilé le sujet de votre dissertation, vous établirez un plan sommaire d'après les divisions: introduction/présentation du sujet, puis développement (explication/discussion) et enfin conclusion. Inspirez-vous du *Plan et vocabulaire* et sélectionnez dans la série d'exercices préparatoires les phrases qui pourraient vous servir, sans vous limiter bien sûr au vocabulaire et aux structures du chapitre.

Exercice d'auto-correction

Réfléchissez aux questions suivantes, puis relisez attentivement votre composition. (Cf. *Exercice d'auto-correction*, Chapitre Quatre.)

1. Les différentes parties de votre plan sont-elles bien distinctes? L'ensemble de votre composition est-elle cohérente?

2. La présentation du sujet est-elle claire et concise? Avez-vous expliqué, illustré et discuté le sujet dans votre développement? Votre conclusion résume-t-elle votre opinion personnelle?

3. Les idées à l'intérieur de chaque partie s'enchaînent-elles de façon logique et ordonnée?

4. Avez-vous mis en relief vos idées principales? Pouvez-vous utiliser la comparaison ou la métaphore pour illustrer votre pensée?

5.   En suivant les exemples des exercices de style, pouvez-vous alléger certaines phrases?

6.   Avez-vous évité les répétitions lourdes, l'utilisation de verbes tels que **être, avoir, faire,** etc.? Avez-vous choisi des adjectifs et des verbes descriptifs pour rendre votre dissertation plus vivante?

Jean-Paul Sartre et Simone de Beauvoir recevant le prix «Tor Márgana» à Rome ASSOCIATED PRESS

CHAPITRE DIX-SEPT

Composition française: La dissertation littéraire

Texte modèle

Anatole France, écrivain et critique du début du siècle, essaie dans le texte ci-dessous de dégager un des aspects essentiels de l'œuvre de Charles Dickens.

Les fous, Charles Dickens les aima toujours, lui qui décrivit avec une grâce attendrie l'innocence de ce bon M. Dick. Tout le monde connaît M. Dick, puisque tout le monde a lu *David Copperfield.* Tout le monde en France: car il est aujourd'hui de mode en Angleterre de négliger le meilleur des conteurs anglais. Un jeune esthète m'a confié tantôt que *Dombey and Son* n'était lisible que dans les traductions. Il m'a dit aussi que Lord Byron était un poète assez plat, quelque chose comme notre Ponsard. Je ne le crois pas. Je crois que Byron est un des plus grands poètes du siècle, et je crois que Dickens exerça plus qu'aucun autre écrivain la faculté de sentir; je crois que ses romans sont beaux comme l'amour et la pitié qui les inspirent. Je crois que *David Copperfield* est un nouvel évangile. Je crois enfin que M. Dick, à qui j'ai seul affaire ici, est un fou de bon conseil, parce que la seule raison qui lui reste est la raison du cœur et que celle-là ne trompe guère. Qu'importe qu'il lance des cerfs-volants sur lesquels il a écrit je ne sais quelles rêveries relatives à la mort de Charles Ier! Il est bienveillant; il ne veut de mal à personne, et c'est là une sagesse à laquelle beaucoup d'hommes raisonnables ne s'élèvent point comme lui. C'est un bonheur pour M. Dick d'être né en Angleterre. La liberté individuelle y est plus grande qu'en France. L'originalité y est mieux vue, plus respectée que chez nous. Et qu'est-ce que la folie, après tout, sinon une sorte d'originalité mentale? Je dis la folie et non point la démence. La démence est la perte des facultés intellectuelles. La folie n'est qu'un usage bizarre et singulier de ces facultés.

ANATOLE FRANCE (1844–1924), *La Vie littéraire*

―――――――――――――――― *Analyse du texte* ――――――――――――――――

1. Quelle est l'idée dominante de ce texte? Montrez comment les détails du texte sont subordonnés à cette idée.
2. Expliquez, dans le contexte, le sens des termes suivants: **un esthète, tantôt, plat, la raison du cœur, bienveillant.**
3. Donnez, dans le contexte, un synonyme de: **plus grand, bonheur, vue, chez nous, usage.**
4. Justifiez la position des adjectifs suivants: **une grâce attendrie, un nouvel évangile, la seule raison.**
5. Indiquez la fonction des trois infinitifs du texte.

6. Relevez les trois mises en relief du texte et rétablissez la construction normale.
7. Donnez trois mots de la famille de: **conteur, lisible, raison, écrire** et employez-les dans une courte phrase.

Exercices d'expansion

A. *Passage du discours direct au discours indirect.* Reliez les phrases ci-dessous d'après le modèle suivant (cf. Appendice IX: Les pronoms interrogatifs).

> MODELE: Et qu'est-ce que la folie? Le savez-vous? →
> Savez-vous *ce qu*'est la folie?

1. Qu'est-ce que la démence? Le savez-vous?
2. Qu'est-ce que la raison du cœur? Dites-le-moi.
3. Qu'est-ce qu'un fou de bon conseil? Je vous le demande!
4. Qu'est-ce qu'un esthète? Pourriez-vous me le dire?
5. Qu'est-ce que le baroque? Expliquons tout d'abord ce terme.
6. Qu'est-ce que l'indifférence? Qu'importe!
7. Qu'est-ce que l'amour? Qui le sait?
8. Qu'entendait-on par philosophe au 18e siècle? Commençons par définir cela.
9. Que sera la carrière de ce dramaturge? Qui pourrait l'affirmer?
10. Mais que sera l'avenir? Qui oserait le garantir?
11. Que serait une vie sans passion? Imaginez-la.
12. Que serait-il advenu du théâtre anglais sans Shakespeare? Mieux vaut ne point y songer.

B. Complétez les phrases suivantes au moyen de pronoms démonstratifs. Tenez compte de la manière dont les verbes subordonnés se construisent (cf. Appendice IX: Les pronoms démonstratifs).

> MODELE: Il lui reste la raison du cœur. *Celle-là* ne trompe pas. →

1. Comparons les pièces de Shakespeare et _____ Racine.
2. Etablissons un parallèle entre le poème de Dante et _____ Milton.
3. Quel rapport pourrait-on établir entre le doute stérile du libertin et _____ un Montaigne?
4. Le système d'Aristote est _____ s'est basé le théâtre classique.
5. Les valeurs classiques sont _____ se ligua le Romantisme.
6. Quel abîme entre les valeurs de l'homme du Moyen Age et _____ a exaltées l'humaniste.
7. Citons d'abord les sources latines et _____ 16e siècle _____ notre auteur a puisé.

8. La richesse littéraire du siècle passé préfigure-t-elle ____ caractérise notre époque?
9. La technique du conteur diffère nécessairement de ____ romancier.
10. Le Paris de 1830 et ____ nous est peint par Balzac sont-ils identiques?
11. Cette fable d'Esope est une de ____ La Fontaine s'est inspiré.
12. Les meilleurs écrivains ne sont pas toujours ____ leurs contemporains ont décerné les plus beaux lauriers.

C. *Le français littéraire emploie de préférence l'adverbe restrictif* **ne... que** *à l'adverbe* **seulement**. *La particule* **ne** *se place devant le verbe et* **que** *immédiatement devant le terme modifié. L'emploi de cette locution ne présente de difficultés que dans trois cas:*

1. Modification du verbe:
    Il parle.   Il *ne fait* que *parler*.

2. Modification du pronom personnel complément d'objet direct et indirect:
    a. personnes:
        On *la* voit.   On *ne* voit qu'*elle*.
        On *lui* parle.   On *ne* parle qu'*à elle*.
    b. choses:
        On *le* voit.   On *ne* voit que *cela*.
        On *y* pense.   On *ne* pense qu'*à cela*.
        On *en* parle.   On *ne* parle que *de cela*.

3. Modification du pronom adverbial:

    Elle *y* retourne.   Elle *ne* retourne que *là*.
    Elle *en* revient.   Elle *ne* revient que *de là*.

Dans les phrases suivantes, modifiez les termes en italiques à l'aide de **ne... que:**

1. La folie est *un usage bizarre des facultés intellectuelles*.
2. Ses œuvres furent publiées *après sa mort*.
3. Il a réfléchi *à ce problème*.
4. Il *lui* a dédié ses œuvres complètes.
5. Il *a expliqué* cette pensée.
6. Cet auteur *en* discute.
7. Ce moraliste s'*y* réfère.
8. Cet ouvrage a paru *à Amsterdam*.
9. Cet ouvrage *y* a paru.
10. Le dramaturge dirige ses attaques *contre les faux dévots*.
11. On *lui* attribue cette découverte.
12. Ce procédé présente *un inconvénient*.
13. Cet économiste nous *apporte* des solutions provisoires.
14. Ce polémiste m'*a exaspéré*.

D. Complétez les phrases suivantes en employant **à** ou **de** devant l'infinitif. Notez que si l'infinitif forme avec le nom qui le précède un complément déterminatif, il prend **de**. Au contraire, dissocié du nom et exprimant *la cause*, il se construit avec **à**. (Cf. Appendice VII: L'infinitif précédé de **de**. Observez soigneusement le rôle de l'article.)

MODELES: Monsieur Dick a **le** bonheur **d**'être né en Angleterre.

Il éprouve **du** bonheur **à** vivre en Angleterre.

Il éprouve **un** grand bonheur **à** vivre en Angleterre. →

1. Dickens exerça plus qu'un autre écrivain la faculté _____ sentir.
2. Il exprima le vœu _____ devenir écrivain.
3. Il prenait un immense plaisir _____ créer ses personnages.
4. Sa seule ambition était celle _____ conquérir un public cultivé.
5. Elle se pâmait d'extase _____ relire Byron.
6. Il était obsédé du désir _____ imiter les Anciens.
7. Il montre une grande adresse _____ composer ses intrigues.
8. Cet auteur a le don _____ m'horripiler.
9. Il fut rempli d'aise _____ voir sa première pièce acceptée par le public new-yorkais.
10. Il eut l'amère déception _____ se voir refuser l'entrée à l'Académie.

E. Dans l'exercice suivant, il faudra distinguer deux cas:

1. Celui de deux verbes, dont le premier sert de complément adverbial au deuxième, qui doit alors s'exprimer à l'infinitif précédé de **à**:
   Je m'amuse *à étudier* Chaucer.
   J'*étudie* Chaucer par plaisir.
2. Celui où les deux verbes expriment deux actions parallèles dans le temps. Le deuxième s'exprime par un *participe présent* précédé de **en** (cf. Appendice VIII: Le participe présent III B):
   Je m'amuse *en travaillant*.
   Je m'amuse *et je travaille* en même temps.

Complétez les phrases de l'exercice suivant en employant soit l'infinitif, soit le participe présent, selon le cas.

1. Il passe son temps (composer) des poèmes.
2. Il se documente (fréquenter) les salons.
3. Balzac s'est tué (écrire) des romans.
4. St-Exupéry s'est tué (effectuer) un vol de reconnaissance.
5. Je me force (déchiffrer) ce style obscur.
6. Cet acteur a hésité plusieurs fois (déclamer) cette tirade.
7. Voltaire n'a jamais hésité (manier) la satire.
8. Pourquoi perdre son temps (lire) ces fadaises?
9. Balzac buvait force tasses de café (composer) ses romans.
10. Cet auteur s'évertue (convaincre) ses lecteurs, mais bien inutilement.

PLAN ET VOCABULAIRE:
La dissertation littéraire

Les conseils préliminaires exposés au Chapitre Seize, *La dissertation morale*, s'appliquent également à la dissertation littéraire. Il y a cependant certains sujets particuliers à la dissertation littéraire: l'étude de thèmes, de mouvements littéraires, de genres, d'œuvres, de personnages, pris en eux-mêmes ou en étude comparative.

Vocabulaire utile à la dissertation littéraire

A. Thèmes de littérature générale

1. *Les genres*
   a. La poésie
      un poème   épique, lyrique, satirique
   b. La prose
      un roman   psychologique, romantique, réaliste, natura-liste, contemporain (le nouveau roman) his-torique, policier

      une nouvelle ⎫
      un conte   ⎬   satirique, philosophique

      un essai ⎫
      un traité ⎬   philosophique, moral

      un pamphlet   polémique (philosophique, politique)
      une lettre
      une épître
   c. Le théâtre
      une pièce   classique, romantique, symbolique, comique, tragique
           la comédie (de mœurs, de caractères, d'intri-gue)
           le drame romantique
           le mélodrame
           la farce

2. *Les auteurs*
   un écrivain,   un poète
   un homme de lettres   un dramaturge (un auteur comique, tragique)
        un romancier
        un conteur
        un essayiste
        un pamphlétaire
        un épistolier
        un (auteur) classique, un romantique, un sym-boliste, un réaliste

3. *Les mouvements*
l'humanisme, le classicisme, le pré-romantisme, le romantisme, le réalisme, le surréalisme, l'existentialisme
le stoïcisme, l'hédonisme, l'épicurisme, le rationalisme, le positivisme, le relativisme

4. *Les œuvres*	(complètes) de Shakespeare
un livre	(édité en 1936)
un ouvrage	d'érudition
un recueil	de poèmes, de morceaux choisis
une anthologie	en trois volumes
un manuel	d'histoire, de littérature
un passage	tiré de (telle œuvre)

B. Termes de critique littéraire

1. *La forme*

a. La poésie

une œuvre	en vers (de 8 pieds)
	en alexandrins (12 pieds)
un poème	divisé en strophes, en quatrains (4 vers)
un vers	harmonieux, dissonant, évocateur, bien (mal) tourné
une rime	riche, pauvre
le rythme	lent, rapide, souple, heurté

b. La prose

une œuvre	en prose, bien (mal) composée
un chapitre / un paragraphe	bien (mal) organisé
une phrase	bien (mal) construite, de 4 lignes, bien (mal) équilibrée

c. Le théâtre

une pièce	en prose, en vers
	(divisée) en 5 actes (en 3 tableaux)
un acte	divisé en 5 scènes
une scène	d'exposition, de transition, de conclusion comique, tragique, pathétique
un dialogue	rapide, animé, traînant, interminable
un monologue	pathétique, émouvant, exaltant, mélodramatique, pompeux
une réplique	violente, incisive, spirituelle (*witty*), amère

2. *Le style*

a. Figures

une image	originale, banale, évocatrice
une comparaison	bien (mal) choisie, fade
une métaphore	usée, originale

160

	un symbole	obscur, profond
	une paraphrase	lourde, longue, embarrassée
b.	Qualités	original, personnel, naturel, noble, énergique, éloquent, élégant, raffiné
		concret, clair
		pittoresque, imagé
		ferme, concis
c.	Défauts	banal, plat, précieux, bas, languissant, vulgaire, trivial, abstrait, obscur, dépouillé, nu, lâche, prolixe

3. *Le fond*

a.	un thème	central
		philosophique, social, historique
		conventionnel, original
		de la paternité, du mariage
		emprunté à la mythologie, à tel auteur
b.	une idée	originale, banale, usée
		claire, vague, obscure
		profonde, superficielle
c.	une intrigue	bien (mal) montée, bien (mal) nouée (dénouée)
		simple, complexe, surchargée, inextricable
		romanesque
d.	une action	bien (mal) conduite
		simple, complexe
		unique, principale, secondaire
		comprend: des péripéties, des coups de théâtre
e.	une situation	vraisemblable, invraisemblable
		inextricable
		comique, tragique, pathétique
		ambiguë, équivoque (un quiproquo)
f.	les personnages	le héros, l'héroïne
		le personnage principal, central, secondaire, épisodique
		les protagonistes
		sympathiques, antipathiques
		tragiques, comiques, de farce

4. *La psychologie du personnage*

le personnage est	vivant, vraisemblable
	stéréotypé, invraisemblable
son caractère est	bien étudié, bien développé
	à peine ébauché
	subordonné à sa condition

C. Expressions utiles

l'auteur

compose	une œuvre, des vers
rédige	ses mémoires
développe	un thème, ses personnages
exprime	une idée
applique	un système, une philosophie
emploie	un procédé (ex: le flashback)
monte	une intrigue
traite	une matière, un sujet
décrit	une époque
s'inspire	d'un autre auteur, de l'antiquité, etc.
se conforme *à*	des règles
rejette	des règles
peint campe anime	ses personnages
manie	la satire (à la perfection)
s'adresse *à*	un certain public
appartient *à*	un mouvement, une école
exerce	une influence (sur ses contemporains)

l'œuvre

plaît à enthousiasme captive déplaît à ennuie rebute	le public, le lecteur
présente	une époque, une vie, des personnages, certains traits de mœurs, certaines caractéristiques
témoigne *de*	le talent, le génie de son auteur
exprime	les idées *de* l'auteur *sur*
développe	un thème
s'adresse *à*	un certain public
traite *de*	un sujet, certains problèmes (moraux, philosophiques, sociaux)

le lecteur: (voir aussi, Chapitre Six, *Plan et vocabulaire*, IV L'atmosphère)

s'intéresse *à*	l'œuvre, le sort des personnages, les idées, les situations
s'enthousiasme *pour*	l'œuvre, les héros
s'indigne *à*	les idées exprimées, les agissements des personnages

s'insurge *contre*   la philosophie, la morale de l'auteur
éprouve   un sentiment de... (à la lecture de...)
apprécie   la poésie, les beautés, le style, la technique

Exercices de style

A. Au moyen de l'infinitif absolu, posez les questions dont les phrases ci-dessous constituent les réponses (cf. Appendice VII: L'infinitif absolu).

MODELE: Nous présenterons cet ouvrage en *deux volumes.* →
Comment présenter cet ouvrage?

1. Nous allons résoudre ce problème *en nous y prenant ainsi.*
2. Nous commencerons *par expliquer cette pensée.*
3. Nous concentrerons nos efforts *sur l'analyse psychologique du héros.*
4. Nous ne nous attarderons *point* sur ce sujet.
5. Nous ne nous attarderons *plus* sur ce sujet.
6. Nous répondrons à l'auteur *qu'une telle situation est invraisemblable.*
7. Nous consulterons *cet humaniste éminent.*
8. Nous compulserons *cette revue littéraire.*
9. Nous nous adresserons *à l'auteur lui-même.*
10. Dans le doute, *abstiens-toi.*

B. Remplacez les superlatifs absolus par un adjectif plus descriptif tiré de la liste suivante.

ardu	lumineux	sarcastique
captivant	néfaste	singulier
criminel	odieux	sommaire
fastidieux	perspicace	sublime
interminable	raffiné	virulent
laconique		

MODELE: un usage *très particulier* de ses facultés →
un usage **singulier** de ses facultés

1. des recherches *très ennuyeuses*
2. un *très beau* dénouement
3. un personnage *très haïssable*
4. un problème *très difficile*
5. un récit *très attirant*
6. un exposé *très court*
7. une tirade *très longue*
8. un acte *très mauvais*
9. une influence *très mauvaise*
10. une idée *très claire*
11. un style *très concis*
12. une ironie *très amère*
13. un style *très recherché*
14. une polémique *très âpre*
15. un observateur *très clairvoyant*

C. Remplacez la proposition relative par l'adjectif approprié tiré de la liste suivante.

concis	invraisemblable	plat
controversé	languissant	précieux
dissonant	monotone	prolifique
encyclopédique	mouvementé	prolixe
épisodique	obscur	sain
inédit	original	suggestif
inextricable	pittoresque	vague

MODELE: une idée *qui manque de netteté*
une idée **vague**

1. un poème *qui éveille des idées*
2. une œuvre *qui n'a pas été publiée*
3. un rôle *qui est inutile à l'action*
4. une scène *qui abonde en péripéties*
5. un style *qui s'exprime en peu de mots*
6. une idée *qui manque de clarté*
7. une pièce *qui manque d'action*
8. un style *qui manque d'élégance*
9. une œuvre *qui manque de variété*
10. un vers *qui blesse l'oreille*
11. une idée *qui n'a jamais été exprimée*
12. une situation *dont on ne peut se tirer*
13. un jugement *qui n'est point gâté*
14. un style *qui a des longueurs*
15. un auteur *qui publie beaucoup*
16. une connaissance *qui embrasse toutes les sciences*
17. une question *sur laquelle on n'est pas d'accord*
18. un terme *qui peint bien*
19. une aventure *qui n'est pas croyable*
20. un style *qui manque de naturel*

D. Amplifiez les prépositions en italiques à l'aide des verbes ci-dessous. Tenez compte de la manière dont ces verbes se construisent (cf. Appendice V: *L'amplification des prépositions*).

adressé	employé	monté	peint
consacré	exercé	ourdi	relevé
contenu	exprimé	passé	tiré
développé	institué		
dirigé	lancé		

MODELE: L'Académie française est une organisation **instituée** *pour* la défense de la langue. →

1. les fautes _____ *dans* cette pièce
2. un défi _____ *au* public
3. une critique _____ *à* l'auteur
4. un jugement _____ *sur* le style de ce poème
5. la satire _____ *contre* les institutions
6. l'ennui _____ *sur* ses traits
7. la cabale _____ *contre* lui
8. un complot _____ *contre* le roi
9. les divers éléments _____ *dans* cette œuvre
10. le thème _____ *dans* cette œuvre
11. l'influence _____ *sur* les contemporains
12. un manuel _____ *à* l'existentialisme
13. une citation _____ *de* Shakespeare
14. les procédés _____ *dans* ce roman
15. les idées _____ *dans* cet essai

E. Amplifiez les prépositions en italiques au moyen d'une proposition relative en employant les verbes entre parenthèses (cf. Appendice V: L'amplification des prépositions; vérifiez la préposition qui régit **vouer** et **témoigner.**)

MODELES: (avoir) Il a de la chance *d'*être né en Angleterre. →
La chance qu'il a d'être né en Angleterre…

(étreindre) Il est ému de se retrouver en Angleterre… →
L'émotion qui l'étreint de se retrouver en Angleterre…

1. (attacher) Il est fidèle *à* sa parole.
2. (envahir) Il est triste *devant* le sort du héros.
3. (saisir) Elle est horrifiée *à* la vue de ce massacre.
4. (ressentir) Il a du chagrin *de* voir Dickens négligé.
5. (torturer) Ils ont des remords *à* la suite d'un tel acte.
6. (frapper) Il a de l'admiration *à* la lecture de ce chef-d'œuvre.
7. (vouer) Il a de l'amour *pour* sa patrie.
8. (témoigner) Il a de l'amitié *pour* elle.
9. (éprouver) Il a constamment besoin *de* philosopher.
10. (animer) Il est furieux *à* l'annonce de cette nouvelle.

F. Améliorez le style des phrases suivantes en remplaçant l'adverbe en italiques par un verbe et le verbe conjugué par un infinitif. (Consultez un dictionnaire anglais-français.)

MODELE: Il compose *excellemment* ses intrigues. →
Il **excelle** à **composer** ses intrigues.

1. Il suit *apparemment* les règles d'Aristote.
2. Il file *obstinément* la métaphore.
3. Il polit son style *avec application*.
4. Il détruit *avec acharnement* les arguments adverses.

165

5. Il rétracta *avec empressement* ses accusations.
6. Il parodie *gaiement* les chefs-d'œuvre classiques.
7. Il accumule *sans cesse* les quiproquos.
8. La critique se mêla *sans retard* à cette querelle.
9. On relève *avec étonnement* tant d'inexactitudes chez un érudit de son envergure.
10. Nous indiquerons *seulement* les grandes lignes de sa philosophie. (se borner à)
11. L'auteur nous indique *toujours* ses sources. (ne jamais manquer de)
12. Il emploie *parfois* un style prolixe. (il arrive de)
13. Les critiques reconnaissent *unanimement* le génie de Molière. (s'accorder à)
14. Il abandonna *à contrecœur* ses recherches. (se résigner à)

Sujets proposés

Traitez *un* des sujets au choix:

1. Discutez et illustrez la pensée d'Anatole France:
   «Dickens exerça plus qu'un autre écrivain la faculté de sentir.»

   ou

   «Je crois que *David Copperfield* est un nouvel évangile.»
2. Faites une brève analyse critique d'une œuvre littéraire de votre choix.

Exercices préparatoires

1. Composez quelques phrases de votre choix sur le modèle de l'*Exercice d'expansion* A.
2. Composez quelques phrases avec le pronom démonstratif suivi de **de** et d'autres phrases avec le pronom démonstratif suivi d'un pronom relatif, d'après les structures de l'*Exercice d'expansion* B. Inspirez-vous du *Plan et vocabulaire* de ce chapitre.
3. Composez quelques phrases en employant **ne... que** modifiant: a) un verbe, b) un pronom personnel, c) un pronom adverbial. Basez-vous sur l'*Exercice d'expansion* C.
4. Composez quelques phrases en employant soit **à** ou **de** + l'infinitif, soit **en** + le participe présent, selon les structures des *Exercices d'expansion* D et E.
5. Employez l'infinitif absolu dans quelques phrases de votre choix à l'aide des interrogatifs de l'*Exercice de style* A.
6. Composez quelques phrases de votre choix avec des adjectifs des *Exercices de style* B et C.

7. Composez quelques phrases de votre choix avec les participes passés de l'*Exercice de style* D.
8. Complétez quelques membres de phrases de l'*Exercice de style* E, afin d'en faire des phrases complètes.
9. Composez quelques phrases de votre choix à l'aide de certains verbes de l'*Exercice de style* F.

Etablissement du plan

Après avoir bien assimilé le sujet de votre dissertation, vous établirez un plan d'après les divisions: introduction/présentation du sujet, développment (explication/discussion) et enfin conclusion. Inspirez-vous du *Plan et vocabulaire* de ce chapitre, ainsi que de celui du Chapitre Seize. Sélectionnez dans la série d'exercices préparatoires les phrases qui pourraient vous servir, sans vous limiter au vocabulaire et aux structures du chapitre.

Exercice d'auto-correction

Réfléchissez aux questions suivantes, puis relisez attentivement votre composition. (Cf. *Exercice d'auto-correction*, Chapitre Quatre.)

1. Avez-vous suivi votre plan? Les trois parties de votre dissertation sont-elles bien distinctes? L'ensemble vous paraît-il cohérent?
2. La présentation de votre sujet dans l'introduction est-elle claire? Dans le développement, l'explication et la discussion du sujet sont-elles bien distinctes? Avez-vous réussi à communiquer vos idées clairement?
3. Avez-vous respecté une certaine progression dans la présentation de vos idées? S'enchaînent-elles de façon logique?
4. Avez-vous utilisé la comparaison, la métaphore ou la mise en relief pour illustrer vos idées?
5. En vous référant aux *Exercices d'expansion* et *de style* des derniers chapitres, pouvez-vous changer certaines structures afin d'éviter les lourdeurs de style?
6. Avez-vous utilisé des synonymes, des adjectifs et des verbes descriptifs pour éviter les répétitions et rendre votre texte plus vivant?

Appendices

APPENDICE I

Le système verbal: Aspect, point de vue et localisation

Introduction

En règle générale, on peut dire que notre pensée et son expression dans le langage sont intimement liées à la notion du temps (*time*). Que l'on se mette à parler ou à écrire, cette notion est irrévocablement présente. On peut dire que, face à une situation, notre pensée est obligée de la percevoir de l'une des deux façons suivantes:

1. soit dans sa **progression,** c'est-à-dire sans se concentrer sur le moment de son début, de sa fin ou de sa totalité,
2. soit au contraire, comme **événement,** c'est-à-dire comme marquant le moment précis du passage d'une situation à une autre situation. Le bon emploi des temps des verbes en anglais comme en français repose sur la compréhension ou le sentiment de ces deux perceptions du temps. La difficulté que rencontre l'étudiant de la langue française vient du fait que les systèmes temporels de l'anglais et du français ne correspondent pas exactement, malgré leur ressemblance.

Les considérations proposées dans les deux premiers appendices de ce manuel ont pour but de présenter *trois notions de base* qui permettront de bien comprendre les rapports complexes qui existent entre la perception du temps (*time*) et son expression à l'aide des temps verbaux (*tenses*). Ces trois notions sont celles d'*aspect*, de *point de vue* et de *localisation*. Une fois ces notions assimilées, leur application combinée permettra de comprendre, de sentir avec finesse et enfin d'employer avec confiance les temps des verbes en français.

NOTION D'ASPECT

Nous commencerons par définir les différents *aspects,* pour décrire ensuite la diversité de cette notion qui joue un rôle essentiel dans le choix du temps du verbe. On verra qu'une même situation peut être considérée, selon le cas, sous plusieurs aspects, c'est-à-dire qu'elle peut s'imposer à notre esprit d'une manière différente ou à des instants distincts de son existence. On verra enfin que, dans un contexte donné, le *point de vue* et la *localisation* contribuent à changer ces aspects.

A. **L'aspect ponctuel** (un point dans le temps) présente **une action** dans son début et dans sa fin **sans aucune notion de durée.**[1] L'action est sentie comme instantanée.

Exemple: I opened the book.

B. **L'aspect itératif** présente **une succession d'actions** non localisées.

Exemple: Every evening I read (would read) a chapter in this book.

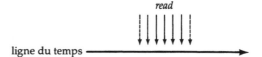

C. **L'aspect duratif** est de deux types:

1. **statique,** qui présente **un état dans sa durée.**

Exemple: I enjoyed reading.

---

[1] Au cours des pages qui vont suivre, les actions seront illustrées de façon schématique dans leur contexte temporel. Ainsi, une longue ligne horizontale terminée en flèche représentera la ligne du temps (*time*) dans son déroulement. Au-dessus de cette ligne figureront les états et actions en question et au-dessous, quand cela sera nécessaire, la marche de la pensée dans le temps. Une flèche verticale touchant la ligne du temps indiquera une localisation dans le temps, c'est-à-dire précisera le début, la fin ou la totalité de l'état ou de l'action.

2. **dynamique,** ou **graduel,** qui présente **une action dans sa progression.**

   Exemple: I was reading.

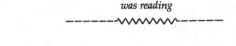

D. **L'aspect permanent** présente **une action ou un état,** soit dans sa durée (comme l'aspect duratif) soit dans sa répétition (comme l'aspect itératif), mais **considéré en dehors du temps** (*time*), immuable. Il s'exprime toujours par le temps (*tense*) présent.

   Exemple: Reading a book is a unique pleasure.

E. **L'aspect inchoatif** présente **une action** dont **le début:**

1. **est localisé,** c'est-à-dire précisé par le contexte dans le temps (8 heures du soir).

   Exemple: I started reading this book at 8 P.M.

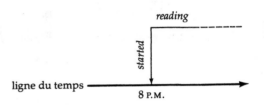

2. **peut être localisé,** si nécessaire (8 heures du soir)

   Exemple: I started reading.

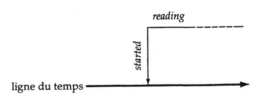

F. **L'aspect terminatif** présente **une action** dont **la fin:**

1. **est localisée** par le contexte (11 heures du soir).

   Exemple: I read this book until 11 P.M.

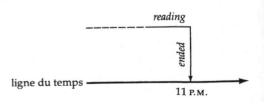

2. **peut être localisée** si nécessaire (11 heures du soir).

   Exemple: I stopped reading this book. (I know it was at 11 P.M., but feel no need to express it.)

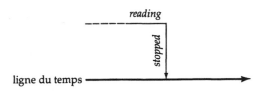

G. L'aspect global, qui est, à proprement parler, une combinaison des aspects inchoatif et terminatif, diffère de l'aspect duratif en ce qu'il ne montre pas l'action dans sa progression mais *dans ses limites,* début et fin, c'est-à-dire dans sa *totalité* (en trois heures).

   Exemple: I read this book in three hours. I read this book from 8 to 11 P.M.

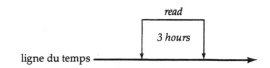

Applications

Appliquons maintenant ces notions à certains mots du lexique. De nombreux mots, dans toutes les parties du discours, présentent un ou plusieurs aspects temporels. Dans ce dernier cas l'un des aspects est actualisé par le contexte. En anglais par exemple, l'équivalent de **depuis** et **pendant** est *for,* dont l'aspect est déterminé par le contexte.

A. Prépositions et locutions prépositives

> **depuis** 3 heures: ASPECT INCHOATIF
> **pendant** 3 heures: ASPECT GLOBAL
> **jusqu'à** 3 heures: ASPECT TERMINATIF

B. Noms Le terme *time* en anglais possède en lui-même les aspects duratif, itératif, et ponctuel, alors que le mot **temps,** qui lui est le plus souvent associé en français, ne présente qu'un seul de ces aspects: l'aspect duratif. Afin de traduire les deux autres aspects de *time* il faut en français employer **fois** pour l'aspect itératif et **heure** (*time of day*) pour l'aspect ponctuel.

   Day, morning et *evening* ont un aspect soit ponctuel soit duratif ou global. En français **jour, matin** et **soir** n'expriment que l'aspect ponctuel. Pour traduire l'aspect duratif, il faut employer: **journée, matinée, soirée.** Le français, dans ce cas, change de mots; l'anglais dépend ici du contexte pour l'aspect de *day, morning* et *evening.*

> Je vous verrai ce **soir.** ASPECT PONCTUEL
> J'ai passé la **soirée** chez des amis. ASPECT GLOBAL
> Quelle belle **soirée!** ASPECT DURATIF

C. Articles

> Je n'aime pas travailler **le** dimanche. ASPECT ITÉRATIF
> J'ai travaillé **un** dimanche ce mois-ci. ASPECT PONCTUEL OU GLOBAL

D. Verbes Si les mots qui précèdent possèdent **en eux-mêmes** une valeur temporelle, à plus forte raison le verbe, qui exprime **en lui-même** un état ou une action.

1. Entre le français et l'anglais certains verbes peuvent présenter **une simi-litude.** C'est le cas le plus facile. Par exemple:

	to beat	aspect itératif	**battre**
opposé à:	*to strike* } *to hit* }	aspect ponctuel	**frapper**
	to trim	aspect itératif	**tailler**
opposé à:	*to cut*	aspect ponctuel	**couper**
	to chew	aspect itératif	**mâcher**
opposé à:	*to bite*	aspect ponctuel	**mordre**

2. Le français et l'anglais peuvent présenter une différence d'aspect dans leur vocabulaire respectif. C'est le cas complexe souvent qualifié trop facilement d'idiotisme dans la plupart des grammaires modernes. Par exemple:

   a. *to speak* et **parler** ont tous deux des aspects duratif, global et itératif:

   > *He spoke for 3 hours.*
   > Il a parlé trois heures. } ASPECT GLOBAL (durée localisée)

   > *He spoke to me about it several times.*
   > Il m'en a parlé plusieurs fois. } ASPECT GLOBAL (répétition localisée)

   > *Each time we met, we would speak for hours.*
   > Chaque fois qu'on se retrouvait, on bavardait des heures entières. } ASPECT ITERATIF

   > *He was speaking when we walked in.*
   > Il parlait quand nous sommes entrés. } ASPECT DURATIF

Cependant *to speak* peut avoir un aspect inchoatif que **parler** ne peut guère prendre. Il faut alors traduire par des verbes différents:

*He stood up and **spoke**.*
Il se leva et **prit la parole.** } ASPECT INCHOATIF

*A stranger entered and **spoke to me**.*
Un étranger entra et **m'adressa la parole.** } ASPECT INCHOATIF

b. *To wear* peut présenter les aspects duratif, itératif ou inchoatif, alors que **porter** n'a pas d'aspect inchoatif. On doit employer alors **mettre**:

*I have nothing **to wear** today.*
Je n'ai rien **à me mettre** aujourd'hui. } ASPECT INCHOATIF

c. *To laugh* peut avoir un aspect inchoatif que **rire** n'a point:

*When he heard that, he **laughed**.*
En entendant cela il **éclata de rire.** } ASPECT INCHOATIF

Outre l'aspect lexical qui lui est inhérent, le verbe est soumis à d'autres aspects qui dépendent du contexte particulier où il se trouve employé. C'est ainsi qu'entre en jeu la relation entre l'action (le verbe) et la personne qui l'exprime. Cette relation constitue le point de vue, qui, avec l'aspect, détermine le temps du verbe.

NOTION DE POINT DE VUE

Il faut distinguer les trois étapes temporelles les plus simples de la pensée dans le temps (*time*): le présent, le passé et le futur. Par rapport au présent, le passé peut être considéré:

A. Comme relié au présent par celui qui parle: (ici la recherche continue dans le présent)

Exemple: J'**ai cherché** toute ma vie la vérité.

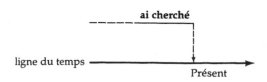

175

B. Comme complètement détaché du présent, sans **aucun rapport** avec lui:

Exemple: Balzac **chercha** à faire une vaste synthèse de l'univers.

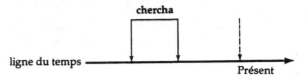

En français les temps du passé qui présentent ce rapport de rupture sont: l'imparfait, le passé simple et, d'une certaine manière, le passé composé (Cf. Appendice II C: Le passé composé.)

NOTION DE LOCALISATION

Evoquant un fait passé, notre esprit peut le conceptualiser, le sentir de **deux points de vue différents:**

A. Localisé: c'est-à-dire un fait vu dans son début, sa fin ou sa totalité, donc dans sa «perfection».

Si je dis, «Après sa crise de scepticisme, Montaigne **chercha** sa voie dans l'hédonisme», je localise la recherche de Montaigne dans son début sans me soucier de sa durée (aspect inchoatif):

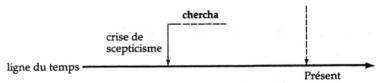

Si je dis, «Montaigne chercha la sagesse jusqu'à sa mort», je localise sa recherche dans son terme (aspect terminatif):

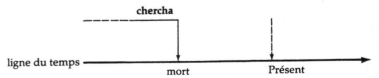

Si je dis, «Montaigne chercha pendant dix ans une philosophie propre à son tempérament», je localise la recherche de Montaigne dans son début et dans sa fin d'une manière globale (aspect global):

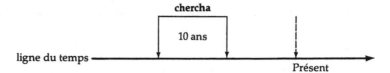

Si je dis maintenant, «Toute sa vie, Montaigne chercha dans chaque voyage des connaissances nouvelles», je localise ces actions répétées dans leur début et dans leur fin. Nous avons ici un aspect **global**:

B. Non localisé c'est-à-dire un fait vu dans son déroulement, dans sa progression, donc dans son «imperfection».

Si je dis, «Montaigne cherchait sa voie quand il rencontra La Boétie», mon esprit se reporte à un instant localisé dans le passé («quand il rencontra»). De l'autre action («Montaigne cherchait») je ne puis ou ne veux savoir, tout au moins dans mon état d'esprit du moment, ni son début, ni sa fin, ni sa durée. La seule notion que j'exprime, c'est celle de son existence qui dure de façon indéterminée. On dit qu'une telle action ne peut pas être localisée. Certains pourront penser qu'il est possible de concevoir la phrase suivante: «En 1558, Montaigne cherchait sa voie quand il rencontra La Boétie»:

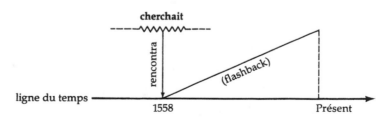

Or dans cette phrase «1558» ne localise point «Montaigne cherchait», mais bien plutôt «quand il rencontra», car en effet, le sens est: «En 1558, Montaigne rencontra La Boétie» (action localisée). L'auteur ici ne nous dit pas que la recherche de Montaigne ait commencé ni se soit terminée en 1558. Il nous dit seulement que cette rencontre a eu lieu au cours de cette année-là et que, au moment de la rencontre sa recherche était en progression.

Récapitulation: Cinq sortes d'aspects peuvent se présenter dans un fait vu du passé:

1. Soit le fait est vu du passé dans son état ou sa progression **sans localisation de début ni de fin,** donc dans son «imperfection». C'est l'aspect **duratif** (statique ou dynamique) qui se traduit en français par un **imparfait:**

Exemple: En sortant de chez lui, j'ai refermé la porte et je suis resté un moment dans le noir sur le palier. La maison **était** calme et des profondeurs de la cage d'escalier **montait** un souffle obscur et humide. (Camus, *L'Etranger*)

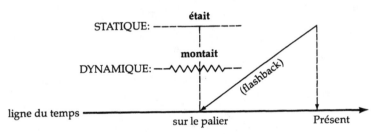

2. Soit le fait est vu du passé dans sa répétition au cours d'une période **indéterminée,** donc «imparfaite». Ce sont les aspects **itératifs** ou **habituels** qui se traduisent en français par un **imparfait:**

Exemple: Balzac **visitait** les cimetières pour trouver des noms à ses personnages.

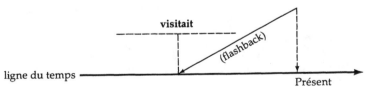

3. Soit le fait est vu du passé dans son début et sa fin **sans notion de durée.** C'est l'aspect **ponctuel,** traduit en français par **un passé simple** et quelquefois par un **passé composé** (cf. Appendice II: Le passé composé):

Exemple: A trois heures précises, il **entra** (est entré).

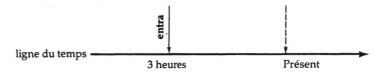

4. Soit **le début** du fait est localisé dans le passé. C'est l'aspect **inchoatif** qui se traduit en français par un **passé simple** ou par un **passé composé** (cf. Appendice II: Le passé composé):

Exemple: Sitôt arrivé à Paris, Rastignac **chercha** (a cherché) à se faire une place dans le beau monde.

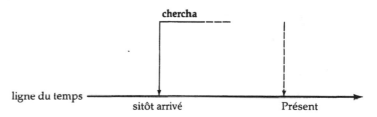

5. Soit **la fin** du fait est localisée dans le passé. C'est l'aspect **terminatif** qui se traduit en français par un **passé simple** ou par un **passé composé** (cf. Appendice II: Le passé composé):

Exemple: Pascal **chercha** (a cherché) Dieu jusqu'à sa mort.

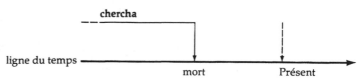

Le système verbal:
Les temps du présent
et du passé

LE PRESENT

Le présent peut exprimer:

A. Un fait présent (action ou état):

> Je suis triste.
> J'étudie le français.

B. Un fait habituel:

> Quand
> Chaque fois que ⎱ j'ai faim, je vais au restaurant.
> Toutes les fois que ⎰

C. Un fait permanent (action ou état):

> La terre tourne autour du soleil.
> Dieu existe.

D. En outre, le présent peut parfois exprimer **un passé immédiat:**

> Il sort à l'instant.
> Il vient de sortir.

E. Ou un futur immédiat:

> J'arrive dans un instant.

LE PASSE COMPOSE

Le passé composé est **le temps de la déclaration.** Il peut exprimer:

A. Un passé relié au présent:

> J'ai beaucoup travaillé **cette semaine.**

B. L'antériorité par rapport au présent et présenter les aspects suivants:

1. Global:

> *Je puis vous renseigner sur Jean,* car hier nous **avons passé** la journée ensemble et il m'**a parlé** à diverses reprises de lui-même et de ses projets.

2. Inchoatif:

> ... Je sais qu'il **a étudié** dès l'âge de six ans ...

3. Terminatif:

> ... et qu'il **a poursuivi** ses études jusqu'à vingt-cinq ans.

4. Ponctuel:

> ... Il **a obtenu** son diplôme à vingt-cinq ans.

C. Un fait passé sans aucun rapport avec le présent. En ce cas il remplace le passé simple. Cet emploi du passé composé se trouve habituellement dans la langue parlée et de plus en plus fréquemment dans la langue écrite moderne.

> Vers trois heures, on **a frappé** à ma porte et Raymond **est entré.** Je **suis resté** couché. Il **s'est assis** sur le bord de mon lit. (Camus, *L'Etranger*)

Les classiques se seraient sans doute exprimés ainsi:

> Vers trois heures, on **frappa** à ma porte et Raymond **entra.** Je **restai** couché, il **s'assit** sur le bord de mon lit.

LE PASSE SIMPLE

Le passé simple ou passé historique est un temps littéraire qui relate des *faits passés non reliés au présent.* C'est *le temps de la narration* littéraire au passé. Il présente tous les aspects localisés:

A. Global:

> Ce jour-là il me **parla** à diverses reprises de lui-même et de ses projets.

B. Inchoatif:

Il **étudia** dès l'âge de six ans.

C. Terminatif:

Il **poursuivit** ses études jusqu'à vingt-cinq ans.

D. Ponctuel:

Il **obtint** son diplôme à vingt-cinq ans.

Le passé simple, employé fréquemment dans les journaux et les périodiques, est remplacé par le passé composé dans la langue courante ou familière. (Cf. le passé composé C.)

L'IMPARFAIT

Le terme «imparfait» porte en lui-même la notion d'imperfection, c'est-à-dire, de non-finition: ce temps donc s'emploiera pour présenter des **états** ou des **actions** vus dans leur progression. **C'est le temps de la description.**

NOTE 1: L'imparfait est un temps passé *sans aucun rapport* avec le présent.

NOTE 2: C'est aussi un temps psychologique qui permet à l'individu vivant dans le présent de se reporter dans le passé et d'observer des états ou des actions *à un certain moment* de leur manifestation. C'est un phénomène comparable au procédé «flashback» cinématographique où le personnage, dans le présent, revit (*relives*) des instants passés.

L'imparfait servira donc à présenter:

A. Un état vu du passé à un certain moment de son **existence.**

Exemple: Hier quand je suis sorti, le ciel **était** bleu.

Dans cet exemple, mon œil contemple l'état du ciel à un moment de son existence: quand je suis sorti. Il est bien évident que cet état existait avant et après ma sortie. Je peux même savoir quand cet état a commencé et a fini, mais dans cette situation cela n'a aucune importance.

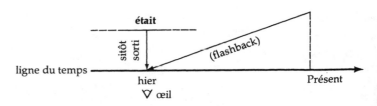

B. Une action vue du passé:

1. Dans sa progression:

   Exemple: Quand il est entré, elle **chantait.**

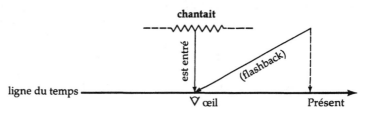

2. Dans sa répétition:

   Exemple: A cette époque-là, il **fumait** la pipe.

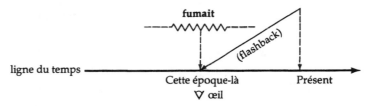

NOTE: Pour qu'une **action répétée** puisse s'exprimer à l'imparfait il faut qu'elle soit indéterminée dans son **nombre** ou sa **durée.** Les actions ci-dessous ne peuvent pas s'exprimer à l'imparfait.

   NOMBRE DETERMINE: A cette époque-là, j'**ai lu** trois livres.

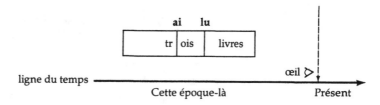

   DUREE DÉTERMINEE: Le mois dernier, j'**ai lu** de nombreux livres.

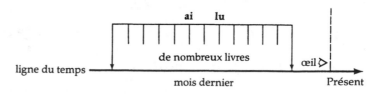

CONCLUSION

Il est important de noter que l'imparfait présente **toujours** un fait vu du passé. La difficulté majeure que rencontrent les étudiants de langue anglaise, c'est la distinction claire entre un fait vu du présent d'avec un autre fait vu du passé, car une même action peut être considérée soit du passé soit du présent:

A. Action vue du passé

Exemple: Quand j'étais jeune, **je lisais** beaucoup.

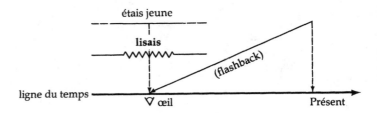

Mon esprit s'étant reporté au temps de ma jeunesse pour la revivre dans l'imagination, je ne puis évidemment en voir ni le commencement ni la fin. Ma vision est intérieure; je rentre au centre de la situation.

B. Action vue du présent

Exemple: Durant ma jeunesse, j'**ai** beaucoup **lu.**

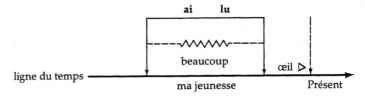

Ici je considère ma jeunesse sous une forme **globale** dans son début et dans son terme. Par conséquent l'action de lire est, elle aussi, considérée dans son début et dans son terme. Ma vision est totale, extérieure; je reste hors de la situation.

LE PLUS-QUE-PARFAIT

Dans un contexte donné, un verbe est rarement employé isolément. Plusieurs verbes établissent entre eux un rapport de temps (*time*) qui peut être soit l'antériorité, soit la simultanéité, soit la postériorité. Le plus-que-parfait est le temps (*tense*) normalement employé pour exprimer l'antériorité d'un état ou d'une action par rapport à un autre fait passé; de la même manière, le passé composé exprime une antériorité par rapport au présent (cf. «Le passé composé» dans cet appendice).

Exemple: J'ai appris qu'il **avait réussi** à ses examens.

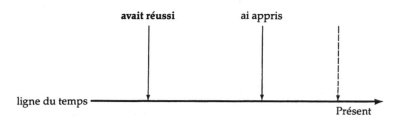

En anglais le *pluperfect* décrit généralement une action. Le plus-que-parfait français peut décrire, en plus de l'action, l'état qui en résulte. Par exemple:

Comme il **était sorti,** je n'ai pas pu le voir.

Cette phrase peut se traduire en anglais soit par:

*As he **had left,** I could not see him.* (action)

ou par:

*As he **was out,** I could not see him.* (état)

La phrase française exprime à la fois ces deux nuances. Il en est surtout ainsi des verbes conjugués avec **être.**

LE PASSE ANTERIEUR

Définition

Le passé antérieur est formé à l'aide du passé simple du verbe auxiliaire et du participe passé du verbe à conjuguer. Il s'emploie généralement dans une proposition subordonnée introduite par **quand, lorsque, après que, dès que, aussitôt que, à peine... que** pour exprimer *l'antériorité immédiate* sur le verbe principal (au passé simple). Il présente d'ailleurs les mêmes aspects que le passé simple.

Aussitôt qu'il **eut fini** son repas, il **sortit.**
A peine l'**eut-il aperçue** qu'il **se leva.** (inversion obligatoire du sujet avec **à peine**)

Comment remplacer le passé antérieur

Le passé antérieur est un temps uniquement littéraire, dont l'emploi a pratiquement disparu dans le langage parlé et tend à disparaître dans la langue écrite. Il peut se remplacer de la manière suivante:

A. Par le passé surcomposé: ce temps se forme à l'aide du passé composé du verbe auxiliaire et du participe passé du verbe à conjuguer. Le verbe principal se met alors au passé composé.

> Aussitôt qu'il **a eu fini** son repas, il **est sorti.**

B. Par la proposition infinitive: cette construction s'emploie avec **après,** pourvu que le sujet soit le même dans les deux propositions.

> Après **avoir fini** son repas, il **sortit (est sorti).**

C. Par la proposition participiale:

1. participe présent: cette construction s'emploie à condition que le sujet soit le même dans les deux propositions. Elle introduit une nuance de cause.

> **Ayant fini** son repas, il **sortit (est sorti).**

2. participe passé: cette construction s'emploie avec **aussitôt, à peine, une fois** ou sans aucun mot d'introduction.

> (Aussitôt, A peine, Une fois) son repas **fini,** il **sortit (est sorti).**

D. Par la proposition nominale: cette construction s'emploie avec **dès** et **après,** à condition qu'il existe un substantif dérivé du verbe.

> Dès qu'il **fut arrivé,** il se coucha. — *clause*
> Dès son **arrivée,** il se coucha. — *preposition*
> Après qu'il **eut marché** plusieurs heures, il se reposa.
> Après plusieurs heures **de marche,** il se reposa.

NOTE: Dans le cas d'une action itérative (habituelle), on emploierait le plus-que-parfait dans la proposition subordonnée et l'imparfait dans la proposition principale.

> (Chaque fois que) Aussitôt qu'il **avait fini** son travail, il **sortait.**

Les articles

L'ARTICLE DEFINI

Forme

le, la, l', les
du, de la, de l', des (articles définis contractés)
au, à la, à l', aux (articles définis contractés)

NOTE: Ne pas confondre **du, de la, de l', des**—articles définis contractés—avec **du, de la, de l', des**—articles partitifs—et **des**—article indéfini pluriel.

Emploi

L'article défini s'emploie:

A. Devant tous les noms pris dans un sens général (sans idée de division). Cet emploi diffère de l'anglais, qui généralement omet l'article dans ce cas.

> **Le** *soleil* brille.
> **La** *France* est un pays touristique.
> **La** *famille* est la base de **la** *société*.
> Elle déteste laver **la** *vaisselle*.
> **L'***argent* ne fait pas **le** *bonheur*.
> **L'***erreur* est humaine.
> **Les** *enfants* sont pleins de curiosité.

B. Devant les noms déterminés par la grammaticalisation. La grammaticalisation est l'adjonction au nom d'un élément grammatical qui en limite le sens; cet élément peut être un complément de possession, une apposition ou une proposition adjective.

> Le soleil *des tropiques* flamboie.
> La France *du 17ᵉ siècle...*
> La société *des nations...*
> Va laver la vaisselle *qui est sur l'évier.*
> Posez le livre *que vous tenez.*
> Le petit monde *de don Camillo.*
> Les enfants *de l'après-guerre...*
> Le docteur *Schweitzer*
> Le président *Kennedy* ⎫
> Le général *de Gaulle* ⎬ discours indirect
> La ville *de Paris* ⎭

NOTE: Cependant, on dit sans article:

> Monsieur *Dupont*
> Madame *Dupont* ⎫
> Mademoiselle *Dupont* ⎬ discours direct et indirect
> Maître *Ceyssac* ⎭
> Docteur *Schweitzer* ⎫
> Général, mon général ⎰ discours direct

On dit aussi sans article:

> Dieu (mais **le** Dieu *d'Abraham*)
> Jésus-Christ (mais **le** Christ)

C. Devant les noms déterminés par l'évidence, c'est-à-dire le cas où le nom est déterminé en lui-même, et peut se passer de grammaticalisation.

> Va laver la *vaisselle.*
> Posez le *livre* sur le *bureau.*
> Le *médecin* va vous examiner.
> Le *président* a prononcé son discours.
> Est-ce que les *enfants* sont au lit?
> Monsieur le président (*Mr. President*)
> Monsieur le juge (*Your Honor*) ⎫
> Monsieur l'agent (*Officer*) ⎰ discours direct

D. Pour exprimer la possession:

1. lorsque l'identité du possesseur est évidente:

> Fermez **les** yeux.
> Levez **la** main.
> Il marche **les** mains dans **les** poches, **le** chapeau sur **la** tête, **la** pipe à **la** bouche.

2. lorsque l'identité du possesseur est déterminée par l'adjonction d'un complément d'objet indirect:

> Il *lui* a pris **la** main.
> Elle *lui* a lavé **les** mains.
> Le médecin a pris **la** température *du malade*.
> Il *s'*est lavé **les** mains.
> Elle *s'*est mordu **la** langue.
> Je *me* suis fait couper **les** cheveux.

NOTE 1: Les exemples précédents appartiennent à **la langue courante** et l'emploi du possessif dans ces cas-là est réservé normalement à **la langue enfantine**. Cependant le possessif peut s'employer dans **la langue littéraire** pour donner à l'idée une valeur affective:

> LANGUE COURANTE: Il lui a pris **la** main.
> VALEUR AFFECTIVE: Il lui a pris **sa** main.
> Laissez-moi seulement mettre **ma** bouche sur votre visage.
> —Montherlant, *La Reine morte*
> Mais la maîtresse d'auberge ne l'écoutait plus, elle tendait **son** oreille à un roulement éloigné. —Flaubert, *Madame Bovary*

NOTE 2: Lorsque la partie du corps est modifiée par un adjectif autre que **droit** ou **gauche** on emploie le possessif. Comparez:

> Il m'a tendu **la** main gauche.
> Il m'a tendu **sa main sale.**
>
> Elle a fermé **les** yeux.
> Elle a fermé **ses yeux bleus.**
>
> Il s'est lavé **les** mains.
> Il a lavé **ses mains graisseuses.**

Répétition

L'article défini se répète en général devant **chaque** nom. Toutefois cette répétition est **facultative**:

A. Dans les énumérations:

> Femmes, Moine, vieillards, tout était descendu. —(La Fontaine, «Le Coche et la Mouche»)

B. Dans les groupements par association:

> les parents et amis
> les oncles et tantes
> les us et coutumes

Omission

L'article défini s'omet généralement:

A. Après la préposition *en*

en France	en vacances
en France d'outre-mer	en haut et en bas de la page
en bonne et due forme	

B. Après les prépositions *sans* et *avec* lorsque le nom est pris dans un sens global:

avec courage, avec ardeur, avec difficulté, avec amour, etc....
sans courage, sans ardeur, etc....
sans peur et sans reproche
sans argent et sans amis

NOTE: Cependant si le nom est grammaticalisé, on emploie l'**article défini:**

Il m'accueillit avec **la** politesse **qui lui est coutumière.**

Si le nom présente un aspect accidentel on emploie l'**article indéfini:**

Il m'accueillit avec **une** politesse obséquieuse.

C. Souvent après les prépositions formant avec le nom un complément déterminatif: (cf. Appendice IV: Le complément déterminatif).

une salle **de bain**	un livre **de poche**
un coucher **de soleil**	un moulin **à vent**
un complément **de nom**	une tasse **à café**
un homme **de cœur**	un cœur **de pierre**
une brosse **à dents**	un sac **à main**

D. En tête d'un titre d'œuvre, d'une rubrique, d'une manchette de journal:

«Horace», Acte IV, Scène II
Composition française
Dictée
Exercices
Chapitre II
Plan: Introduction, développement, conclusion
Fin (*the end*)
Assassinat du Président Kennedy

L'ARTICLE PARTITIF

Forme

du, de la, de l', des

Emploi

L'article partitif exprime **une certaine quantité d'un tout.** Ceci implique qu'on le trouve employé le plus souvent au singulier.

> Il mange **du** pain, **de la** viande et **du** fromage. Mais il ne boit que **de** l'eau.

Des, partitif pluriel, ne se trouve guère que dans les expressions suivantes à sens collectif qui ne possèdent pas de singulier:

> **des** épinards   **des** vacances
> **des** conserves   **des** gens

L'ARTICLE INDEFINI

Forme

un, une, des (de)

L'article indéfini a la même origine et la même forme, au singulier, que l'adjectif numéral. Il peut donc traduire à la fois *a* et *one.* Il est important de noter qu'il possède un pluriel **des** qui n'existe pas en anglais: *des* **livres** est le pluriel de *un* **livre; des** est normalement employé comme article indéfini pluriel plutôt que comme article partitif.

Emploi

L'article indéfini s'emploie:

A. Pour désigner *un* ou *plusieurs* **objets particuliers** d'une espèce ou d'un groupe (valeur numérique).

> J'ai mangé **une** pomme. (une certaine pomme)
> J'ai mangé **des** pommes.

B. Au singulier seulement, **pour désigner un représentant d'une espèce.**

> **Un** honnête homme n'agirait pas ainsi.
> **Une** mère aime ses enfants. (toute mère, chaque mère)

C. Pour désigner un aspect accidentel d'un objet. On le trouve toujours devant un nom modifié soit par un adjectif soit par un complément déterminatif.

Balzac avait **un** respect *superstitieux pour les nombres.*
Un *pâle* soleil se levait à l'horizon.
Elle avait **un** *beau* sourire *radieux.*

Comparez avec:

Balzac avait **le** respect des nombres. (SENS GLOBAL)
Le soleil se levait à l'horizon. (DETERMINE PAR L'EVIDENCE)
Le sourire **d'un enfant** est un rayon de soleil. (DETERMINE PAR LA GRAMMATICALISATION)

Répétition

L'article indéfini se répète normalement devant chaque nom.

Des voitures, **des** autobus et **des** bicyclettes circulaient dans la rue.

Note: Cependant, dans la langue littéraire, l'article peut s'omettre dans les énumérations.

Voitures, autobus et bicyclettes circulaient dans la rue.

Omission

L'article indéfini s'omet:

A. Devant un nom attribut non déterminé exprimant une profession, une nationalité, une religion. Dans ce cas, ce nom prend une valeur adjective.

Il est médecin.
Elle est Américaine.
Nous sommes Bouddhistes.

Note: Si le nom est déterminé, il reprend sa valeur substantive. Il est alors précédé de l'article:

C'est **un** *excellent* médecin.
Edison est **un** Américain *célèbre.*

B. Après l'adjectif exclamatif quel:

Quelle belle journée!   Quelles scènes émouvantes!
Quel artiste!   Quels ennuis!

C. Devant un nom en apposition:

Les Femmes savantes, comédie de Molière, sera jouée à St. Louis.
Baudelaire, poète symboliste, a écrit *Les Fleurs du Mal.*

LES ARTICLES PARTITIFS—*DU, DE LA, DES*—ET L'ARTICLE INDEFINI *DES*

Emploi

A. Après la négation. Ces articles se transforment en **de, (d')** lorsqu'ils modifient un nom négativé.

> Je n'ai pas **de** feu.
> Il ne boit jamais **d'**eau.
> Il n'a plus **d'**amis.

Note: Cependant, si la négation ne porte pas sur le nom, les articles conservent toute leur valeur.

> Je n'ai **pas de l'**argent pour le jeter par les fenêtres.

Dans cette phrase la négation ne porte pas sur **argent,** mais plutôt sur **jeter:** car en effet j'**ai de l'**argent, mais ce n'est pas pour le jeter par les fenêtres.

B. Devant l'adjectif pluriel précédant un nom pris dans un sens indéfini, l'article se transforme en **de.** Comparez:

> Elle porte **des** toilettes élégantes.
> Elle porte **de** *belles* toilettes.
>
> Nous avons **des** amis sincères.
> Nous avons **de** *très bons* amis.

Note: Lorsque l'adjectif et le nom forment une unité, on emploie la forme normale de l'article. On dira par exemple:

des jeunes gens (*youths*)	**des** grands-parents
des jeunes filles	**des** vieilles filles (*spinsters*)
des petits pois (*peas*)	**des** bons mots (*witticisms*)
des petits pains (*rolls*)	

Omission

A. Après certaines expressions de quantité telles que *beaucoup de, peu de, assez de, trop de, sans, faute de,* lorsqu'elles sont prises dans un **sens indéterminé:**

Beaucoup de vin	Un kilo de sucre
Peu d'épinards	Une cuillerée de sirop
Trop d'amis	Une tonne de charbon
Assez d'efforts	Une livre de tomates
Sans idées	Un mètre de drap

Exception: Bien **du** travail, bien **des** ennuis, bien **de la** chance...

Note: Cependant, lorsque ces expressions de quantité précèdent un nom pris dans un **sens déterminé,** l'omission n'a pas lieu, car il s'agit alors de l'article *défini* contracté (**de + le, de + les,** etc.)

> J'ai encore beaucoup **du** vin *que vous m'avez envoyé.*
> Donnez-moi un kilo **du** sucre *que vous venez d'acheter.*
> J'ai mangé une livre **des** tomates *de mon jardin.*

B. **Après certaines expressions verbales** actives ou participiales **employées dans un sens indéterminé,** telles que:

arroser de	entourer de
avoir besoin de	(s') habiller de (en)
baigner de	(se) munir de
changer de	orner de
(se) changer en	(se) parer de
se contenter de	remplir de
couvrir de	surmonter de
décorer de	(se) transformer en
(se) déguiser en	

un gâteau arrosé de cognac	une maison entourée d'arbres
un verre rempli (plein) d'eau	Elle s'entoure d'amis.
un ciel couvert de nuages noirs	Il a besoin d'argent.

Note 1: Dans les expressions telles que: **un verre d'eau, un panier de fraises, une cuillère de sucre, une tasse de café,** etc., se trouvent sous-entendues les locutions **rempli de** ou **plein de.**

> Un panier de fraises = un panier **plein de** fraises.

Note 2: Lorsque dans les expressions précédentes le nom est pris dans **un sens déterminé,** l'omission n'a pas lieu, car il s'agit de l'article *défini* contracté. On dit par exemple:

> Un panier plein **des** fraises *que vous avez cueillies.*
> Vous aurez besoin **des** livres *que vous venez d'acheter.*

Les adjectifs et les compléments déterminatifs

L'ADJECTIF

Accord de l'adjectif

L'adjectif s'accorde en genre et en nombre avec le nom qu'il modifie. Les accords irréguliers, étant simplement une question de mémoire, ne seront pas traités ici. Vous voudrez bien se reporter à votre livre de grammaire habituel.

Position de l'adjectif

La question de la place de l'adjectif en français est extrêmement complexe et comporte de nombreuses exceptions. Nous nous bornerons ici à examiner certains concepts et certaines tendances d'ordre général.

A. Adjectifs qui suivent le nom Ces adjectifs ont un sens **analytique,** c'est-à-dire qu'ils distinguent le nom, qu'ils le classent dans une certaine catégorie. Parmi ces adjectifs, nous trouvons:

1. Ceux exprimant la forme, la couleur, le goût, la nationalité, la religion, l'état social, etc.:

une table **ovale**	un citoyen **américain**
un ciel **azur**	un pasteur **protestant**
une pomme **acide**	un quartier **bourgeois**

2. Les participes présents et passés:

> une anecdote **amusante**
> un débat **passionné**

3. Les adjectifs modifiés soit par un complément, soit par un adverbe en **-ment**:

> une poire **bonne à manger**
> une fille **merveilleusement belle**

B. Adjectifs qui précèdent le nom

1. Ceux pris dans un sens **synthétique,** c'est-à-dire, ceux qui sont liés au nom par un maximum de cohésion et qui forment avec lui un seul concept:

des **petits pois**	la **grasse matinée**
une **vieille fille**	un **bon mot**
un **jeune homme**	

Possèdent un sens synthétique également les adjectifs qui éclairent une caractéristique sentie comme inhérente au nom:

> mes **sincères condoléances**
> mes **respectueuses salutations**
> payer quelqu'un de **vagues promesses**
> se bercer de **douces illusions**
> un **gai luron**
> la **catholique Espagne**
> la **verte Irlande**

C'est le cas en particulier des adjectifs modifiant un nom propre:

l'**élégante Jacqueline Kennedy**	le **divertissant Chaplin**
le **célèbre Shakespeare**	l'**habile Machiavel**

2. *Certains adjectifs tels que:* **beau, bon, gentil, grand, jeune, joli, petit, vieux,** qui offrent avec le nom un maximum de cohésion sémantique et vocalique.

> un **gentil** garçon
> une **jolie** fille
> une **vieille** église

3. Ceux qui sont pris dans un sens figuré. Comparez:

un **sinistre** présage: FIGURE	une robe **noire**
un endroit **sinistre**: ANALYTIQUE	mes **vertes** années
un **noir** chagrin	des fruits **verts**

C. Adjectifs qui changent de signification selon leur position

1. Précédant le nom, les adjectifs ci-dessous ont une valeur **affective** (sens figuré). Suivant le nom, ils ont une valeur **analytique** (sens propre):

brave	grand	pauvre
cher	maigre	plat
doux	méchant	propre
faible	modeste	rude
galant	noble	triste

    C'est un **brave** homme. (bon et simple)
    C'est un homme **brave**. (courageux)

    de **plates** excuses (basses et serviles)
    un toit **plat** (qui ne forme aucun angle)

    un **rude** coup (violent)
    une surface **rude** (rugueuse)

    un **triste** individu (méchant ou mauvais)
    un visage **triste** (qui exprime la tristesse)

    un **modeste** salaire (petit)
    une personne **modeste** (humble)

2. Les adjectifs ci-dessous, bien que conservant une valeur **analytique**, en sont arrivés, au cours de leur association avec le nom, à prendre des **sens différents,** selon leur position.

ancien	différents	nouveau
certain	divers	seul
dernier	même	unique

    mon **ancienne** demeure (celle que j'habitais auparavant)
    une demeure **ancienne** (d'une autre époque)

    un **certain** sourire (une sorte de sourire)
    une victoire **certaine** (sûre, assurée)

    la **même** histoire (une histoire identique)
    la vérité **même** (la pure, l'exacte vérité)

D. Cas où plusieurs adjectifs modifient le nom

1. Un adjectif modifie une **unité synthétique.** Cet adjectif précède ou suit l'unité selon sa position habituelle:

    une jeune fille **intelligente**
    une **jolie** jeune fille

2. Les deux adjectifs présentent une **valeur analytique,** c'est-à-dire que chacun d'eux ajoute au nom une caractéristique distincte et parallèle.

Dans ce cas, ils sont reliés par une conjonction et suivent généralement le nom.

> une fille **jeune** et **jolie**
>
> un étudiant **intelligent** et **travailleur**
>
> un garçon **jeune** mais **sérieux**
>
> un homme **jeune** ou **vieux**

E. Le complément d'adjectif L'adjectif peut être modifié d'un complément introduit par une préposition ou par la conjonction.

> un visage resplendissant **de joie**
>
> un étudiant moyen **en anglais**
>
> un exercice difficile **à faire**
>
> une philosophie autre **que la mienne**

L'adjectif ainsi modifié suit toujours le nom.

LE COMPLEMENT DETERMINATIF

(Cf. Appendice III et Appendice V.)

Le complément déterminatif est introduit à l'aide d'une préposition et peut présenter avec le nom des relations diverses (but, destination, espèce, etc.).

Une difficulté de l'emploi du complément déterminatif vient du fait que l'anglais différencie moins que le français l'adjectif qualificatif de l'adjectif de relation. C'est ainsi qu'en français, un nom ou un verbe, ne pouvant pas s'employer comme adjectif, doit obligatoirement se relier au nom qu'il modifie par une préposition:

> *a sunset*   un coucher **de soleil**
>
> *a garage door*   une porte **de garage**
>
> *a washing machine* une machine **à laver**
>
> *a stone house*   une maison **en pierre**

Relations présentées par le complément déterminatif:

Le complément déterminatif est introduit le plus souvent par les prépositions **à, de, en.**

A. Compléments déterminatifs introduits par la préposition *à*. Ces compléments peuvent présenter les relations suivantes:

1. Caractéristique physique, habillement, décor:

> un homme **à barbe blanche**   un meuble **à l'italienne**
>
> l'homme **au complet gris**   la vierge **à l'enfant**

2. Destination, usage, fonctionnement:

> une maison **à vendre**   une machine **à calculer**
> un verre **à vin**   un moteur **à essence**

3. Composition partielle:

> une maison **à trois chambres**
> une salade **aux anchois**

B. Compléments déterminatifs introduits par la préposition *de*. Ces compléments peuvent présenter les relations suivantes:

1. Caractéristique morale:

> un artiste **de talent**
> une femme **de tête**
> un homme **de sang-froid**

2. Composition totale:

> un appartement **de trois pièces**
> une salade **de tomates**

3. Espèce:

> une chaise **de salon**   une voiture **de course** racecar
> un vol **de nuit**   un professeur **d'anglais**
> une maison **de campagne**

4. Cause:

> un mouvement **d'impatience**
> un cri **de surprise**

5. Temps, lieu:

> les visiteurs **du soir**   l'homme **de Rio**
> les écrivains **de la Renaissance**   la porte **de droite**
> le français **d'aujourd'hui**   l'appartement **du dessus** upstairs appt.

6. Mesure:

> un billet **de dix dollars**   une distance **de 200 milles**
> une température **de 40 degrés**   une montre **de prix** prices are climbing

7. Contenu:

> un verre **de vin**
> une boîte **de bonbons**
> une corbeille **de fruits** basket

8. Matière (sens propre et sens figuré):

une coupe **d'or** *golden*

une main **de fer** dans un gant **de velours** *>figurative*

C. Compléments déterminatifs introduits par la préposition *en*. Ces compléments peuvent présenter les relations suivantes:

1. Matière (sens propre):

    une coupe **en or** *(made of)*
    une maison **en briques**

2. Division, changement, forme:

    une comédie **en quatre tableaux**
    un clocher **en pointe**
    une tragédie **en vers** *verse*

La classification précédente, loin d'être définitive, se propose de vous aider à mieux comprendre les compléments déterminatifs et leurs nuances, et à en composer de nouveaux. En partant de l'exemple «la porte **de droite**» (B5), on arrive à la porte **de gauche, de devant, de derrière, d'à côté, d'en face,** etc....

Les prépositions

L'EMPLOI DES PREPOSITIONS

L'emploi des prépositions françaises présente de sérieuses difficultés à l'étudiant de langue anglaise pour les raisons suivantes:

1. L'infinitif en français se construit parfois avec **à** ou **de** sans raison vraiment logique (cf. Appendice VIII):

   > Il a décidé **de** venir.
   > Il s'est décidé **à** venir.

2. Les prépositions anglaises et françaises ne coïncident pas toujours:

   > *Milk is sold **by** the quart.*   Le lait se vend **au** litre.

3. En général, la préposition française n'a pas ou n'a plus la force de la préposition anglaise et demande dans certains cas à être amplifiée:

   > *The train **from** Paris.*   Le train **en provenance de** Paris.

Ces deux derniers points vont être successivement étudiés dans ce chapitre au moyen d'une étude comparative.

About

A. Imprécision de:

1. Nombre, quantité, durée: **à peu près, environ:**

   > Ils étaient **environ** trois mille.
   > Vous en achèterez **à peu près** 3 kilos.
   > Je l'ai vu il y a **environ** un mois.

2. Date: **vers** (+ l'article):

> Je pense arriver **vers le** 10 mai.

3. Heure: **vers, vers les, sur les, à environ**:

> Nous partirons **vers** midi (minuit).
> Il arrivera **vers les** 4 heures.
> Nous dînons **sur les** 7 heures.
> L'orage éclata **à environ** 2 heures.

4. Lieu (sens de *around* et de *near*): **autour de, partout, à proximité**:

> Regardez **autour de** vous.
> Ces papiers traînaient **partout**.
> Le patron est-il **à proximité**?

B. **Thème, sujet: de, sur, au sujet de, à l'égard de, sur le compte de:**

> Parlez-nous **de** vos vacances.
> Je vais m'informer **de** cela.
> Un livre **sur** John Kennedy.
> Je viens vous voir **à l'égard de** (**au sujet de**) cette affaire.
> Il est inquiet **sur son compte** (**à son sujet**).

C. **Devant un infinitif: sur le point de, aller:**

> Il était **sur le point de** répondre.
> Il **allait** répondre

D. **Idiotisme:** *How about* + participe présent ou + nom = **si** + imparfait:

> **Si nous allions** au cinéma?
> **Si nous faisions** une partie de bridge?

After

A. **Temps, succession: après:**

> Ils partirent l'un **après** l'autre.
> Il est arrivé **après** elle.

B. **Ressemblance: de:**

> Il tient **de** son père.

C. **Imitation, copie: d'après** (cf. *from*):

> Une aquarelle **d'après** Picasso.

D. **Verbes:** *To look after*:

> La mère veille **sur** ses enfants.
> L'infirmière s'occupe **de** ses malades.

Against

A. Opposition: contre:

> Il lutte **contre** l'insomnie.
> envers et **contre** tous (*against the world*)

B. Protection (cf. *from*): contre:

> un vaccin **contre** la grippe

C. Lieu (proximité) (cf. *along, by*): le long de, contre:

> Il y a un fil électrique **le long du** mur.
> Le bureau est **contre** le mur.

D. Idée de fond: sur:

> La cathédrale se dressait **sur** un ciel sombre.

Along

A. Lieu: (cf. *against*): (tout) le long de, sur:

> Il y avait des arbres (**tout**) **le long de** la rue.
> Victoire **sur** toute la ligne!

B. Temps: depuis le début, toujours:

> Je le savais **depuis le début**.
> C'est ce que j'ai **toujours** dit.

At (cf. *in*)

A. Temps (ponctuel): à:

> Venez **à** 8 heures.
> C'est **à** ce moment-là qu'il est entré.

B. Lieu (situation): en, dans:

> Ce navire est **en** pleine mer.
> **En** paix comme **en** guerre ce pays a su prospérer.
> C'est un musicien **dans** l'âme. (*at heart*)

C. Domicile (cf. *to*): chez:

> Il demeure **chez** ses parents.
> Il est **chez** le coiffeur.

D. Opposition: contre, de, après:

> Il est irrité **contre** moi.
> Il ne cesse de murmurer **contre** son professeur.

Nous sommes tous irrités **de** sa conduite.
Le chien aboie **après** le facteur.
Il crie constamment **après** son fils.

E. Verbes:

to be surprised at	être surpris **de**
to take offense at	se formaliser **de** (s'offenser **de**)
to point at	montrer (du doigt)
to look at	regarder
to scoff at	railler
to laugh at	rire **de**
to blush at	rougir **de**
to fire at	tirer **sur**
to aim at	viser

F. Idiotismes:

to be at a loss	être embarrassé
at the worst	**au** pis aller
at issue	**en** question
at the same time	**en** même temps
to take someone at his word	prendre quelqu'un **au** mot
at hand (handy)	**sous** la main

By

A. Lieu (position): **près de, à:**

Il y a un restaurant **près de** la gare.
Le chat ronronne **près du** feu.
Asseyez-vous **à** mes côtés. *by my side (by me)*

B. Lieu (mouvement): **par:**

Expédier un colis **par** le train.
Passer **par** le chemin le plus court.

C. Temps (situation): **de, à:**

Je préfère voyager **de** jour.
Il travaille **de** nuit.
Il doit avoir fini **à** l'heure qu'il est. *by now*

D. Rapport, comparaison: **sur, à:**

Réglez votre montre **sur** la mienne.
Je m'en rapporte **à** vous (à votre décision).

E. Différence numérique: **de:**

  Cette corde est trop longue **de** 3 mètres.
  Mon frère est plus âgé **de** 5 ans.

F. Prix, distribution: à:

  Ils arrivent un **à** un.
  Le lait se vend **au** litre.
  louer une voiture **à** la journée

G. Dimension: sur:

  C'est une piscine de trois mètres **sur** cinq.

H. Origine (cf. *from*): **de:**

  Mon ami est français **de** naissance.
  un livre **de** Balzac
  un tableau **de** Picasso

I. Agent du passif (cf. Appendice VIII: Le mode participe):

  un livre écrit **par** Balzac
  un tableau peint **par** Picasso

J. Introduction d'un gérondif de cause, de manière (cf. **in, on**): **en:**

  Vous réussirez **en** faisant de gros efforts.

K. Idiotismes:

by force	**de** force
by guess	**à** vue d'œil, approximativement
by myself	seul(e)
By the way!	**À** propos!

For

A. Temps:

1. Durée future vue du présent ou du passé, avec verbe inchoatif et idée d'intention: **pour:**

  Il part **pour** un an.
  Il est parti **pour** un an.

2. Durée inchoative vue du présent ou du passé: **depuis:**

  Il travaille **depuis** deux jours. *He has been working for two days.*
  Il travaillait **depuis** dix jours. *He had been working for ten days.*

3. Durée en général (aspect global ou duratif sans idée d'intention): **pendant, durant** (ou sans aucune préposition):

Il a travaillé (**pendant, durant**) deux heures.
Il est resté en France (**pendant, durant**) dix jours.
Pendant la guerre, il habitait Paris.

B. Destination: pour, à + l'infinitif:

Ces fleurs sont **pour** vous.
Une pilule **pour** le foie.
Cette voiture est **à** vendre.

C. Echange:

1. Certain: **contre:**

échanger une chose **contre** une autre

2. Douteux ou erroné: **pour:**

prendre une chose **pour** une autre *to mistake for*
prendre ses désirs **pour** des réalités
prendre **pour** acquis *to take for granted*

D. Cause: pour, de:

Il a été emprisonné **pour** meurtre.
On l'a blâmé **de** sa conduite.
Elle a été punie **pour** avoir menti.

E. Protection:

Une pastille **contre** la toux

F. Verbes:

to look for	chercher
to run for	courir chercher
to ask for	demander
to send for	envoyer chercher
to apologize for	s'excuser **de**
to account for	expliquer
to fish for	pêcher
to thank for	remercier **de**
to vouch for	répondre **de**
to care for (sentiment)	se soucier **de**
to long for	soupirer **après**
to substitute for	substituer **à**

G. Idiotismes:

for example	**par** exemple
word for word	mot **à** mot

for anything	**pour** rien au monde
Run for your life!	Sauve qui peut!
the motive for his retirement	la raison **de** sa retraite
Smoking is bad for him	Fumer ne lui vaut rien.
for fear of	**de** peur **de**
for all I know	**pour** autant que je sache

From

A. Lieu (source, origine) (cf. *of*): **de:**

> Il vient **de** la campagne.
> Il arrive **de** New York.
> des vins **de** France

B. Lieu (séparation): **de:**

> Il est séparé **de** sa famille.
> Ce restaurant est à quinze kilomètres **de** Paris.
> distinguer une chose **d'**une autre

C. Temps (aspect inchoatif) (cf. *in*): **dès, à partir de, dans, de... en:**

> Il a été malade **dès** le début de ses vacances.
> **A partir d'**aujourd'hui nous serons fermés le samedi.
> Il travaille **du** matin **au** soir.
> **Dans** trente ans, nous prendrons notre retraite.
> Je vous verrai **d'aujourd'hui en** huit.

D. Imitation, comparaison (cf. *after*): **d'après:**

> Elle peint **d'après** nature.
> **D'après** vous (**d'après** ce que vous dites), la nouvelle est fausse.
> Il ne faut pas juger **d'après** les apparences.

E. Verbes:

to drink from	boire **dans**
to take from	prendre **à**
to protect from	protéger **de** (contre)
to refrain from	s'empêcher **de** + l'infinitif

F. Idiotismes:

I don't know him from Adam.	Je ne le connais ni **d'**Eve ni **d'**Adam.
to drink from the bottle	boire à la bouteille
From: X . . . (on a letter or package)	Expéditeur: **X**...

In (into)

A. Manière: de:

> Elle joue **d'**une manière habile.
> **De** toute façon, ça ne m'intéresse pas.

B. Manière (situation) (cf. *at*): en:

> Je le revois **en** imagination.   Allez **en** paix.
> Il travaille **en** silence.   vivre **en** famille

C. Détail caractéristique (cf. *with*): en, à (cf. Appendice IV: Les compléments déterminatifs):

> l'homme **au** complet gris
> la dame **en** blanc

D. Temps (durée, époque): en:

> **en** juillet   **en** été
> **en** 1945   (mais: **au** printemps, **le** matin, **le** soir)

E. Temps (aspect ponctuel) (cf. *at*): à:

> **au** mois de juillet
> **au** vingtième siècle

F. Temps:

1. Durée localisée dans le temps avec point de départ (inchoatif) (cf. *from*): **dans:**

> Il aura fini **dans** trois heures. (*three hours from now*)

2. Durée globale non localisée dans le temps: **en:**

> Je puis faire cela **en** trois heures. (*in three hours' time*)

G. Lieu (cf. *at*): à, dans, en

> **à** Paris   **au** clair de lune
> **à** la bibliothèque   **dans** ma chambre
> **au** Mexique   **en** France
> **au** soleil   (mais: **sous** la pluie)

H. Changement, division: en:

> changer l'eau **en** vin
> comédie **en** trois actes

I. Introduction d'un gérondif de cause, de manière (cf. *by, on*): en:

> **En** agissant de la sorte (*in so doing*), il arrivera à ses fins.

J. Verbes:

to indulge in	s'adonner **à**
to consist of	se composer **de** (+ nom)
to consist in	consister **à** (+ infinitif)
to believe in	croire **à** (quelque chose)
to have faith in	croire **en** (quelqu'un)
to look into	examiner
to deal in	faire le commerce **de**
to have confidence in	se fier **à**
to lack in	manquer **de**
to delight in	se plaire **à**
to rejoice in	se réjouir **de**
to succeed in	réussir **à** (+ infinitif)

K. Idiotismes:

one in a hundred	un **sur** cent
in my time	**de** mon temps
in all likelihood	**selon** toute probabilité

Of (cf. Appendice IV: Les compléments déterminatifs)

A. Lieu, origine (cf. *from*): de:

produits **de** France

B. Contenu: de:

une tasse **de** café
un recueil **de** poèmes

C. Matière: de, en:

1. Au sens propre: **de** ou **en** sont généralement interchangeables:

une robe **de** coton (**en** coton)
une maison **en** briques (**de** briques)

2. Au sens figuré: toujours **de**:

un cœur **de** pierre
mon âme **de** cristal
un baiser **de** feu

D. Cause: de (cf. *with* et Appendice IV: Les compléments déterminatifs):

Je suis mort **de** faim (soif, froid).
Un tremblement **de** peur (colère) l'agitait.

E. Verbes:

to approve of	approuver
to know of	connaître
to get rid of	se débarrasser **de**
to think of	penser **à**
to dream of	rêver **à**

On

A. Lieu: sur

> Il posa son devoir **sur** le bureau.

B. Date: devant une date, la préposition anglaise *on* ne s'exprime pas.

> Il arrivera lundi.
> Il arrivera le 25 juin.
> Nous travaillons le dimanche (*on Sundays*).

C. Introduction d'un gérondif exprimant le temps (cf. *by, in*): **en:**

> Il siffle **en** travaillant.
> Il a souri **en** me voyant.

D. Thème, sujet (cf. *about*): **de, sur:**

> un livre **de** bridge
> un article **sur** la Chine

E. Verbes:

to have pity on	avoir pitié **de**
to decide on	décider **de** (+ l'infinitif)
to rely on	se fier **à**
to put on	mettre (des vêtements)
to wait on	servir (quelqu'un)

F. Idiotismes:

on the train	**dans** le train
on the farm	à la ferme
on the street	**dans** la rue (mais: **sur** le boulevard, **sur** l'avenue)
on fire	**en** feu
It depends on him.	Cela dépend **de** lui.
She fell on her knees.	Elle est tombée à genoux.
He did it on purpose.	Il l'a fait exprès.
to travel on foot	voyager à pied

Through

A. Lieu (direction): **à travers, par:**

> Il est entré **par** la fenêtre.
> Nous sommes venus **à travers** la forêt.

B. Cause, motif (sens de *out of*): **par:**

> Il a fait cela **par** amitié.

C. Sens adverbial: de bout en bout, d'un bout à l'autre, jusqu'au bout:

> J'ai lu ce livre **de bout en bout** (**d'un bout à l'autre**).
> Nous tiendrons **jusqu'au bout**. (*We'll see it through.*)

D. Verbes:

> *to see **through***   percer à jour
> *to go **through***   traverser

E. Idiotismes:

> *Let's go **through** with it.*   Faisons-le.
> *They would not let us **through**.*   Ils n'ont pas voulu nous laisser
> passer.
>
> *I am **through** with my homework.*   J'ai fini mes devoirs.
> *He was wet **through** and **through**.*   Il était mouillé **jusqu'aux** os.

To

A. Lieu (direction): (cf. *at, in*): **à, en, chez, dans:**

> Il est allé **à** Chicago.
> Nous irons **en** Floride.
> Je vais pêcher **dans** le Maine.
> Rentrons **chez** nous.

B. Relation morale: envers, pour:

> Soyez polis **envers** vos parents.
> Soyez bons **pour** les animaux.

C. Idiotismes:

> *from . . . **to** . . .*   de... en...
> *I'll bet you ten **to** one . . .*   Je vous parie dix **contre** un...
> *He showed her **to** the door.*   Il l'accompagna **jusqu'**à la porte.
> *I call your attention **to** this matter.*   J'attire votre attention **sur** cette
> affaire.

With

A. Accompagnement: avec:

> Il se promène **avec** son chien.

B. Détail caractéristique (cf. *in*): **à** (cf. Appendice IV: Les compléments déterminatifs):

> une fille **aux** yeux bleus
> une élève **à** l'intelligence éveillée

C. Moyen:

1. Naturel: de:

> Il envoya la balle **d'**une main sûre.
> Il contemple le gâteau **d'**un œil gourmand. *Glutton*

2. Mécanique: avec:

> Il envoya la balle **avec** sa raquette.
> Il contemple les astres **avec** un télescope.

D. Cause: de:

> trembler **de** peur
> rire **de** joie

E. Verbes:

*to charge someone **with***	accuser quelqu'un **de**
*to have dealings **with** someone*	avoir affaire **à** quelqu'un
*to deal **with** something*	s'occuper **de**
*to begin **with***	commencer **par**
*to entrust someone **with** something*	confier quelque chose **à** quelqu'un
*to meet **with*** (accidental)	être victime **de**
*to meet **with***	subir
*to be angry **with***	se fâcher **contre**
to interfere with	se mêler **de**
*to cope **with***	faire face **à**
*to put up **with***	tolérer

L'AMPLIFICATION DES PREPOSITIONS

La préposition française, moins chargée de sens, moins dynamique que son équivalent anglais, est souvent amplifiée au moyen de:

A. Une locution prépositive:

· the plane **to** New York	l'avion **à destination de** New York
From Jim (on a gift)	**De la part de** Jim
an invitation **from** her	une invitation **de** sa **part**
a letter written **by** me	une lettre écrite **de** ma **main**
from 8 o'clock **on**	**à partir de** 8 heures
some **of** them	certains **d'entre** eux
his attitude **toward** me	son attitude à mon **égard**
worried **about** you	inquiet à votre **sujet**
She is **after** a husband.	Elle est **à la recherche** d'un mari.
my book **for** yours	mon livre **en échange** du vôtre
Intercede **for** him.	Intercédez **en** sa **faveur.**
under this contract	**d'après les termes de** ce contrat
I got this **through** him.	J'ai obtenu cela **par** son **intermédiaire.**
He uses the cup **as** an ashtray.	Il se sert de la tasse **en guise de** cendrier.
a reception **for** the senator	une réception **en l'honneur du** député

B. Une proposition relative:

the world **around** us	le monde **qui** nous **entoure**
the path **to** the lake	le sentier **qui mène au** lac
his hatred **for** you	la haine **qu'il éprouve à** votre égard
his friendship **for** you	l'amitié **qu'il** vous **témoigne**
the young student **from** France	le jeune étudiant **qui vient de** France
the people **with** me	les gens **qui m'accompagnent**
the man **next to** me	l'homme **qui est à** mes côtés
a smile **on** his face	un sourire **qui éclairait** son visage

C. Un participe passé ou présent:

the trees **around** the square	les arbres **entourant** la place
a board **with** this inscription	un panneau **portant** cette inscription
a book **on** this topic	un livre **traitant de** ce sujet
the verbs **in** this category	les verbes **appartenant à** cette catégorie
the joy **on** his face	la joie **peinte sur** son visage
a house **on** the side of a hill	une maison **perchée au** flanc d'une colline
an accusation **against** him	une accusation **portée contre** lui
an insult **to** common sense	un défi **porté au** bon sens
a toast **to** your health	un toast **porté à** votre santé
a child **on** a bike	un enfant **monté** sur un vélo

*people **from** Chicago*	des gens **venus de** Chicago
*a shot **from** the house*	un coup de feu **parti de** la maison

D. Un infinitif:

*Send **for** the doctor.*	Envoyez **chercher** le méde-cin.
*He went out **for** beer.*	Il est allé **acheter** de la bière.
*He went out **for** a beer.*	Il est allé **prendre** une bière.
*He went out **for** breakfast.*	Il est allé **prendre** son petit déjeuner.
*The manager was sent **for.***	On fit **venir** le gérant.
*I helped the old lady **across** the street?*	J'ai aidé la vieille dame **à traverser** la rue.
*Will you help me **up** the stairs?*	Voudriez-vous m'aider **à monter** l'escalier?
*Help me **out of** the car.*	Aidez-moi **à descendre** de voiture.
*Help me **over** the ditch.*	Aidez-moi **à franchir** le fossé.

Notes sur l'amplification

1. Lorsque l'expression introduite par une préposition forme avec le nom qu'elle modifie un complément déterminatif (cf. Appendice IV: Le complément d'adjectif) dans lequel la valeur **adjective** est fortement sentie, la préposition n'est pas amplifiée:

> un remède **contre** la grippe
> sa joie **de** vivre
> les essais **sur** l'existentialisme
> une machine **à** calculer

2. Par contre, si l'expression introduite par la préposition présente une valeur nettement **adverbiale,** l'amplification est nécessaire et se fait normalement à l'aide d'un verbe:

> Cette accusation **portée contre** moi (*against me*)
> le monde **qui l'entoure** (*around him*)
> un chemin **qui mène à** la ferme (***to** the farm*)
> l'homme **qui se trouve à côté de** moi (*next to me*)

La plupart du temps, les expressions ci-dessus présentent une idée de **lieu** ou de **temps.** Cette idée peut se rendre par la préposition **de** sans amplification, lorsque la relation entre les deux éléments est si forte qu'elle tend à former une unité conceptuelle (cf. Appendice IV: Le complément déterminatif):

the Chicago highway	la route **de** Chicago
the 3 o'clock plane	l'avion **de** trois heures
the man in the street	l'homme **de** la rue

Il est important de noter que structurellement l'anglais ne fait pas toujours la distinction entre la valeur adverbiale et la valeur adjective. Par exemple, l'anglais dira: "We admire the flowers in the garden" pour exprimer les deux valeurs, alors que le français distinguera entre:

> Nous admirons les fleurs **dans** le jardin. (*dans le jardin* étant un complément de lieu du verbe *admirons*)

et:

> Nous admirons les fleurs **du** jardin. (*du jardin* étant un complément déterminatif du nom *fleurs*)

La difficulté provient du fait que, dans de nombreux cas, le choix n'est pas possible en français. Par exemple, dans les situations suivantes les expressions en italiques ont une valeur distincte et doivent obligatoirement s'exprimer en français par un complément déterminatif ou un complément adverbial, selon le cas:

> Take the first door *on the right*.
> Prenez la première porte *à droite*. (*à droite* adverbe de *prenez*)
>
> We knocked at the door *on the right*.
> Nous avons frappé à la porte *de droite*. (*de droite* est adjectif de *porte*)

3. Dans le cas 2, c'est-à-dire celui du nom modifié par une expression adverbiale, il est rare en français d'employer un adjectif possessif, comme le fait l'anglais:

his affection *for* his mother	la tendresse **qu'il porte** à sa mère
her happiness *at* seeing him	le bonheur **qu'elle ressent** à le voir
his need *to* philosophize	le besoin **qu'il éprouve de** philosopher
his challenge *to* the enemy	le défi **qu'il lance à** l'ennemi

Le subjonctif

Le mode subjonctif présente aux étudiants de langue anglaise de sérieuses difficultés pour deux raisons:

1. Ce mode n'a pratiquement pas d'équivalent en anglais, sauf dans certaines phrases toutes faites, du genre de *if I were* (qui ne se traduit d'ailleurs pas par un subjonctif en français) et de *God save the Queen.*

2. Le subjonctif français est un mode psychologique qui sert à présenter les faits, non d'une manière rationnelle, comme le mode indicatif, mais d'une manière affective. Il se prête donc tout naturellement à l'expression des émotions.

   Si je dis, par exemple, **Il est riche** ou **Il n'est pas riche,** je communique deux faits pris dans leur réalité concrète. Même dans la phrase **Est-il riche?,** je demande à mon interlocuteur une simple réponse objective dans laquelle n'entre aucun facteur psychologique.

   Au contraire, si je dis **Croyez-vous qu'il soit riche?** je réclame de mon interlocuteur une opinion affective, c'est-à-dire une réalité teintée de ses sentiments personnels.

Du point de vue pratique on peut considérer deux types de subjonctifs: le subjonctif **obligatoire,** qui n'exige qu'un effort de mémoire, et le subjonctif **facultatif,** dont l'emploi, plus délicat, dépend essentiellement de l'idée exprimée qui doit être analysée au préalable.

LE SUBJONCTIF OBLIGATOIRE

A. Dans la proposition principale et indépendante:

On le trouve dans certaines locutions figées telles que:

Vivent les vacances!   Dieu vous **protège.**
Sauve qui peut!   Halte-là, qui **vive**!
Qu'à cela ne **tienne.**   Pas que je **sache.**
Grand bien vous **fasse.**

De plus, il s'emploie pour remplacer la troisième personne de l'impératif qui manque en français:

Qu'il **se débrouille**!
Qu'il **aille** au diable!

Il est intéressant de noter que, dans les cas précédents, la proposition est en fait dépendante d'une proposition elliptique telle que par exemple:

Je prie que Dieu vous **protège.**
Je souhaite que grand bien vous **fasse.** (ironique)
Faites qu'il **aille** au diable.

B. Dans les propositions subordonnées circonstancielles de:

1. **Temps:** après certaines conjonctions exprimant la postériorité telles que **avant que, en attendant que, jusqu'à ce que.**

   *En attendant qu'*il vienne, prenons l'apéritif.

2. **But:** après les conjonctions **afin que, de crainte que, de façon que, de peur que, pour que, de sorte que, que** (précédé de l'impératif), etc.

   Laissez-lui un mot *de façon qu'*il **puisse** savoir où nous allons.
   Approchez *qu'*on vous **voie** mieux.

Il ne faut pas confondre le but et la conséquence, car en effet la conséquence est un fait réel exprimé par l'indicatif, alors que le but ne présente que la possibilité de ce fait et demande le subjonctif:

   BUT: Nous l'avons aidé *de sorte qu'*il **puisse** réussir à son prochain examen.
   CONSÉQUENCE: Nous l'avons aidé *de sorte qu'*il **a** enfin **réussi.**

3. **Cause fausse:** après les conjonctions **non que** et **ce n'est pas que.**

   Il a réussi à son examen, *non qu'*il **soit** particulièrement intelligent, mais il a beaucoup travaillé.
   S'il ne comprend pas, *ce n'est pas qu'*il **soit** borné, mais le problème est fort mal présenté.

4. **Concession:** après les conjonctions **bien que, pour... que, quelque...
que, qui que ce soit (que), quoique, quoi que, soit que... soit que,
tout... que,** etc.

> *Pour* grands *que* **soient** les rois, ils sont ce que nous sommes.
> (Corneille)
> *Quelque* désir *que* vous **ayez** de partir, il vous faudra attendre.
> *Qui que ce soit qui* m'**appelle**, répondez que je suis sorti.
> *Quoi que* vous **puissiez** dire, je ne vous crois pas.

> Il n'a pas assisté à la réunion, *soit qu'*on ne l'**ait** pas **prévenu**, *soit
> qu'*il **ait oublié.**

> *Tout* savant *qu'*il **soit,** il ne m'impressionne pas.

5. **Restriction:** après les conjonctions **sans que** et **à moins que... (ne).**

> Il s'est suicidé *sans qu'*on **sache** pourquoi.
> Nous ferons cette excursion *à moins qu'*il *ne* **pleuve.**

6. **Condition:** après les conjonctions **à condition que, à moins que, à supposer que** et **pourvu que.**

> Nous ne ferons pas cette excursion *à moins qu'*il **fasse** beau.

Note: Dans la langue moderne, le subjonctif ne s'emploie plus après **si.** Il
s'emploie cependant après **que** remplaçant **si:**

> Si vous *étiez* riche et *que* vous **ayez** le temps, vous feriez le tour du
> monde.

C. Dans les propositions nominales introduites par les verbes exprimant:

1. **La volonté: commander, consentir à ce que, défendre, demander, empêcher, exiger, ordonner, permettre, prescrire, proposer, recommander,
vouloir, il faut, il est nécessaire (obligatoire, essentiel, souhaitable),**
etc.

> Nous *consentons à ce que* vous **entrepreniez** ce voyage.

Note 1: Les verbes de déclaration tels que **dire, écrire,** et **avertir** peuvent
introduire soit un fait réel, et sont alors suivis de l'indicatif, soit un concept
de volonté, et sont alors suivis du subjonctif:

> *Ecrivez*-lui qu'il *a réussi* à l'écrit et qu'il **vienne** passer l'oral.

Note 2: Lorsque l'acte volontaire est présenté comme décision immuable, on
doit employer l'indicatif:

> Le général *ordonne* que l'on **attaquera** à l'aube.
> Le Président *décrète* que les impôts **seront augmentés** de dix pour
> cent.

2. **Les sentiments: aimer, avoir envie, craindre, désirer, être fâché, être heureux, préférer, regretter, souhaiter, trouver bon, vouloir bien, il vaut mieux, il est à craindre, il suffit, il est bon (mauvais, heureux, malheureux, regrettable),** etc.

> *Il est à craindre qu'*il n'**échoue.**
>
> Pour obtenir cette bourse, *il suffit que* vous **passiez** un examen oral.

Note: Le verbe *espérer,* à la forme affirmative, introduit un indicatif.

croire
penser

LE SUBJONCTIF FACULTATIF

Propositions nominales

Certains verbes exprimant **le doute, l'incertitude, la dénégation** et qui, vu leur nature, devraient introduire le subjonctif, sont quelquefois suivis de l'indicatif lorsque l'élément subordonné est présenté comme un fait si réel que l'élément affectif (verbe principal) en est atténué. Dans la plupart des cas, il s'agit des formes interrogatives et négatives des verbes suivants: **contester, croire, disconvenir, douter, ignorer, mettre en doute, nier, penser, se souvenir,** etc., **il arrive, il est certain (clair, douteux, évident, possible, probable, vrai, faux, vraisemblable, invraisemblable), il semble,** etc. Dans les exemples ci-dessous il convient d'analyser l'idée, car l'emploi du subjonctif ou de l'indicatif dépend essentiellement du contexte:

> Je *ne disconviens pas* qu'il **ait fourni** un sérieux effort.

1. Dans la phrase:

> Le professeur *ne croit pas* que je **suis** malade.

le fait que **je suis malade** est présenté dans sa réalité objective mise en relief. La phrase se comprend ainsi:

> Je suis malade, mais le professeur ne veut pas le croire.

Dans cette phrase:

> Le médecin *ne croit pas* que je **sois** malade.

je sois malade est présenté en dehors de la réalité objective comme un concept de l'esprit qui est mis en relief par **ne croit pas.** La phrase pourrait se concevoir ainsi:

> **A son avis,** je ne suis pas malade.

2.   Dans l'exemple:

> *Pensez-vous* maintenant que Jean **a** raison?

le relief porte sur **Jean a raison** qui est présenté comme un fait réel. Cette phrase peut s'analyser de la manière suivante: la question est posée à un interlocuteur qui niait le fait que Jean avait raison. Après discussion qui a dû le convaincre du contraire, la question appelle une réponse affirmative. La phrase pourrait se transposer ainsi:

> Vous pensiez que Jean avait tort. Êtes-vous convaincu maintenant qu'il a raison?

Dans la phrase:

> *Pensez-vous* toujours que Jean **ait** raison?

ait raison est présenté ironiquement comme hypothétique, bien que jugé irréel par le locuteur. Cette phrase peut s'analyser de la manière suivante: la question est posée à un interlocuteur qui pensait que Jean avait raison. Après discussion qui a dû le convaincre du contraire, la question appelle une réponse négative. La phrase pourrait se transposer ainsi:

> Vous pensiez que Jean avait raison. Êtes-vous convaincu maintenant qu'il a tort?

3.   Dans l'exemple:

> Il *ignore* que vous **avez réussi.**

encore une fois, la proposition, nominale exprime la réalité objective. Cette phrase peut se transposer ainsi:

> Vous avez réussi, mais il ne le sait pas.

Dans la phrase:

> J'*ignore* que vous **ayez réussi.**

la proposition nominale est cette fois présentée comme une incertitude. On pourrait dire:

> Vous avez peut-être réussi, mais je n'en sais rien: mettez-moi donc au courant.

4.   La phrase:

> J'*ai nié* qu'il **avait menti.**

signifie qu'il a menti en effet, et que moi (*shame on me!*) bien que le sachant, je l'ai nié

Dans le contexte de:

> J'*ai nié* qu'il **ait menti.**

le mensonge n'est présenté ni comme réel ni comme irréel, mais comme hypothétique dans l'esprit de celui qui parle.

5. Dans la phrase:

> *Il n'est pas certain* qu'il **a terminé** ce travail en une heure.

Ici, un élément est présenté comme réel; c'est: **il a terminé.** L'élément d'incertitude porte sur **en une heure,** c'est-à-dire que l'idée pourrait se concevoir ainsi:

> Il a terminé ce travail, mais il n'est pas certain que ce **soit** en une heure. En fait, dans mon esprit, c'est même improbable!
>
> *Il n'est pas certain* qu'il **ait terminé** ce travail à l'heure qu'il est.

Ici, l'élément d'incertitude porte sur **ait terminé.** La phrase peut se comprendre ainsi:

> A mon avis, il peut avoir terminé ou non ce travail à l'heure qu'il est, mais cela n'est pas certain.

6. Dans la phrase:

> *Il semble* que vous **avez** tort.

vous avez tort est présenté comme un fait réel et **il semble** ne fait qu'atténuer cette dure vérité.

Il semble que vous **ayez** tort.

Cette phrase signifie:

> A mon avis (mais je peux me tromper), vous avez tort.

7. Dans l'exemple:

> Ce jour-là, *il arriva* qu'elle **commit** une erreur.

encore une fois, la proposition subordonnée exprime un fait réel, d'où l'indicatif.

> *Il arrive* parfois qu'elle **commette** une erreur.

Cette fois, la proposition subordonnée exprime une action occasionnelle et restrictive qui peut se produire ou non.

Nous venons de voir dans les sept exemples précédents que le contexte pouvait présenter un degré plus ou moins grand de subjectivité ou d'objectivité, nécessitant soit l'emploi du subjonctif, soit celui de l'indicatif.

D'autre part, il est certains verbes qui ont en eux-mêmes une valeur plus ou moins subjective et régissent normalement soit l'indicatif soit le subjonctif:

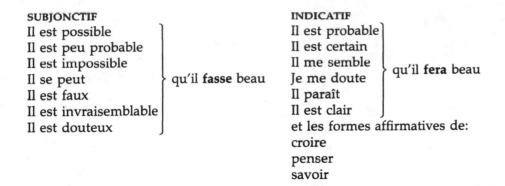

SUBJONCTIF		INDICATIF	
Il est possible		Il est probable	
Il est peu probable		Il est certain	
Il est impossible		Il me semble	
Il se peut	qu'il **fasse** beau	Je me doute	qu'il **fera** beau
Il est faux		Il paraît	
Il est invraisemblable		Il est clair	
Il est douteux			

et les formes affirmatives de:
croire
penser
savoir

Propositions adjectives

A. Dans certaines propositions relatives dont l'antécédent est indéfini ou d'ordre général, on emploie le subjonctif pour indiquer que la qualité de cet antécédent est souhaitable ou désirée, mais non nécessairement conforme à la réalité objective. Dans ces mêmes propositions, on emploie l'indicatif pour exprimer la réalité objective de cette qualité. Là encore, l'analyse de l'idée est essentielle.

1. La phrase:

> Je cherche une librairie qui **est** près de l'université.

signifie qu'il existe une librairie près de l'université et que c'est cette librairie que je cherche. On peut noter que **une** n'est pas vraiment indéfini mais **exclusif.**

> Je cherche une librairie qui **soit** près de l'université.

Dans cette phrase, l'existence d'une telle librairie est présentée comme hypothétique.

2. Dans la phrase:

> Je connais une personne à qui on **peut** se fier.

l'existence de la personne est présentée comme réelle.

Dans la phrase:

> Je ne connais personne à qui on **puisse** se fier.

la non-existence de la personne n'est pas présentée comme une réalité mais comme un concept de l'esprit.

B. Dans les propositions relatives modifiant un superlatif le processus précédent est suivi:

1. Dans l'exemple:

> C'est *la plus grande* maison que j'**ai visitée.**

parmi plusieurs maisons, j'indique que c'est la plus grande de ces maisons que j'ai visitée. On peut comprendre la phrase ainsi:

> J'ai visité la plus grande maison.

et la construction relative n'est autre qu'une mise en relief (cf. Appendice X: La mise en relief du complément d'objet direct).

> C'est *la plus grande* maison que j'**aie visitée.**

Dans cet exemple, la dimension de la maison est présentée comme une opinion personnelle. On pourrait s'exprimer ainsi:

> **A mon avis,** je n'ai visité aucune maison plus grande.

2. On pourrait exprimer la phrase:

> C'est *l'unique* faute que vous **avez faite.**

ainsi:

> **Vous avez** fait une seule faute, la voilà. (REALITE OBJECTIVE)

Et l'on pourrait exprimer:

> C'est *l'unique* faute que vous **ayez faite.**

ainsi:

> **A mon avis** (et je ne suis pas infaillible), c'est votre seule faute.
> (REALITE SUBJECTIVE)

L'EMPLOI DES DIFFERENTS TEMPS DU SUBJONCTIF

Le mode subjonctif comprend quatre temps: **le présent, le passé, l'imparfait** et **le plus-que-parfait.** L'emploi de ces deux derniers temps est limité de nos jours, pour des raisons d'euphonie, à la langue littéraire et au langage oratoire. Même dans ces deux cas, ces temps ne sont plus guère usités qu'à la troisième personne et sont supplantés par le présent et le passé.

Le temps employé dans la proposition subjonctive est dépendant du verbe de la principale par rapport auquel il peut avoir une relation d'antériorité, de simultanéité, ou de postériorité.

VERBE PRINCIPAL	VERBE SUBORDONNE AU SUBJONCTIF		
	ANTERIORITE	SIMULTANEITE	POSTERIORITE
Présent ou Futur ou Passé composé	Passé	Présent	Présent
Passé simple	Plus-que-parfait (ll)	Imparfait (ll)	Imparfait (ll)
Imparfait ou Conditionnel	Passé (lc) ou Plus-que-parfait (ll)	Présent (lc) ou Imparfait (ll)	Présent (lc) ou Imparfait (ll)

ll = langue littéraire
lc = langue courante

D'après ce qui précède, on peut constater que le bon usage du subjonctif met à l'épreuve et développe les deux facultés essentielles de l'esprit: le jugement et la mémoire.

CONSIDERATIONS SUR LE STYLE: REMPLACEMENT DU SUBJONCTIF

Dans certains cas, il est possible et même recommandé de remplacer la proposition subjonctive par une proposition infinitive, nominale ou elliptique. La phrase s'en trouve allégée d'autant.

Comment remplacer le subjonctif dans les propositions circonstancielles

A. Régulièrement par une proposition infinitive si les sujets sont identiques, à l'aide des prépositions suivantes:

1. **Temps: avant de, en attendant de.**

    Il a déjeuné **avant de partir.**

2. **But: afin de, de crainte de, de façon à, de peur de, pour.**

    Il s'est équipé **pour pêcher la truite.**

3. **Cause fause: non pour... mais pour.**

> Il a été arrêté, **non pour avoir volé, mais pour** avoir injurié un agent.

4. **Restriction: sans.**

> Il est parti **sans faire de bruit.**

5. **Condition: à condition de, à moins de.**

> **A condition d'être riche,** il verra s'ouvrir toutes les portes.

B.   Parfois par une locution substantive, à condition qu'il existe un substantif approprié. Cet emploi est d'un style élégant:

1. **Temps: avant, en attendant, jusqu'à.**

> Il a déjeuné **avant son départ.**

2. **But: pour, de crainte de, de peur de.**

> Il s'est équipé **pour la pêche à la truite.**

3. **Cause fausse: non pour.**

> Il a été arrêté, **non pour vol,** mais pour injures à un agent.

4. **Restriction: sans** (sujets identiques).

> Il est parti **sans bruit.**

C.   Plus rarement par une construction elliptique (style élégant):

1. **Concession: bien que, quoique.**

> **Bien qu'intelligent,** il échouera.

2. **Condition:** (aucun mot de liaison).

> **Riche,** il verra s'ouvrir toutes les portes.

Comment remplacer le subjonctif dans les propositions nominales

A.   Pour exprimer la volonté:

1. **Par une proposition infinitive, si les sujets sont différents,** après les verbes suivants: **commander, défendre, demander, empêcher, ordonner, permettre, prescrire, proposer, recommander, il faut, il me faut, il est nécessaire (obligatoire, essentiel, souhaitable),** etc.

> Je lui **ai ordonné** de venir.   Il leur **faut travailler.**
> Il l'**a empêché** de sortir.   Il est **essentiel** d'agir promptement.

Note: Lorsque les sujets sont différents, **vouloir** (contrairement à l'anglais) ne peut être suivi que de la construction subjonctive:

> *I want him to come.* Je *veux qu'*il **vienne.**

2. Parfois **par une locution substantive,** à condition qu'il existe un substantif approprié. Cet emploi est d'un style élégant:

> Le dictateur **a ordonné son arrestation.**
> Le médecin lui **recommande une opération.**
> Ses ennemis **veulent sa mort.**

B. Pour exprimer le sentiment:

1. Régulièrement **par une proposition infinitive, si les sujets sont les mêmes,** après les verbes suivants: **aimer, avoir envie, craindre, désirer, être fâché, être heureux, préférer, regretter, espérer, souhaiter, trouver bon, vouloir bien.**

> **J'ai envie** d'**aller** au cinéma.
> Je **souhaite** le **trouver** en bonne santé.

2. Régulièrement **par une proposition infinitive** après les verbes impersonnels suivants, **si le sujet réel est indéfini: il vaut mieux, il suffit, il est bon (mauvais), il est regrettable,** etc.

> **Il vaut mieux prévenir** que **guérir.**
> **Il est regrettable** de **voir** choses pareilles.

3. Parfois **par une locution substantive,** à condition qu'il existe un substantif approprié (style élégant).

> Je **désire sa victoire.**
> Nous **sommes fâchés de votre échec.**
> Il n'**espère** plus **sa venue.**

C. Pour exprimer le doute, l'incertitude et la dénégation:

1. Régulièrement **par une proposition infinitive, lorsque les sujets sont identiques,** après les verbes suivants: **contester, croire, disconvenir, douter, ignorer, nier, penser, se souvenir, être certain.**

> Je ne **me souviens** pas l'**avoir dit.**
> Elle ne **croit** pas l'**avoir rencontré.**
> Nous ne **sommes** pas **certains** d'avoir raison.

2. Régulièrement **par une proposition infinitive,** après les verbes impersonnels suivants: **il arrive, il est possible, il m'arrive, il m'est possible, il me semble.**

Il arrive de **se tromper.**
Il m'est arrivé de **me tromper.**
Il me semble avoir raison quand j'affirme cela.

3. Parfois **par une locution substantive,** à condition qu'il existe un substantif approprié (style élégant).

Je conteste la véracité de ses affirmations.
Je mets en doute **son innocence.**
Elle ne **croit** pas à **la pureté** de ses intentions.
Nous ne **disconvenons** pas de **son mérite.**

Le mode infinitif

Ce mode présente à l'étudiant de langue anglaise certaines difficultés pour deux raisons principales:

1. à cause de l'emploi différent dans les deux langues.

    Exemples: Il pense **être** en retard.
    *He thinks **that he is** late.*

    J'ai eu des difficultés **à terminer** mon devoir.
    *I had a hard time **finishing** my assignment.*

    Je veux **qu'il vienne.**
    *I want **him to come.***

2. à cause de la construction de la proposition infinitive en français qui peut être soit directe, soit précédée d'une préposition.

L'INFINITIF DIRECT

L'infinitif direct s'emploie:

A. Comme sujet:

> **Rire** est le propre de l'homme.
> **Partir,** c'est mourir un peu.

B. Comme complément de verbe:

1. de pensée, à sujets identiques:

croire	s'imaginer	savoir
compter	juger	sembler
se figurer	se rappeler	

    Elle *se figure* **être** belle.

2. d'affirmation, à sujets identiques:

> affirmer écrire reconnaître
> déclarer nier soutenir
> dire prétendre

> Il *soutient* **avoir dit** la vérité.

3. de désir, de volonté:

a. à sujets identiques:

> aimer (mieux) devoir pouvoir
> daigner espérer préférer
> désirer oser

> Il n'*a* pas *daigné* me **répondre.**

b. à sujets différents:

> envoyer falloir
> faire laisser

> Je l'*ai envoyé* vous **chercher.**
> Il lui *a fallu* **repasser** son examen.

4. de perception:

a. à sujets différents:

> écouter regarder voici
> entendre sentir voir

> Nous l'*avons entendu* **crier.**
> *Voici* **venir** les vacances.

b. à sujets identiques:

> s'écouter se regarder se voir
> s'entendre se sentir

> Il *s'écoute* **parler.**
> Il *se voyait* déjà **conquérir** le monde.

L'INFINITIF PRECEDE DE *A*

L'infinitif précédé de *à* s'emploie:

A. Comme attribut:

> Cette maison est *à* **vendre.**
> Ces histoires sont *à* **dormir** debout.

Ce travail reste *à* **faire**.
Il est *à* **croire** que cela n'arrivera pas.

B. Comme complément déterminatif d'obligation, de destination et d'usage (cf. Appendice IV: Les compléments déterminatifs):

C'est une maison *à* **vendre**.
Ce sont des histoires *à* **dormir** debout.
C'est un travail *à* **faire** pour demain.
Voilà une somptueuse salle *à* **manger**.
C'est une machine *à* **laver** automatique.

C. Comme complément d'un adjectif exprimant **l'habitude, l'aptitude**:

Il est lent *à* **agir**.   Elle est belle *à* **croquer**.
Ce gâteau est bon *à* **manger**.   Cela est facile *à* **comprendre**.

D. Comme complément circonstanciel d'intensité (manière):

Il gèle *à* pierre **fendre**.   Elle chantait *à* **perdre** haleine.
Il mange *à* **s'en rendre** malade.   Elle s'habille *à* **ravir**.

E. Après les locutions prépositives de *but*: *de manière à, de façon à,* à condition que les sujets soient semblables:

Dépêchez-vous **de manière à** ne pas **être** en retard.

F. Comme complément d'objet des verbes suivants:

1. verbes actifs:
   a. sujets identiques:

aimer	demander	recommencer
apprendre	en être réduit	rechigner
aspirer	exceller	répugner
avoir de la peine	hésiter	réussir
balancer	parvenir	songer
chercher	passer le temps	tarder
commencer	penser	tendre
concourir	persévérer	tenir
consentir	persister	travailler
conspirer	prendre plaisir	viser

   Il en est réduit *à* **emprunter** de l'argent pour poursuivre ses études.

   b. sujets différents:

aider	condamner	décider
apprendre	consister	dresser
autoriser	convier	encourager

engager	exhorter	inviter
enseigner	habiteur	provoquer
exciter		

Elle lui a appris **à lire**.
Nous l'avons décidé *à* nous **suivre**.

2. verbes pronominaux:

s'abaisser	se disposer	se mettre
s'accorder	s'employer	s'obstiner
s'acharner	s'engager	s'offrir
s'amuser	s'ennuyer	se plaire
s'apprêter	s'essayer	se préparer
s'attacher	s'évertuer	se refuser
s'attendre	s'exposer	se remettre
se borner	se fatiguer	se résigner
se complaire	s'habituer	se résoudre
se déterminer	se hasarder	se risquer

Il se plaît *à* nous **taquiner**.

3. verbes impersonnels:

Il y a (quelque chose *à faire*)
Avoir (quelque chose *à faire*)
Il est (*à craindre, à prévoir, à souhaiter,* etc.... que)`
C'est (*à mourir* de rire)

L'INFINITIF PRECEDE DE *DE*

L'infinitif précédé de *de* s'emploie:

A. Comme sujet, lorsque **l'attribut est au début de la phrase** et après **les mises en relief** introduites par **c'est, c'est... que, il est:**

Son seul *plaisir* est *de* **peindre**.
C'est s'exposer au ridicule *que de* **s'exprimer** ainsi.
Il est impossible *de* **finir** à temps.

B. Comme complément déterminatif exprimant **la sorte, l'espèce** (cf. Appendice IV: Les compléments déterminatifs):

le désir *de* **réussir**
le besoin *d'***aimer**
la volonté *de* **vaincre**
la peur *de* **mourir**

C. **Après certaines prépositions** à condition que les sujets soient identiques: **à condition de, afin de, à force de, au lieu de, à moins de, au risque de, avant de, de peur de, en attendant de,** etc.:

> *À force de* **paresser,** il finira par échouer.

D. **Comme complément d'objet** des verbes suivants:

1. verbes actifs:

    a. sujets identiques:

accepter	éviter	oublier
achever	feindre	promettre
affecter	finir	proposer
ambitionner	avoir hâte	être puni
brûler	avoir honte	refuser
cesser	jurer	regretter
avoir coutume	méditer	résoudre
décider	menacer	rire
désespérer	mériter	risquer
enrager	négliger	trembler
entreprendre	offrir	souffrir
essayer		

> Il brûle *de* se **faire inviter.**

    b. sujets différents:

accuser	dissuader	prier
avertir	éviter	proposer
blâmer	féliciter	punir
charger	ordonner	recommander
commander	pardonner	remercier
conseiller	permettre	reprocher
défendre	persuader	soupçonner
dire	prescrire	suggérer
dispenser	presser	supplier

> On l'a blâmé *d'avoir agi* de la sorte.

2. verbes pronominaux

s'abstenir	s'applaudir	se contenter
s'accuser	s'aviser	se défendre
s'affliger	se charger	se dégoûter
se dépêcher	se glorifier	se presser
se dispenser	se hâter	se promettre
s'efforcer	se jurer	se proposer
s'empresser	se lasser	se réjouir

s'excuser	se permettre	se repentir
se fatiguer	se piquer	se reprocher
se féliciter	se faire un plaisir	se souvenir
se flatter	se faire un scrupule	se vanter
se garder		

Je me félicite *de* vous *voir.*
Il se pique *de* **parler** cinq langues.

3. verbes impersonnels:

il s'agit	il est difficile	il est question
il suffit	il est important	il est rare
il est bon	il importe	il est temps
il est fâcheux	il est nécessaire	il est utile
il est facile		

Il importe *de* bien **connaître** la vie de l'auteur.

L'INFINITIF PRECEDE DE PREPOSITIONS AUTRES QUE *A* ET *DE*

A. Pour:

1. but:

Il travaille *pour* **gagner** sa vie.

Note: Après les verbes de mouvement, tels que: **venir, aller, sortir, partir,** etc., on omet le plus souvent la préposition:

Il *est descendu* en ville (*pour*) **faire** des courses.

2. cause:

il a été puni *pour* **avoir menti.**

3. après les adjectifs précédés de **assez, trop,** pourvu que l'infinitif ait le même sujet que le verbe principal:

Il est *assez* âgé *pour* **voter.**
Il est *trop* poli *pour* **être** honnête.

B. Par: après les verbes indiquant une action initiale ou finale: commencer, finir:

Il a fini *par* **s'assagir.**

C. Après et sans: à condition que les sujets soient identiques:

Après **avoir fait** la sieste, il sortit.
Il m'a suivi *sans* **dire** un mot.

L'INFINITIF ABSOLU

L'infinitif absolu s'emploie:

A. dans les phrases interrogatives ou exclamatives:

> Comment **faire**? (*How can that be done?*)
> Que **répondre**? (*What can we say?*)
> Moi, **manger** du cheval! Jamais de la vie!

B. dans les propositions relatives à antécédent indéfini, après les verbes: **acheter, avoir, chercher, donner, savoir, trouver.**

> Avez-vous de quoi **vivre**?
> Il ne savait pas à quel saint **se vouer.**
> Il a trouvé à qui **s'adresser.**

C. à la place de l'impératif pour exprimer un **conseil,** une **indication:**

> **Compléter** les phrases suivantes…
> En cas d'urgence, **s'adresser** à…
> Pour plus de détails, **écrire** à…
> **Ralentir,** école.

L'EMPLOI DES TEMPS DE L'INFINITIF

Le mode infinitif comporte deux temps: **le présent** et **le passé.** Le présent s'emploie pour remplacer tous les temps simples de l'indicatif, du subjonctif et du conditionnel. Le passé remplace les temps composés de tous les modes.

> Je le vois *qui vient.* = Je le vois **venir.**
> Je pensais *que je la verrais.* = Je pensais la **voir.**
> Je ne crois pas *que je l'aie vu.* = Je ne crois pas l'**avoir vu.**
> J'espérais *que j'aurais fini à temps.* = J'espérais **avoir fini** à temps.

Le mode participe et la voix passive

LE PARTICIPE PRESENT

L'adjectif verbal

A. Forme: Certains participes présents employés comme adjectifs possèdent une orthographe différente de la forme verbale propre:

1. adhérent, convergent, différent, divergent, équivalent, excellent, influent, négligent, précédent, somnolent, violent. (Formes verbales: ad-hérant, convergeant, etc.)
2. extravagant, fatigant, intrigant, zigzagant. (Formes verbales: extrava-guant, fatiguant, etc.)

B. Emploi: L'adjectif verbal s'emploie normalement en français pour exprimer **une qualité permanente:**

une étoile **filante**   une maison **accueillante**
une soucoupe **volante**   un visage **charmant**
des sables **mouvants**   une aventure **navrante**
une nouvelle **passionnante**

Très souvent en anglais, l'adjectif verbal exprime **une qualité accidentelle.** Cet emploi est très rare en français, qui utilise alors une proposition relative.

the **retreating** man   l'homme **qui s'enfuyait**
the **moving** car   l'auto (**qui était**) **en marche**
the **approaching** storm   l'orage **qui approchait**

La distinction entre le participe présent et l'adjectif verbal

La distinction entre le participe présent et l'adjectif verbal, souvent difficile à établir, est néanmoins extrêmement importante, car le participe présent est toujours invariable, alors que l'adjectif verbal doit s'accorder en genre et en nombre avec le nom qu'il modifie.

En pratique, un participe présent se reconnaît à ce qu'il possède, soit:

1. un complément d'objet direct:

    ADJECTIF: J'ai rencontré hier une personne **charmante.**
    VERBE: J'ai rencontré hier une personne **charmant tout le monde** de ses sourires.

2. un complément d'objet indirect:

    ADJECTIF: C'est une histoire **différente.**
    VERBE: C'est une histoire **différant de l'ordinaire.**

3. un complément circonstanciel:

    ADJECTIF: Elle montait les escaliers d'une démarche **zigzagante.**
    VERBE: Nous l'avons aperçue **zigzaguant dans l'escalier.**

Note: Le participe précédé de l'adverbe possède une valeur d'adjectif. Suivi de l'adverbe, il a une valeur verbale:

    Il a des yeux **encore brillants.**
    Il a des yeux **brillant encore.**

La proposition participe

La proposition participe se forme soit à l'aide d'un participe présent, soit d'un gérondif.

A. Le participe présent s'emploie pour exprimer:

1. **Le temps:**
    a. **antériorité:** La proposition participe précède la principale, peut remplacer les conjonctions **après que, dès que, quand,** etc., et exige des sujets identiques:

    Posant sa fourchette, il se leva.
    Ayant terminé son repas, il se leva.

    b. **postériorité:** La proposition participe suit la principale et exige des sujets identiques:

    II partit, **me laissant régler l'addition.**

   c. **simultanéité:** La proposition participe suit généralement la principale. Son sujet est le complément de la proposition principale:

> Je l'ai vu arriver, **mâchonnant son cigare.**

2. **La cause:** La proposition participe remplace les conjonctions **comme, puisque, parce que:**

> **N'ayant pas travaillé,** il a échoué.
> Il n'a pu rentrer chez lui, **ayant oublié sa clef.**
> **Le sort lui étant contraire,** il fit faillite.

3. **La condition:** La proposition participe remplace les conjonctions **si, au cas où, à condition que,** etc.

> **La chance aidant,** j'atteindrai mon but.
> **Mes moyens me le permettant,** j'irai visiter l'Europe.

B. Le gérondif est normalement précédé de **en.** Cette préposition peut être quelquefois sous-entendue, en particulier après les verbes **aller, s'en aller.** Le sujet de la proposition participe introduite par un gérondif **doit être normalement le même que celui de la principale.** Les quelques exceptions à cette règle sont à déconseiller. Il s'emploie pour exprimer:

1. **la simultanéité**

> **Je** l'ai regardé arriver **en mâchonnant mon cigare.**
> **Il** s'en allait **(en) chantant à tue-tête.**
> Il sifflait **en travaillant.**

> **En,** dans cet emploi, peut être mis en relief part **tout:**

> Il m'attendait **tout en sirotant son apéritif.**

2. **la cause, la manière, le moyen:**

> C'est **en forgeant** qu'**on** devient forgeron.
> **Vous** aurez vite fini **en vous appliquant.**
> **On** prépare un cocktail **en se servant d'un shaker.**

3. **l'opposition** le plus souvent avec **tout en** et **bien que:**

> **Tout en se prétendant mon ami,** il m'a trahi.

Quand et comment éviter le participe présent

La construction participe, surtout au temps composé, étant lourde, elle peut être avantageusement remplacée à l'aide de plusieurs procédés dont voici les plus courants:

A. Le participe présent d'antériorité ainsi que le participe présent à sens passif peuvent se remplacer par un **participe passé:**

> **Ayant terminé son travail,** il alla au cinéma.
> **Son travail terminé,** il alla au cinéma.
>
> **Ayant passé son examen,** il poussa un «ouf».
> **Une fois son examen passé,** il poussa un «ouf».
>
> **Etant caché derrière un arbre,** j'observais la situation.
> **Caché derrière un arbre,** j'observais la situation.
>
> **Tous les invités étant arrivés,** on passa à table.
> **Tous les invités arrivés,** on passa à table.

B. Après les verbes de perception, on remplace régulièrement le participe présent par un **infinitif** (cf. Appendice VII: L'infinitif direct):

> Nous avons vu les enfants **jouant dans le jardin.**
> Nous avons vu les enfants **jouer dans le jardin.**

C. La proposition participe exprimant la cause peut se remplacer soit par une **proposition infinitive** introduite par **pour,** soit par un substantif précédé de **pour,** à condition qu'il existe un tel substantif. Cette dernière construction est d'un style élégant:

> **Ayant volé,** il a été incarcéré.
> Il a été incarcéré **pour avoir volé.**
> Il a été incarcéré **pour vol.**
>
> **Ayant été insolent,** il a été puni.
> Il a été puni **pour avoir été insolent.**
> Il a été puni **pour insolence.**

LE PARTICIPE PASSE

La proposition participe

La proposition participe peut exprimer:

A. La cause:

> **Brisé de fatigue,** il s'affala dans son fauteuil.
> **Terrorisé,** je n'osais faire un geste.

B. L'opposition: précédé des conjonctions **bien que, quoique, même.**

> **Même ruiné,** il menait toujours le même train de vie.
> **Bien qu'irrité,** je gardais le sourire.

C. Le temps:

1. antériorité: précédé de **à peine, sitôt, une fois:**

> **À peine sorti de chez lui,** il se fit écraser par une voiture.
> **Sitôt les invités partis,** il termina le champagne.
> Venez me voir **une fois votre travail terminé.**

2. simultanéité: exprimant la simultanéité, la proposition participe peut s'appliquer soit au sujet du verbe principal, en ce cas elle le précède, soit au complément de ce verbe, en ce cas elle le suit:

> **Caché** derrière le coffre-fort, **l'inspecteur** observait le voleur.
> L'inspecteur observait le **voleur caché** derrière le coffre-fort.

Accord du participe passé

A. Le participe passé conjugué avec être possède une valeur d'adjectif. Il s'accorde en genre, et en nombre, avec **le sujet** du verbe:

> **Elles** sont **arrivées** à cinq heures.
> **Ils** étaient **irrités** de sa conduite.

B. Le participe passé conjugué avec avoir s'accorde en genre et en nombre avec **le complément d'objet direct,** si celui-ci précède le verbe:

> Où sont les **photos** qu'il a **prises** en vacances?
> Je ne les ai pas encore **vues. Combien** en avez-vous **prises**?

Note: Dans les expressions **faire...** (bâtir, couper, cuire, photographier, etc.), le participe passé est toujours invariable:

> Les photos que j'ai **fait** développer...

C. Le participe passé des verbes pronominaux:

1. Le participe passé des verbes pronominaux à sens réfléchi ou réciproque s'accorde en genre et en nombre avec le **complément d'objet direct** pourvu que celui-ci **précède** le verbe:

> COMPLEMENT D'OBJET INDIRECT: Elle **s'**est déjà **posé** cette question.
> COMPLEMENT D'OBJET DIRECT: Elle **s'**est déjà **posée** en arbitre.
>
> COMPLEMENT D'OBJET INDIRECT: Ils **se** sont **dit** leurs quatre vérités.
> COMPLEMENT D'OBJET DIRECT: Ils se **les** sont **dites.**

Note: Comme les verbes pronominaux à sens réfléchi ou réciproque sont dérivés de verbes actifs, pour déterminer si le pronom **se** est complément d'objet direct ou complément d'objet indirect, il suffit de considérer quel rôle il jouerait dans la construction active.

> COMPLEMENT D'OBJET DIRECT: Elle **s'**est regardée dans la glace.
> (C'est-à-dire: Elle a regardé **elle-même.**)

COMPLEMENT D'OBJET INDIRECT: Les années **se** sont succédé. (C'est-à-dire: Elles ont succédé **à elles-mêmes.**)

2. Le participe passé des verbes purement pronominaux s'accorde toujours en genre et en nombre avec le pronom **se**.

Ils **se** sont approchés de nous.

La notion de verbe purement pronominal étant extrêmement complexe, nous donnons ci-dessous une liste des verbes de cette catégorie les plus usités:

Pronominaux dont le participe passé s'accorde toujours avec le pronom *se*

s'absenter	s'écrier	se méfier
s'abstenir	s'écrouler	se méprendre
s'acharner	s'efforcer	se mettre (+ l'inf.)
s'acheminer	s'embusquer	se moquer
s'adonner	s'emparer	s'obstiner
s'affaiblir	s'empresser	se plaindre
s'agenouiller	s'en aller	se prélasser
s'apercevoir	s'endormir	s'en prendre (à)
(de *ou* que)	s'ennuyer	s'y prendre
s'approcher de	s'envoler	se presser
s'arrêter	s'étonner	se railler (de)
s'attacher à (+ l'inf.)	s'évader	se raviser
s'attaquer	s'évanouir	se réfugier
s'attendre	s'évaporer	se réjouir
s'avancer	s'éveiller	se repentir
s'aviser de	s'évertuer	se répandre (passif)
se blottir	s'extasier	se résoudre (à)
se calmer	se féliciter (de)	se révolter
se chamailler	se hâter	se sauver
se dédire	s'infiltrer	se servir (de)
se démener	s'insurger	se soucier (de)
se disputer (avec)	se jouer (de)	se souvenir (de)
se douter	se lamenter	se suicider
s'échapper	se lever	se taire
s'écouler	se louer (de)	se tromper (de)

LA VOIX PASSIVE

Le passif présente de sérieuses difficultés à l'étudiant de langue anglaise à cause de certaines différences de construction et d'emploi. Moins usité qu'en anglais, il est souvent remplacé par d'autres formes.

Construction

A. Le passif se construit à l'aide de l'auxiliaire **être** et **du participe passé,** lequel s'accorde en genre et en nombre avec le sujet du verbe.

B. Le complément d'agent du passif est normalement introduit par la préposition **par:**

>   Ce calcul a été effectué **par** un mathématicien.

Le complément d'agent peut se trouver quelquefois introduit par **de** après les verbes **d'état** suivants possédant une valeur affective et un aspect statique: **être** (adulé, aimé, adoré, chéri, admiré, respecté, détesté, haï, craint, accablé, etc.)

>   St. Louis était aimé **de** son peuple.

Valeur

Le verbe passif exprime toujours une action causée par un agent exprimé ou sous-entendu et dont le résultat est senti par le sujet.

Il ne faudra donc pas confondre la construction passive, telle que: «la porte est ouverte (par X)», signifiant que quelqu'un ouvre la porte, avec la construction adjective semblable: «la porte est ouverte», qui exprime un état, une caractéristique de cette porte, du même ordre que «la porte est sale (rouge, grande, etc.)».

Emploi

En français, seuls **les verbes transitifs directs** peuvent se mettre au passif. Des constructions comme *I was told, he was given,* sont donc impossibles.

Les trois verbes transitifs indirects **obéir, désobéir** et **pardonner** peuvent par exception s'employer au passif:

>   Commandez et **vous serez obéi.**
>   Allez, **vous êtes pardonné.**

Les temps du passif

Le verbe passif peut présenter les mêmes aspects que le verbe actif. De ces aspects dépend le temps à employer (cf. Appendice I: Aspects):

ACTION PONCTUELLE:	Sa visite m'a sur-pris.	J'ai été surpris de sa visite.
ACTION ITERATIVE:	Chacune de ses visites me sur-prenait.	J'étais surpris par chacune de ses visites.

ACTION GLOBALE:	Il m'**importuna** pendant trois heures.	Je **fus importuné** par lui pendant trois heures.
ACTION DURATIVE:	Pendant son discours, son regard **me fascinait.**	Pendant son discours, j'**étais fasciné** par son regard.

Autres moyens d'exprimer une action passive

La construction passive étant lourde en français, elle s'évite le plus souvent possible.

A. La voix passive peut avantageusement se remplacer par la voix active:

> Il a **été puni** par ses parents.
> Ses parents l'**ont puni.**

Cependant, il est des cas où un tel changement fausserait l'idée ou violerait la syntaxe:

1. **idée**

> Histoire de la Gaule: Elle **fut conquise** par Jules César....

Dans la phrase ci-dessus, la substitution de la voix active serait illogique, car on traite de la Gaule et non de Jules César.

2. **syntaxe**

> **Capturé** alors qu'**il** ouvrait le coffre-fort, **il a été emmené** au poste.

Dans la phrase ci-dessus, la voix active est impossible car les deux verbes doivent obligatoirement avoir **le même sujet.**

B. La voix passive peut se remplacer par la construction active avec **on** pourvu que l'agent du verbe passif soit ou bien **sous-entendu,** ou bien **indéterminé.**

> Il a été nommé Secrétaire d'État.
> On l'a nommé Secrétaire d'État.
> Il a été battu.
> On l'a battu.

Note: La construction avec **on** s'emploie régulièrement pour traduire les voix passives des verbes transitifs indirects et des verbes intransitifs anglais.

He was asked to leave.	On lui a demandé de partir.
This matter will be dealt with.	On s'occupera de cette affaire.

242

C. La voix passive peut être dans certains cas remplacée par un verbe pronominal pourvu que l'esprit puisse concevoir l'action sans son agent. Dans cette construction **le relief est mis sur le verbe:**

> Les tomates **se sont** bien **vendues** cette année.

Cette phrase signifie:

> **La vente** des tomates a été bonne cette année.
>
> La langue française **se parle** au Canada.
> La langue française **est en usage** au Canada.
>
> La tour **se voit** d'ici.
> La tour **est visible** d'ici.

Pronominaux qui peuvent remplacer la voix passive

s'accepter	s'entendre	s'ouvrir
s'accorder	s'établir	se pardonner
s'acheter	s'exprimer	se perdre
s'apercevoir	se faire	se porter
s'appeler	se fermer	se pratiquer
s'apprendre	se franchir	se prêter
se comprendre	se gérer	se projeter
se concevoir	se gouverner	se réaliser
se conduire	s'imiter	se rédiger
se construire	s'irriter	se remarquer
se contrôler	se lire	se remplacer
se corriger	se manier	se résoudre
se couper	se multiplier	se restituer
se digérer	se nommer	se retenir
se dire	s'obtenir	se réviser
se diviser	s'organiser	se vendre
s'employer	s'oublier	se voir
s'endurer		

Les pronoms interrogatifs, relatifs et démonstratifs

LES PRONOMS INTERROGATIFS

A. Personnes:

INTERROGATION DIRECTE		INTERROGATION INDIRECTE
Qui est-ce-qui **Qui** }	est arrivé?	Ignorez-vous **qui** est arrivé?
Qui	cherchez-vous?	Dites-moi **qui** vous cherchez.
A **qui**	pensez-vous?	Je me demande à **qui** vous pensez.
Avec **qui**	travaillez-vous?	Dites-moi avec **qui** vous travaillez.
Chez **qui**	demeure-t-il?	Sauriez-vous chez **qui** il demeure?
De **qui**	avez-vous besoin?	Savez-vous de **qui** vous avez besoin?

B. Choses:

INTERROGATION DIRECTE		INTERROGATION INDIRECTE
Qu'est-ce qui est arrivé?		Racontez-moi *ce* **qui** est arrivé.
Que	cherchez-vous?	On se demande *ce* **que** vous cherchez.
A **quoi**	pensez-vous?	Il ignore à **quoi** vous pensez.
Avec **quoi**	travaillez-vous?	J'aimerais savoir avec **quoi** vous travaillez.
Dans **quoi**	buvez-vous?	Dites-moi dans **quoi** vous buvez.

244

De **quoi** avez-vous besoin?	Savez-vous de **quoi** vous avez besoin.

C. Définition ou explication:

INTERROGATION DIRECTE	INTERROGATION INDIRECTE
Qu'est-ce que c'est qu'un avion?	Ignoreriez-vous *ce* **que c'est qu'**un avion?
Qu'est-ce qu'un avion?	Ignoreriez-vous *ce* **qu'est** un avion.

D. Choix:

INTERROGATION DIRECTE	INTERROGATION INDIRECTE
De ces deux immeubles, **lequel** est le plus haut?	Dites-moi **lequel** est le plus haut de ces deux immeubles.

Note 1: Ne pas oublier les contractions nécessaires:

> **Duquel** de ces deux immeubles parlez-vous?
> **Auquel** des deux élèves avez-vous posé cette question?

Note 2: Ne pas oublier les différences syntaxiques amenées par la formule, **est-ce que,** qui met en relief le pronom interrogatif:

> **Que** cherchez-vous?
> **Qu'***est-ce que* vous cherchez?
> *Avec* **quoi** travaillez-vous?
> *Avec* **quoi** *est-ce que* vous travaillez?

Cet emploi se rencontre le plus souvent dans la langue parlée.

LES PRONOMS RELATIFS

A. Personnes:

ANTECEDENT DEFINI	ANTECEDENT INDEFINI NON-EXPRIME
Je me suis adressé à *l'employé* **qui** voulait m'écouter.	Je me suis adressé à **qui** voulait m'écouter.
Adressez-vous à *l'employé* **que** vous voudrez.	Adressez-vous à **qui** vous voudrez.
Sortez avec *le jeune homme* **que** vous voudrez.	Sortez avec **qui** vous voudrez.
Vous pouvez parler de *l'auteur* **que** vous voudrez.	Vous pouvez parler de **qui** vous voudrez.

On oublie parfois *celui* **dont** on a
été amoureux.

On oublie parfois de **qui** on a été
amoureux.

Note: Dans le régime **indirect indéfini, qui** ne peut jamais dépendre de
deux prépositions identiques. Dans ce cas il est remplacé par **quiconque.**

Vous me parlerez *de* l'auteur **dont**
vous aurez lu les œuvres.

Vous me parlerez *de* **quiconque**
vous aurez lu les œuvres. (parler
de, lire les œuvres **de**)

Je m'adresserais à celui à **qui** (auquel) vous me référeriez.

Je m'adresserais à **quiconque** vous
me référeriez. (s'adresser **à,** ré-
férer **à**)

1. **Mise en relief de l'antécédent indéfini** (verbe au subjonctif):

    Qui que ce soit qui *fasse* cela, je le récompenserai.
    Qui que ce soit que vous *rencontriez,* amenez-le-moi.
    ***A* qui que ce soit que** vous vous *adressiez,* soyez poli.
    Contre qui que ce soit que mon pays m'*emploie,* j'accepte
      aveuglément cette gloire avec joie. (Corneille)
    De qui que ce soit que vous *parliez,* soyez objectif.

B. **Choses:**

Voici *l'article* **qui** vous concerne.
C'est bien là *le roman* **que** vous
  vouliez.
Voici *l'affaire* **dont** il s'agit.
Je comprends bien *le problème* **au-
  quel** il fait allusion.
Où ai-je donc mis *l'outil* avec **le-
  quel** je travaillais?
Voici *le revenu* sur **lequel** il compte.
Parlez-moi *du sujet* **auquel** il a fait
  allusion.
Tenez-moi au courant de *l'affaire*
  dont il s'agit.

ANTECEDENT INDEFINI EXPRIME

Voici *ce* **qui** vous concerne.
C'est bien *ce* **que** vous vouliez.

Voici *ce* **dont** il s'agit.
Je comprends bien *ce* à **quoi** il fait
  allusion.
Où ai-je donc mis *ce* avec **quoi** je
  travaillais.
Voici *ce* sur **quoi** il compte.
Parlez-moi de *ce* à **quoi** il a fait al-
  lusion.
Tenez-moi au courant de *ce* **dont** il
  s'agit.

1. **Mise en relief de l'antécédent indéfini** (verbe au subjonctif):

    Quoi que ce soit qui vous *plaise,* je vous l'offrirai.
    Quoi que ce soit que vous *vouliez,* je vous l'offrirai.
    De quoi que ce soit que vous *ayez* besoin, je vous l'offrirai.
    A quoi que ce soit que vous *rêviez,* je vous l'offrirai.
    Sur quoi que ce soit que vous *comptiez,* je vous l'offrirai.

C. Pronoms relatifs temporels: La conjonction **quand,** contrairement à l'anglais, n'a jamais de valeur pronominale: la construction *the day* (*time . . .*) *when* est donc impossible en français.

1. **Aspect général: où:**

    l'année ⎫
    le mois ⎭ **où** il habitait chez nous...

    l'année ⎫
    le mois ⎬ **où** je l'ai rencontré...
    le jour ⎭

    le siècle ⎧ **où** il vivait...
             ⎩ **où** il a vécu...

2. **Aspect ponctuel: à + lequel**

    le siècle   **auquel** il a vécu...
    la date   à **laquelle** il est mort...
    l'heure   à **laquelle** il est arrivé...

3. **Aspect duratif:** pendant, durant, au cours de + **lequel:**

    le siècle   pendant **lequel** se sont déroulés ces événements...
    le mois   durant **lequel** il a fait le plus chaud...
    l'année   au cours de **laquelle** il habitait chez nous...
    la journée   pendant **laquelle** il a été si malade...

D. Pronoms relatifs de lieu:

1. Lieu que l'on ne veut point préciser: **où:**

    la ville   **où** je suis né...
    la maison   **où** il demeure...
    le terrasse   **où** jouent les enfants...
    la caisse   **où** se trouvent mes livres...

2. Lieu que l'on veut préciser: sur, sous, au-dessus de, devant, derrière, à côté de, parmi, entre, etc. + **lequel:**

    la place sur **laquelle** se dresse ce monument...
    le pont sous **lequel** passent des bateaux...
    l'église derrière **laquelle** se trouve un cimetière...
    les gens parmi **lesquels** il vivait...
    les soldats entre **lesquels** marchait le prisonnier...
    le passager à côté **duquel** il était assis...

E. Emplois de dont: dont remplace normalement **de** + un pronom relatif:

    l'élève **dont** (de **qui, duquel**) je vous ai parlé...

247

Dont ne peut jamais s'employer après une locution prépositive:

> la passagère *à côté de* **laquelle** j'étais assis...

Dont peut avoir également un sens possessif. Dans ce cas, la construction de la proposition relative est invariablement: **dont** + sujet + verbe + compléments.

> l'acteur **dont** les rôles m'exaspèrent...
> l'acteur **dont** je connais le répertoire...

Dans le cas précédent **dont** ne peut modifier un nom précédé d'une préposition. Il faut alors employer une forme de **lequel:**

> l'acteur *à* la femme **duquel** j'ai parlé...
> la maison *à* la porte de **laquelle** il m'attendait...
> le professeur *avec* l'aide **duquel** j'ai réussi...

LES PRONOMS DEMONSTRATIFS

Le pronom démonstratif **de base** est **ce** (**c'**). Il est toujours neutre, et employé seul, n'a que la fonction **sujet,** le plus souvent celui du verbe **être:**

> **C'**était pendant l'horreur d'une profonde nuit. (Racine)
> **C'**est un travail impossible à accomplir.

Ce se combine avec d'autres mots pour former les autres pronoms démonstratifs.

BASE	GENRE	DETERMINANTS
CE		ci
		là
	lui	-ci
	lui	-là
		qui, que, dont, à quoi
	lui	qui, que, dont, à qui
	lui	de

Ceci, Cela (Ça)

Ceci et **cela** (**ça**) sont neutres et n'ont pas d'antécédent exprimé ou défini.

Emploi:

SUJET	**cela** m'intéresse
ATTRIBUT	C'est **cela** qui m'intéresse.
COMPLEMENT DIRECT	Il m'a dit **ceci** «...»
COMPLEMENT INDIRECT	Qu'avez-vous à ajouter à **cela?**
COMPLEMENT CIRCONSTANCIEL	Je refuse absolument de travailler avec **cela.**

Dans la langue familière **cela** est souvent remplacé par **ça.**

Note: En français moderne, il y a une tendance à employer indifféremment **ceci** et **cela**. Il semblerait que **cela** prédomine. Cependant, lorsque l'on veut indiquer un contraste ou une opposition, on distingue entre ces deux pronoms:

Ce n'est pas **ceci** qui m'intéresse, c'est **cela.**

Celui-ci, Celui-là

Les deux pronoms **celui-ci** et **celui-là** ont toujours un antécédent défini et doivent s'accorder en genre et en nombre avec cet antécédent.

Emploi (cf. note sur **ceci, cela**):

SUJET	De ces *problèmes,* **celui-ci** semble le plus facile.
ATTRIBUT	La plus longue de ces *leçons* est **celle-ci.**
COMPLEMENT DIRECT	Quelles *cravates* voulez-vous? Donnez-moi donc **celles-là.**
COMPLEMENT INDIRECT	Auxquels de ces *étudiants* vous êtes-vous adressé? A **ceux-ci.**
COMPLEMENT CIRCONSTANCIEL	Dans quel *verre* avez-vous bu? Dans **celui-là.**

Nuances d'emploi:

Celui-ci   *the latter*
Celui-là   *the former*

Racine et Corneille ont étudié l'homme, **celui-ci** (Corneille) en a montré la grandeur, **celui-là** (Racine) la faiblesse.

Celui-là, s'appliquant à une personne, peut prendre une valeur péjorative:

> Ce qu'il peut être vaniteux, **celui-là**!
> **Celle-là,** elle me tape sur les nerfs!

Celui de

Celui de, suivi d'un complément de possession, a toujours un antécédent défini et doit s'accorder en genre et en nombre avec cet antécédent. Il traduit souvent un cas possessif anglais.

Emploi:

SUJET	De tous ces *romans*, **celui de** Camus me passionne le plus.
ATTRIBUT	Le *roman* qui me passionne le plus, c'est **celui de** Camus.
COMPLEMENT DIRECT	Quelle *voiture* avez-vous prise? J'ai emprunté **celle de** mon oncle.
COMPLEMENT INDIRECT	A quels **élèves** décernera-t-on un prix? A **ceux du** professeur Untel.
COMPLEMENT CIRCONSTANCIEL	Sur quels *principes* les classiques se sont-ils basés? Sur **ceux** d'Aristote.

Ce (qui, que, dont, à quoi, etc.)

Ce, pronom neutre, peut remplacer un nom indéfini tel que **chose, objet,** etc. Dans ce cas, **ce** remplit une certaine fonction grammaticale dans la proposition principale, tandis que le pronom relatif remplit, dans la subordonnée, une fonction grammaticale qui peut être différente:

Emploi:

SUJET	**Ce** qui n'est pas clair, n'est pas français.
ATTRIBUT	C'est bien là **ce** que vous m'avez dit?
COMPLEMENT DIRECT	Répétez-lui **ce** que vous m'avez dit.
COMPLEMENT INDIRECT	Faites attention à **ce** que vous dites.

COMPLEMENT CIRCONSTANCIEL	Il y a du vrai dans **ce** que vous affirmez.

Ce, en outre, peut reprendre toute une idée, et dans ce cas il est en apposition à la proposition principale:

> Il est venu nous voir; **ce** qui m'a fait plaisir.

Celui (qui, que, dont, a qui, auquel, etc.)

Celui a toujours un antécédent défini et doit s'accorder en genre et en nombre avec cet antécédent.

Emploi:

SUJET	**Celui** (L'homme) qui persévère triomphe.
ATTRIBUT	Cette statue est **celle** que nous avons tant admirée.
COMPLEMENT DIRECT	De toutes ces cravates, j'ai pris **celles** qui me plaisaient.
COMPLEMENT INDIRECT	Il a donné une récompense *à* **ceux** (enfants, élèves, etc.) qui avaient bien travaillé.
COMPLEMENT CIRCONSTANCIEL	Il arrive toujours *par* **celui** (train) de 13h.30.

Note: Dans certaines phrases présentées sous forme de maxime, on peut éliminer **celui:**

> (Celui) qui vit par l'épée, périra par l'épée.
> (Celui) qui vivra verra.

La mise en relief

L'anglais, langue à l'inflexion, peut mettre en relief tel ou tel membre de phrase par un accent d'insistance dans la langue parlée, et dans la langue écrite par un procédé typographique ou par une dislocation de la phrase.

Si le français, lui aussi, peut employer la dislocation de la phrase, cette méthode est un procédé stylistique trop complexe pour être étudié dans ce manuel. La méthode la plus courante employée par le français, langue non-inflexive, est la mise en relief à l'aide de termes grammaticaux.

Nous allons examiner cette mise en relief des différents membres de la phrase d'après leur fonction.

LA MISE EN RELIEF DU SUJET

C'est... qui

C'est... qui s'emploie obligatoirement en réponse à des questions introduites par **qui, qu'est-ce qui, quel, est-ce... qui,** lorsqu'on met en relief le caractère *exclusif* de la réponse.

> **Qui** a découvert le radium? **C'est** Mme Curie **qui** l'a découvert (et personne d'autre).
> **Qu'est-ce qui** vous tracasse? **Ce sont** mes examens **qui** me tracassent (et rien d'autre).
> **Quel** roman vous passionne le plus? **C'est** «L'Etranger» **qui** me passionne le plus.
> **Est-ce** vous **qui** avez fait cela? Non, **ce n'est** pas moi **qui** l'ai fait.

Il y a... qui

Il y a... qui s'emploie lorsque le sujet est précédé soit d'un indéfini, soit d'un numéral, en réponse à la question, **y a-t-il... qui?,** ou dans une phrase déclarative. Cette construction introduit l'idée d'existence du sujet et ensuite le message concernant ce sujet:

> **Y a-t-il** un problème **qui** vous arrête? Non, **il n'y a** rien **qui** m'arrête.
> **Il y a** des gens **qui** exagèrent.
> Sous le pont, **il y avait** trois clochards **qui** ronflaient.

Voilà... qui (Voici... qui)

Voilà... qui (et plus rarement **voici... qui**) s'emploie avec une valeur démonstrative, normalement dans des phrases déclaratives:

> **Voilà** une voiture **qui** s'arrête devant chez nous.
> **Voilà** le train **qui** démarre.

La répétition

Un autre procédé de mise en relief du sujet, c'est la répétition:

A. Moi, je... (je..., moi), mon frère, il...; mon frère, lui (il)...: Ces procédés s'emploient en réponse aux questions introduites par **qui, que...,** **qu'est-ce-que...,** ainsi que dans certaines phrases déclaratives pour marquer l'opposition:

> **Qu'est-ce que** vous avez fait? **Moi, je** n'ai rien fait.
> **Qu'a** répondu votre sœur? **Ma sœur, elle** n'a rien répondu.
> Pendant que le mari lisait son journal, **sa femme, elle** faisait la vaisselle.
> Si vous trouvez cela risible, **votre prof, lui (il)** ne partagera pas votre hilarité.

Note: Les constructions du type **C'est moi qui** et **Moi, je** ne sont pas interchangeables. La première met toujours en relief un élément exclusif:

> Qui a écrit *L'Etranger*? **C'est** Camus **qui** l'a écrit (personne d'autre).

La deuxième construction met en relief un élément non exclusif:

> Qui a lu *L'Etranger*? **Moi, je** l'ai lu (parmi d'autres).

Seul le contexte détermine s'il y a ou non exclusivité.

B. Quant à..., en ce qui concerne: Ces procédés s'emploient pour exprimer une nuance d'opposition:

Vous pouvez tous voter, **quant à** *moi, je* m'abstiens.
En ce qui *me* **concerne,** *je* n'approuve pas votre projet.

C. Il (ce)... cet homme: Ce procédé s'emploie dans des phrases déclaratives:

Il est très intelligent, **ce garçon.**
C'est un tissu de mensonges, **cette histoire-là.**

D. L'infinitif employé comme sujet peut être mis en relief de deux manières:

1. Au début de la phrase avec reprise par **ce:**

Partir, **c'**est mourir un peu.

2. A la fin de la phrase à l'aide de **ce... que de:**

C'est une honte **que d'***agir* de la sorte.

Dans les propositions exclamatives

A. C'est... qui:

Vous pouvez être des nôtres. **C'**est ma sœur **qui** sera contente!

B. Et... qui: Ce procédé introduit une opposition:

Mes invités arrivent! **Et** mon dîner **qui** n'est pas prêt!

LA MISE EN RELIEF DU COMPLÉMENT D'OBJET DIRECT

C'est... que

Ce procédé permet, si on le désire, de mettre en relief le complément d'objet direct.

C'est lui **que** je cherchais.

Cette construction introduit parfois une nuance d'opposition:

Ce n'**est** pas lui, **c'**est elle **que** j'ai aperçue.

Il y a... que

Il y a... que s'emploie lorsque le complément est précédé soit d'un numéral, en réponse à **y a-t-il... que,** soit dans une phrase déclarative. Cette construction introduit d'abord l'idée d'existence du complément et ensuite le message concernant ce complément:

Y **a-t-il** un sujet **que** vous détestiez? Non, **il n'y a** aucun sujet **que** je déteste.

Il y a un secret **que** j'aimerais bien vous confier.

Voilà... que (Voici... que)

Voilà que (et plus rarement **voici... que**) s'emploie avec une valeur démonstrative, normalement dans des phrases déclaratives. Elle a pour objet de présenter le complément:

Voilà le secret **que** je voulais vous confier.
Voilà celui **que** je cherchais.

La répétition

A. Le..., lui; lui, le...; cet homme, ...le; le..., cet homme:

Je **le** déteste, **lui.**
Elle, je ne puis **la** supporter.
Mon pays, je **le** reverrai.
Je l'aime beaucoup, **ce tableau.**

B. Quant à: Ce procédé introduit une nuance d'opposition. Il s'emploie lorsque le complément est défini:

Elle discute sans cesse, **quant à** *lui,* on ne l'entend pas.

C. Pour: Ce procédé met en relief un complément précédé d'un indéfini ou d'un partitif:

Pour *de l'aplomb,* il *en* a.
Pour une *peur,* il nous *en* a fait *une belle.*

Dans les propositions exclamatives

A. Et... que:

Voici lundi qui arrive, **et** mon examen **que** je n'ai pas préparé.

LA MISE EN RELIEF DU COMPLEMENT D'OBJET INDIRECT

C'est... que

Est-ce de lui **que** vous parlez?
N'oublie pas que **c'est** à ton père **que** tu t'adresses.

Cette construction peut introduire parfois une nuance d'opposition:

> **Ce** n'**est** pas avec elle, **c'est** avec moi **qu'**il sort ce soir.

La répétition

A.   Cet homme, ...lui; lui..., à cet homme; en..., de cet homme:

> **Mon professeur,** je **lui** dois ma réussite.
> Je **lui** dois ma réussite, **à mon professeur.**
> N'**en** parlons plus **de cette affaire.**

B.   Quant à: Ce procédé introduit une nuance d'opposition. Il s'emploie lorsque le complément est défini:

> **Quant à** *eux,* nous *leur* dirons leurs quatre vérités.
> **Quant à** *cette affaire,* je *m'en* charge.

LA MISE EN RELIEF DU COMPLEMENT CIRCONSTANCIEL

C'est... que

> **C'est** dans cette maison **qu'**est mort Balzac.
> **C'est** pour eux **qu'**il a donné sa vie.
> **C'est** en forgeant **qu'**on devient forgeron.

Ce procédé peut introduire une nuance d'opposition:

> Le film commence à trois heures, n'est-ce pas? Non, **c'est** à cinq heures **qu'**il commence.

Il y a... que; Cela fait... que; Voilà... que

Il y a... que; cela fait... que; et **voilà... que** s'emploient pour mettre en relief le complément circonstanciel **de temps** introduit par **depuis.**

> **Il y a** trois mois **qu'**il ne fume plus.
> **Cela fait** huit jours **que** nous vous attendons.
> **Voilà** une éternité **qu'**on ne vous a pas vu.

L'antéposition

> **D'un œil gourmand,** il contemplait les victuailles.
> **A minuit, dans une sombre ruelle,** déambulaient deux individus à mine patibulaire.

LA MISE EN RELIEF DE L'ATTRIBUT

Il est... de; C'est... de; Que de

Il est (+ **adjectif**) **de, c'est** (+ **nom**) **de** et **que de** mettent en relief
l'attribut de l'infinitif:

> **Il est** horrible **de** calomnier son prochain.
> **C'est** une horreur (**que**) **de** calomnier son prochain.

La répétition

A. **Attribut... le:**

> **Bornée,** elle **le** restera toute sa vie.
> **Étonnée,** vous pensez bien qu'elle l'était.

B. **Pour** (+ **adjectif**)... **le; pour** (+ **nom**), **c'est** (+ **nom**); **pour** (+ **nom**),
...c'en est:

> **Pour** *étonnée,* elle l'était.
> **Pour** *une erreur,* **c'est** *une erreur.*
> **Pour** *une erreur,* **c'en est** une.

Vocabulaire

Les mots et expressions de ce vocabulaire ont été traduits dans leur contexte. Ont été omis:

1. Les mots et expressions contenus dans *Le Français fondamental* (1er et 2e degrés), sauf dans les cas où ils semblaient avoir un sens particulier: ex: se passer **de** = *to do without*
2. Les mots et expressions présentant avec l'anglais une ressemblance flagrante d'orthographe et de sens
3. Les mots et expressions dérivés de termes déjà connus, sauf dans les cas où ils pouvaient prêter à confusion: ex: une rue **passante** = *a busy street*.

Liste des abréviations

adj. adjectif
adv. adverbe
conj. conjonction
fam. familier
fem. féminin
ind. indéfini
inf. infinitif
interj. interjection
loc. adv. locution adverbiale
loc. prep. locution prépositive
masc. masculin

n. noun
n. prop. nom propre
plur. pluriel
p.p. participe passé
pr. pronom
prép préposition
poss. possessif
q.q. quelqu'un
q.q.ch. quelque chose
rel. relatif
sing. singulier

s'abaisser à (+ *inf.*) to stoop
abîme (*n. masc.*) abyss
aboiement (*n. masc.*) bark; barking
abonder to abound
abord (*n. masc.*): **au premier abord** at first glance
aboyer to bark
abri (*n. masc.*) shelter; **à l'abri de** safe from
s'abstenir to abstain
académicien (*n. masc.*) scholar
accablant (*adj.*) oppressive
accablé (*adj.*) overwhelmed, crushed
accomplir to reach, to make . . . come through
accord (*n. masc.*): **d'accord** all right; **je suis d'accord** I agree; **des accords** a tune
accorder to grant
s'accorder à (+ *inf.*) to agree
accoudé (*adj.*) leaning (on elbows)

accroché (*adj.*) hanging
s'accrocher à to get caught (on something)
accroître to increase
accueil (*n. masc.*) greeting, welcome
accueillant (*adj.*) attractive (house); affable (person)
s'accumuler to pile up
accuser: accuser réception to acknowledge receipt
acharnement (*n. masc.*) tenacity
s'acharner à (+ *inf.*) to persist (in)
s'acheminer to proceed forward, to set out
addition (*n. fem.*) check, bill (café, restaurant)
s'adonner à to give oneself to, to become addicted to
s'adresser à to write for, to be directed to; **à qui s'adresser** someone to talk to, someone to consult

advenir to happen
s'affaiblir to weaken
affaire (*n. fem.*): **avoir affaire à** to be concerned with
affalé (*adj.*) stretched out, sprawled out
s'affaler to drop, to collapse, to flop into
affecter de (+ *inf.*) to pretend
affirmer to assure; **s'affirmer** to assert oneself
s'affliger de (+ *inf.*) to grieve
affreux (*adj.*) ghastly
affronter to face
affublé (*adj.*) dressed grotesquely
agaçant (*adj.*) irritating
agacer to annoy, to irritate
agenouillé (*adj.*) kneeling
s'agenouiller to kneel down
s'aggraver to worsen, to become worse

agissement (*n. masc.*) conduct
agité (*adj.*) rough
agiter to shake
agrégation (*n. fem.*) a most difficult French competitive examination
aïe! (*interj.*) ouch!
aigre (*adj.*) sour
aigu(ë) (*adj.*) shrill (voice)
aile (*n. fem.*) aisle, wing
aînés (*n. masc. plur.*) elders
ainsi (*adv.*): **il en est ainsi de** thus it is with
air (*n. masc.*) look, appearance; tune
aisance (*n. fem.*) affluence
aise (*n. fem.*) **être rempli d'aise** to be overjoyed
aisé (*adj.*) affluent, well-to-do
aisément (*adv.*) easily
aisselle (*n. fem.*) armpit
à la ronde (*loc. adv.*) around
albâtre (*n. masc.*) alabaster
d'alentour (*loc. adv.*) around
alerte (*adj.*) brisk (walk)
algue (*n. fem.*) seaweed
allée (*n. fem.*) walk, path (garden or park)
allégé (*adj.*): **s'en trouve allégée d'autant** is thus made less cumbersome
allégresse (*n. fem.*) mirth, cheerfulness, joy
allez, ouste! (*interj.*) get out!
allongé (*adj.*) long
s'allonger to stretch out
allure (*n. fem.*) walk, gait
alpiniste (*n. masc.*) mountain climber
amaigrir to thin
amande (*n. fem.*) almond; **en amande** almond-shaped
ambitionner de (+ *inf.*) to aspire to
amer (*adj.*) bitter
ameublement (*n. masc.*) furnishing (aspect global)
à l'amiable (*loc. adv.*) out of court
amitié (*n. fem.*) friendship
s'amonceler to gather
anchois (*n. masc.*) anchovy
anciens (*n. prop. masc.*) the Ancients (Greek and Latin writers of antiquity)
ancré (*adj.*) anchored
âne (*n. masc.*) donkey
animé (*adj.*) lively
animer to arouse, to rouse; to seize
anneau (*n. masc.*) ring
annonce (*n. fem.*): **à l'annonce de** upon hearing
antéposé (*adj.*) placed in front

antéposition (*n. fem.*) act of placing in front
antipathique (*adj.*) dislikable
s'apaiser to subside, to calm down
aplomb (*n. masc.*) impudence, cheek
appartenir à (*q.q.*) **de** (+ *inf.*) to be for (*s.o.*) to (+ *inf.*)
applaudissements (*n. masc. plur.*) applause
apposé (*adj.*) in apposition
apprendre (*qq. ch. à q.q.*) to inform
s'apprêter à (+ *inf.*) to get ready
approbateur (*adj.*) approving
appuyer to support
âpre (*adj.*) bitter, biting, sour
aquilin (*adj.*) Roman, aquiline
arborer to have on, to put on
arbuste (*n. masc.*) bush, shrub
arc-boutant (*n. masc.*) buttress (in architecture)
ardemment (*adv.*) intensely, earnestly
ardent (*adj.*) fiery (eyes)
ardeur (*n. fem.*) diligence, eagerness
ardoise (*n. fem.*) slate
arme (*n. fem.*): **à armes égales** on equal terms
d'arrache-pied (*loc. adv.*) unremittingly
arracher to snatch
s'arranger pour (+ *inf.*) to manage to
arrière-pensée (*n. fem.*) ulterior motive
arriver à (+ *inf.*) to succeed (in), to make, to be able to; **arriver à ses fins** to get one's own way; **en être arrivé à** to have come to
artifice (*n. masc.*); **feu d'artifice** fireworks
ascension (*n. fem.*) ascent, climb
asile (*n. masc.*): **asile d'aliénés** insane asylum
aspect (*n. masc.*) appearance
s'assagir to become wiser
assener: assener un coup to strike a blow
assistance (*n. fem.*) audience
assourdissant (*adj.*) deafening
attablé (*adj.*) sitting (at a table)
s'attacher à to become attached to, to apply oneself
atténuer to diminish
attrait (*n. masc.*) attraction
s'attarder to waste time, to linger
en attendant que (*conj.*) while
s'attendre à (+ *inf.*) to expect
attendri (*adj.*) touching
attention! (*interj.*) careful! watch out!
atterrir to land

atterrissage (*n. masc.*) landing
attribut (*n. masc.*) predicate or complement
aube (*n. fem.*) dawn
aucun (*pron.*) any, no
audace (*n. fem.*) audacity, daring
au-delà de (*loc. prep.*) beyond
augmentation (*n. fem.*) raise
auparavant (*adv.*) before
aurore (*n. fem.*) dawn
autochtone (*adj.*) autochtonous
avancement (*n. masc.*) promotion
avancer: avancer un siège to offer (someone) a seat
s'avancer (**vers, à la rencontre de**) to come up to
avant-veille (*n. fem.*) two days before
s'aventurer to venture
avertir to notify, to inform
aveuglément (*adv.*) implicitly, blindly
aveugler to blind
aviser to notice; **s'aviser de** to take it into one's head to

bâcler to botch up
bahut (*n. masc.*) chest, sideboard
baie (*n. fem.*) bay; **baie vitrée** bay window
baigner (de) to bathe (with)
baigneur (*n. masc.*) bather
baiser to kiss
balancer à (+ *inf.*) to hesitate
balbutier to stammer
baliverne (*n. fem.*) nonsense
balle (*n. fem.*) bullet
bander: bander les yeux de quelqu'un to blindfold someone
barbu (*adj.*) bearded
barème (*n. masc.*) norms, scale
barrer: barrer la route to block the way
bas (*adj.*): **maison basse** one-story (ranch-style) house
base (*n. fem.*): **de base** basic
bataille (*n. fem.*) **en bataille** disheveled (hair)
battant (*adj.*): **une pluie battante** a driving rain
bavarder to chatter, to blab
beau (*adj.*): **au beau milieu** right in the middle
beau-père (*n. masc.*) father-in-law
bégayer to stutter
bêlement (*n. masc.*) bleating
belle-mère (*n. fem.*) mother-in-law
bercer to lull to sleep, to rock; **se bercer d'illusion** to delude oneself
besogne (*n. fem.*) task

au **besoin** (*loc. adv.*) if need be
bêtise (*n. fem.*) stupidity
béton (*n. masc.*) concrete
bien (*n. masc.*) possession; **grand bien vous fasse** (ironique) for all the good it may do you; fat chance
bien de (*adv.*) much, many
bien-être (*n. masc.*) comfort
bien-fondé (*n. masc.*) validity
bien portant (*adj.*) healthy (person)
bienveillance (*n. fem.*) kindness
bienveillant (*adj.*) benevolent, kind
biffer to scratch out
bille (*n. fem.*): **stylo à bille** ball-point pen
bise (*n. fem.*); **bisou** (*n. masc.*) peck, kiss
blanchâtre (*adj.*) whitish
blême (*adj.*) pale, wan
se **blottir** to nestle
boiseries (*n. fem. plur.*) woodwork
boîte (*n. fem.*): **boîte de nuit** night club; **boîte à musique** jukebox
bombé (*adj.*) curved, domed
bon débarras! (*interj.*) good riddance!
bondir to spring, to jump
bonheur (*n. masc.*) luck, good fortune
bonhomme (*n. masc.*) old man
bonnement (*adv.*) simply, flatly, out and out
bordure (*n. fem.*) rim, edging
borné (*adj.*) stupid
se **borner (à)** to limit oneself (to)
bouclé (*adj.*) curly
boueux (*adj.*) muddy
bouillonner to gush
bouleau (*n. masc.*) birch
bourbonien (*adj.*) aquiline
bourrade (*n. fem.*): **faire des bourrades** to buffet
bourrelet (*n. masc.*) ridge
bourse (*n. fem.*) scholarship
bousculer to jostle
braconnier (*n. masc.*) poacher
branlant (*adj.*) shaky
bredouiller to mumble, to jabber
brillant (*adj.*) bright
briller: briller de colère to glare
brisants (*n. masc. plur.*) breakers
brisé (*adj.*): **brisé de fatigue** utterly exhausted
brodé (*adj.*) embroidered
brosse (*n. fem.*): **cheveux en brosse** crew-cut
brosser: brosser un portrait to paint, draw a portrait
brouhaha (*n. masc.*) hubbub

broussaille (*n. fem.*): **en broussaille** bushy (hair)
brûler (de) to be dying to
brumeux (*adj.*) misty
brut (*adj.*) unrefined, rough
buisson (*n. masc.*) bush
but (*n. masc.*) goal, purpose; **arriver au but** to reach one's goal
buveur (*n. masc.*): **gros buveur** heavy drinker

cabaret (*n. masc.*) pub
cafetière (*n. fem.*) coffee pot
cage (*n. fem.*): **cage d'escalier** stairwell
caillou (*n. masc.*) stone, rock, pebble
caissière (*n. fem.*) cashier
calomnier to slander
camarade (*n. masc.*): **camarade de régiment** army buddy
camée (*n. masc.*) cameo
camper to set
camus (*adj.*) flat
candidature (*n. fem.*): **poser sa candidature** to run for office, to apply for
capitaine (*n. masc.*): **le grand capitaine** the great warrior, leader
caractère (*n. masc.*) personality
caresser: caresser l'espoir to cherish the hope
carillonner to chime
casque (*n. masc.*) helmet
cassé en deux (*adj.*) bent double
cataracte (*n. fem.*) waterfall
cavalier (*n. masc.*) horseman
ceinture (*n. fem.*) sash, girdle, belt
cellule (*n. fem.*) cell
cerf-volant (*n. masc.*) kite
certains (*pr. ind. plur.*) some
certes (*adv.*) certainly
cervelle (*n. fem.*) **une folle cervelle** a scatterbrain
cesse (*n. fem.*) respite
cesser to stop; **ne pas cesser de** (+ *inf.*) to keep on
chagrin (*n. masc.*) grief, sorrow
chagriner to hurt (pride)
chaleureusement (*adv.*) enthusiastically
se **chamailler** to squabble
chameau (*n. masc.*) camel
champ (*n. masc.*): **le champ convenable** the proper distance
champignon (*n. masc.*) mushroom
chancelant (*adj.*) staggering, tottering
chanceler to stagger

chandelle (*n. fem.*): **devoir une fière chandelle** ought to be grateful
changer: changer de to change: **se changer en** to turn into
chantant (*adj.*) musical (voice)
chapiteau (*n. masc.*) capital, cornice
charge (*n. fem.*) trust, office
chargé (*adj.*): **chargé de famille** with a family to support
se **charger de** to be responsible for, to be entrusted with, to take care of
charrier to wash down
châtain (*adj.*) brown, chestnut-colored (hair)
chatoiement (*n. masc.*) sparkle, sparkling
se **chauffer** to heat one's house
chaussée (*n. fem.*) causeway
chauve (*adj.*) bald
chef-d'œuvre (*n. masc.*) masterpiece
chercher à (+ *inf.*) to attempt
chevalier (*n. masc.*) knight
chevalin (*adj.*) equine
chevet (*n. masc.*) bedside
chevrotant (*adj.*) quivering
chœur (*n. masc.*) choir
chuchotement (*n. masc.*) whispering
chut! (*interj.*) hush!
chute (*n. fem.*) fall
ci-dessous (*adv.*) below
cierge (*n. masc.*) church candle
cieux (*n. masc. plur.*) the skies, the heavens (lit.)
ci-joint (*loc. adv.*) enclosed
ci-joint (*loc. adj.*) enclosed
cime (*n. fem.*) top (tree, mountain)
cimenté (*adj.*) paved, cemented
circuler to pass by
cire (*n. fem.*) wax
cirer to polish, to shine
ciseler to chisel, to emboss
citation (*n. fem.*) quotation
civière (*n. fem.*) stretcher
clairon (*n. masc.*) bugle
clairsemé (*adj.*) thin, sparse (hair)
clairvoyant (*adj.*) sharp, keen
clapoter to plash
clapotis (*n. masc.*) rippling, plashing
cliquetis (*n. masc.*) clanking
clochard (*n. masc.*) tramp
clocheton (*n. masc.*) bell-turret
cœur (*n. masc.*): **homme de cœur** brave man; **de bon cœur** willingly; **la raison du cœur** sentiments
coffre-fort (*n. masc.*) safe
col (*n. masc.*) neck
collé (*adj.*) stuck

collectionner to collect

Collège de France (*n. masc.*) old and prestigious institution of higher learning

coller (*fam.*) to apply (a blow)

commencer par (+ *inf.*) to . . . first

comment! (*interj.*) what!

comparaison (*n. fem.*) simile

se **complaire à** (+ *inf.*) to delight in

complément (*n. masc.*) object (gram.); **complément circonstanciel** adverbial modifier; **complément d'agent** agent (of a passive verb)

complot (*n. masc.*) plot

compréhensif (*adj.*) understanding

comprendre to include; **ça se comprend** it's understandable

compte (*n. masc.*): **s'établir à son compte** to start one's own business

compter to totalize, to calculate

compulser to consult

concevoir to conceive

concordance (*n. fem.*) sequence

concours (*n. masc.*) competitive examination

concourir à (+ *inf.*) to contribute

condisciple (*n.*) fellow student

à **condition que** (*conj.*) provided that

condoléances (*n. fem. plur.*): **sincères condoléances** deepest sympathy

conduit (*adj.*) handled

conduite (*n. fem.*) driving

confiner à to be next to, to be adjoining

confondre to confuse

congénère (*n.*) peer

connaissances (*n. fem. plur.*) knowledge

consacré (*adj.*) devoted

conscience (*n. fem.*): **prendre conscience** to become conscious (aware)

conseil (*n. masc.*): **de bon conseil** wise

conserver to retain

considérer to study, to gaze upon

consommateur (*n. masc.*) consumer

constamment (*adv.*) constantly

consulter to refer to

conte (*n. masc.*) short story (pure fiction)

contenu (*n. masc.*) content

conteur (*n. masc.*) story teller (writer), short story writer

se **contracter** to tighten

par contre (*loc. adv.*) on the other hand, conversely

à **contrecœur** (*loc. adv.*) reluctantly

contrée (*n. fem.*) region

contremaître (*n. masc.*) foreman

convenable (*adj.*) proper

convenir: il convient de (+ *inf.*) it is necessary to

convier à (+ *inf.*) to invite

copie (*n. fem.*) (test) paper, written assignment

coquillage (*n. masc.*) seashell

corbeille (*n. fem.*) basket

cornemuse (*n. fem.*) bagpipe

corriger to correct

corrompre to corrupt

cortège (*n. masc.*) attendants

côte (*n. fem.*) hill

couchant (*adj.*): **au soleil couchant** at sunset

couché (*adj.*) in bed

coup (*n. masc.*): **d'un seul coup** at once, at the same time; **sous le coup de l'émotion** stunned

courage (*n. masc.*) courage, fortitude; industry

courant (*adj.*) common, everyday, (date) current, inst.; **mettre au courant** to inform

couronne (*n. fem.*) wreath

course (*n. fem.*): **de course** racing

coût (*n. masc.*): **le coût de la vie** the cost of living

coutume (*n. fem.*) custom; **avoir coutume de** to be in the habit of

couvert (*adj.*) overcast, cloudy

crainte (*n. fem.*) apprehension, fear; **de crainte que** (*conj.*) for fear that

craintif (*adj.*) apprehensive, fearful

crapule (*n. fem.*) rascal

craquement (*n. masc.*) creaking

créancier (*n. masc.*) creditor

crénelé (*adj.*) battlemented

crêpu (*adj.*) wooly (hair)

crépuscule (*n. masc.*) twilight

crevassé (*adj.*) chapped

criard (*adj.*) loud and shrill

crinière (*n. fem.*) mane

croissant (*adj.*) increasing

croquer: belle à croquer extremely pretty, pretty as a picture

crouler to shake

cru (*n. masc.*) vintage

cuillerée (*n. fem.*) spoonful

cultivé (*adj.*) cultured

daigner to deign

dalle (*n. fem.*) flagstone

déambuler to stroll along

débiter to palaver, to spin out (as a tale)

débonnaire (*adj. et n. masc.*) good-natured (fellow)

déboucher to uncork, to open up

debout (*adv*): **histoire à dormir debout** tall story, yarn

décacheter to unseal, to open

déceler to detect

décerner to bestow

déchaîné (*adj.*) raging, furious, wild; se **déchaîner** to break loose

décharger to deliver (a blow)

décharné (*adj.*) skinny

déchiffrer to decipher

déchiqueter to slash

déconseiller to advise against

découverte (*n. fem.*) discovery

décréter to decree

décrocher (*fam.*) to capture (a prize)

déçu (*adj.*) disappointed

dédier to dedicate

se **dédire** to take back one's word

défectuosité (*n. fem.*) imperfection

défendre to shield, to prohibit; se **défendre de** (+ *inf.*) to deny

déferler to unfurl

défi (*n. masc.*) challenge

défiler to file by, to parade

défunt (*n. masc.*) deceased

dégager to extract, to extricate; to convey (atmosphere); to emit, give (odor); se **dégager** to come out

dégarni (*adj.*) receding (hairline)

se **dégoûter de** (+ *inf.*) to be disgusted

dégringoler to tumble down

se **déhancher** to swing one's hips

délabré (*adj.*) dilapidated

délaissé (*adj.*) neglected, abandoned

délices (*n. fem. plur.*) delight

délire (*n.masc.*): **en délire** frantic

demande (*n. fem.*) application, request

démarche (*n. fem.*) gait, walk, bearing; **entamer des démarches** to start procedure

démarrer to start (an engine)

démence (*n. fem.*) insanity

se **démener** to struggle, to try hard

démesuré (*adj.*) enormous, vast

demeure (*n. fem.*) dwelling

demeurer to remain

démonté (*adj.*) stormy, tempestuous

dénoué (*adj.*) unravelled

dénouement (*n. masc.*) unravelling

dentelé (*adj.*) lacy

dentelle (*n. fem.*) lace

au **départ** (*loc. adv.*) from the very beginning

se **départir de** to give up

dépeindre to depict

en **dépit de** (*loc. prep.*) in spite of; **en dépit du bon sens** nonsensically

dépôt (*m. musc.*) deposit

dépouillé (*adj.*) unadorned

député(e) (*n.*): **la députée** the congressman's wife

dernier (*n. masc.*): **le dernier** the last (in his class)

dérober to steal

déroulement (*n. masc.*) unfolding; development

se **dérouler** to unfold; to take place

désapprobateur (*adj.*) disapproving

désemparé (*adj.*) helpless

désespérer de (+ *inf.*) to despair

désintéressé (*adj.*) unselfish

désinvolte (*adj.*) unconstrained

désinvolture (*n. fem.*) bluntness, informality

désormais (*adv.*) now, from now (then) on

dessein (*n. masc.*) intention, purpose; **à dessein** intentionally

desséché (*adj.*) dried up

destinataire (*n.*) addressee

détaler to bolt away

détenir to hold

se **déterminer à** (+ *inf.*) to resolve

détourner to embezzle

dévaler to rush down

devise (*n. fem.*) motto

dévoiler to reveal

dévorant de (*adj.*) burning with

dévot (*n. masc.*) devout person; **faux dévot** hypocrite

diaphane (*adj.*) diaphanous

diapositive (*n. fem.*) color slide

dictée (*n. fem.*) dictation

digérer to digest

digne (*adj.*) worthy, true

digue (*n. fem.*) dike

diplômé (*adj.*) graduate

dire: si le cœur vous en dit if you feel like it

disconvenir to deny

dissentiment (*n. masc.*) differences

dispenser (*qq. ch. à q.q.*) to bestow upon; **dispenser de** (+ *inf.*) to excuse

disperser to scatter

dispute (*n. fem.*) quarrel

se **disputer** to argue

disséminé (*adj.*) scattered

dissertation (*n. fem.*) essay

dissiper to break up

dit (*adj.*): **à l'heure dite** at the appointed time

divertissant (*adj.*) amusing

dizaine (*n. fem.*): **des dizaines et des dizaines** scores

domestique (*n.*) servant

don (*n. masc.*) gift

dossier (*n. masc.*) back (of a chair); file, record

doute (*n. masc.*): **mettre en doute** to question

douteux (*adj.*) doubtful

doyen (*n. masc.*), **doyenne** (*n. fem.*) dean

dramaturge (*n. masc.*) dramatist, playwright

dresser à (+ *inf.*) to train

ébauché (*adj.*) sketched

éblouissant (*adj.*) dazzling

ébouriffer to ruffle

ébranler to shake

écarlate (*adj.*) scarlet

écarquillé (*adj.*) opened wide

écart (*n. masc.*): **à l'écart** aside

échec (*n. masc.*) defeat, failure

échouer to fail

éclairer to illustrate (idea)

éclat (*n. masc.*) burst (laughter); loud shout (voice); glare (light)

éclatant (*adj.*) radiant, healthy (complexion); glittering

éclater to strike up (band)

écœurant (*adj.*) nauseating

écorcher to grate

s'**écouler** to elapse, to go by, to flow away

écrémé (*adj.*) skimmed

s'**écrouler** to tumble down

écumer to foam

éditer to publish

effacé (*adj.*) retiring

s'**efforcer de** (+ *inf.*) to endeavor

égaré (dans) (*adj.*) misled (by), lost (in)

élancé (*adj.*) slender

élargir to develop, to expand

élégante (*n. fem.*) lady of fashion

élevé (*adj.*) erected, raised

s'**élever** to rise, to burst forth (noise); **s'élever à** to attain

élire to elect

éloge (*n. masc.*) praise

embarrassé (*adj.*) cluttered

s'**embarrasser de** to trouble oneself with

embaucher to hire

embellir to embellish; to grow more and more beautiful

embouchure (*n. fem.*) mouth (of river)

embraser to set ablaze

s'**embusquer** to lie in wait

émerveillé (*adj.*) amazed

émettre to express

s'**emparer de** to seize

s'**empêcher de** (+ *inf.*) to keep from

empiler to stack

s'**employer à** (+ *inf.*) to hasten

l'**emporter sur** to win over

empressement (*n. masc.*) promptness

s'**empresser de** (+ *inf.*) to hasten

emprunté (*adj.*) borrowed

encadrer to frame

en ce que (*conj.*) in that

s'**enchaîner** to be linked

enchanteur (*adj.*) captivating

encore (*adv.*) yet, still

énergique (*adj.*) forceful

énervant (*adj.*) nerve-racking

enfant (*n. masc.*): **la vierge à l'enfant** the Virgin and the Child

enfantin (*adj.*) of children, childlike, childish

s'**enflammer** to ignite

enfoncé (*adj.*) sunken

s'**enfuir** to flee

engager à (+ *inf.*) to urge

s'**engager à** (+ *inf.*) to promise

engloutir to gulp

enlever to seize, to take away

enneigé (*adj.*) snowbound

ennui (*n. masc.*) boredom (aspect global); **un ennui** a problem

ennuyer to bore

ensoleillé (*adj.*) sunny

entassé (*adj.*) packed

entendre to understand; **entendre par** to mean; **c'est entendu** OK, all right; **on ne s'entend plus** I can't hear myself think

enthousiasmer to enrapture; **s'enthousiasmer** to be enthusiastic

entraîner to necessitate

entrecouper to interrupt, to intertwine

entreprendre to undertake

entretenir to maintain

entrevoir to catch a glimpse of, to see vaguely; to foresee

entrevue (*n. fem.*) interview, meeting

envahi (de) (*p.p.*) filled (with), overcome (with)

envahisseur (*n. masc.*) invader

envergure (*n. fem.*) caliber

s'**épanouir** to open up, to bloom

épargne (*n. fem.*) savings

épars (*adj.*) scattered, scarce

épaté (*adj.*) squat

épée (*n. fem.*) sword

épinards (*n. masc. plur.*) spinach
épître (*n. fem.*) epistle
épouvante (*n. fem.*) fright, dismay
éprouver to experience, to feel
équestre (*adj.*) equestrian
équilibré (*adj.*) balanced
éraillé (*adj.*) husky (voice)
errer to wander
érudit (*n. masc.*) scholar
escalade (*n. fem.*) climb
escalader to climb
escarpé (*adj.*) precipitous, steep
esclavage (*n. masc.*) slavery
esclave (*n.*) slave
espiègle (*adj.*) mischievous
esprit (*n. masc.*) mind; **simple d'esprit** simple-minded, simpleton
s'esquiver to steal away
essai (*n. masc.*): **coup d'essai** first attempt
s'essayer à (+ *inf.*) to try one's hand
essuyer to suffer (a setback)
estrade (*n. fem.*) platform
étang (*n. masc.*) lake, pool
étape (*n. fem.*) step
étiquette (*n. fem.*) ideology, political ticket
étonnement (*n. masc.*) astonishment, surprise
s'étonner to be surprised, to wonder at
étourdi (*adj.*) foolish
étourdir to stun
étouffer to stifle, to smother
étranger (*n. masc.*): **à l'étranger** abroad
s'évader to escape
évangile (*n. masc.*) gospel
s'évanouir to faint; to vanish
éveiller to awaken; to rouse; **s'éveiller** to wake up
éventuellement (*adv.*) if need be
s'évertuer à (+ *inf.*) to strive
évidemment (*adv.*) obviously
exciter à (+ *inf.*) to prompt
exécuteur (*n. masc.*) implementor, executioner
exercer to exert (an influence); to exercise (a faculty)
exposer to state, to relate
exposition (*n. fem.*) exhibition, exhibit
s'extasier to be enraptured

fâché (*adj.*) angry, cross; sorry
fâcheux (*adj.*) unfortunate, annoying
facultatif (*adj.*) optional
faculté (*n. fem.*) school, college (of a university)

fadaise (*n. fem.*) nonsense, trifle
fade (*adj.*) insipid, flat
faiblesse (*n. fem.*) weakness
faillir à to fail in (one's duty)
fainéant (*n. masc.*) do-nothing, idler
faire to do, to say; **fit-il** he said; **faire des courses** to run errands; **faire en sorte que** to see to it that; **faire faillite** to go bankrupt; **faire parvenir** to send; **faire preuve de** to show; **on ne me la fait pas** no one can fool me; **ne faire que** (+ *inf.*) only + verb; **faire suivre** to forward
se faire to take place, to rise (noise), to become; **se faire des préjugés** to acquire prejudices; **se faire écraser** to get run over; **se faire entendre** to be heard; **se faire une place** to find one's way; **se faire un plaisir de** (+ *inf.*) to be pleased to; **se faire un scrupule de** (+ *inf.*) to hesitate to; **se faire tard** to be getting late
fait (*n. masc.*) state or action; **du fait que** because
faîte (*n. masc.*) top
falaise (*n. fem.*) cliff
se fatiguer de (+ *inf.*) to get bored
se faufiler to sneak up
fausser: fausser une idée to falsify an idea
faute de (*loc. prep.*) for lack of
fée (*n. fem.*) fairy
feindre de (+ *inf.*) to pretend
félicitations! (*n. fem. plur.*) congratulations!
se féliciter de (+ *inf.*) to be proud, to be happy to
fermé (*adj.*): **le dos fermé** arched back
ferme (*adj.*) compact
fervent (*n. masc.*) fan, enthusiast
feu (*n. masc.*): **coup de feu** shot
fiacre (*n. masc.*) coach, cab
fidèlement (*adv.*) faithfully
se fier à to trust
fierté (*n. fem.*) pride
fifre (*n. masc.*) piccolo, small flute
figé (*adj.*) fixed, set
figuier (*n. masc.*) fig-tree
filant (*adj.*): **étoile filante** shooting star
file (*n. fem.*) line, lane (of a highway), row; **à la file indienne** in a single line
filer: filer la métaphore to spin out the metaphor
filet (*n. masc.*) streak

fille (*n. fem.*): **une vieille fille** a spinster, an old maid
fin (*adj.*) slender, thin, delicate; shrewd
fin (*n. fem.*): **en fin de compte** finally
finir de (+ *inf.*) to be through; **finir par** (+ *inf.*) to manage
fixé (*adj.*) attached
fixer to set (a price); **se fixer** to set (a goal)
flamber to blaze (fire)
flanc (*n. masc.*) side; **au flanc de** on the side of
flanquer (*fam.*) to fling
fléau (*n. masc.*) calamity
flèche (*n. fem.*) arrow, spire
flétri (*adj.*) withered
flocon (*n. masc.*) flake
fois (*n. fem.*): **une fois que** once
fond (*n. masc.*) bottom; **au fond de** at the bottom of, down in; content
force (*adv.*) a great deal of, a great many; **à force de** by dint of
forger: c'est en forgeant qu'on devient forgeron practice makes perfect; **fer forgé** wrought iron
se formaliser de to take offense at
former: former des projets to make plans
fort (*adj.*): **le plus fort** and oddly enough
fou (*n. masc.*) eccentric
foudre (*n. fem.*) lightning; **coup de foudre** love at first sight
fouet (*n. masc.*) whip
four (*n. masc.*) oven
fournir to provide (with); **fournir un effort** to make an effort
fracas (*n. masc.*) din
fracasser to shatter
fraîcheur (*n. fem.*) coolness
fraise (*n. fem.*) strawberry
franchir to pass; to cover (a distance)
frappant (*adj.*) striking
frapper de to strike with
frêle (*adj.*) slender, frail
frémir to tremble
frémissement (*n. masc.*) rustling, trembling
frisé (*adj.*) very curly
froideur (*n. fem.*) coldness; indifference
frôler to brush (by)
se frotter à to meddle
fugitif (*adj.*) fleeting
fumet (*n. masc.*) flavor (meat cooking)
fureteur (*adj.*) prying (eyes)
fusée (*n. fem.*) rocket

Vocabulaire

fusil (*n. masc.*) rifle
fuyant (*adj.*) receding

galant (*adj.*): **un galant homme** a gentleman; **un homme galant** a man attentive to ladies
galet (*n. masc.*) pebble, shingle
galon (*n. masc.*) braid, band
garçon (*n. masc.*): **vieux garçon** old bachelor
garde (*n. fem.*): **prendre garde** to watch (out for); **garde (malade)** (private) nurse
garder to watch over, to protect; **se garder de** (+ *inf.*) to refrain from
gargouille (*n. fem.*) gargoyle
garnir to furnish
gâté (*adj.*) warped, spoiled
gazon (*n. masc.*) grass (of a lawn)
gazouiller to chirp
gazouillis (*n. masc.*) chirping
général (*adj.*) widespread
gentillesse (*n. fem.*) kindness
gerbe (*n. fem.*) sheaf
gérer to manage (a business)
gérondif (*n. masc.*) gerund
gestion (*n. fem.*) management
gifle (*n. fem.*) slap in the face (synonyme: **soufflet**, *n. masc.*)
givre (*n. masc.*) hoar-frost
glacial (*adj.*) icy
glisser to whisper; **se glisser dans** to slip into
gober to swallow
goinfre (*adj.*) glutton
gouffre (*n. masc.*) gulf, pit
goûter to enjoy
grâce (*n. fem.*) gracefulness, indulgence
gracier to pardon
graisseux (*adj.*) greasy
gras (*adj.*) heavy, coarse (features)
grave (*adj.*) deep (voice)
gravier (*n. masc.*) gravel
gravir to climb
grêle (*adj.*) lank, spindle
grimaçant (*adj.*) grinning, making faces
grisonnant (*adj.*) turning gray
grondement (*n. masc.*) roar, roaring
gronder to roar
grotte (*n. fem.*) cave
groupement (*n. masc.*): **groupement par association** group of words commonly related
guère (*adv.*) seldom, hardly
guérite (*n. fem.*) sentry-box
guetter to watch for
gueule (*n. fem.*) jaw, mug (*slang*)

guichet (*n. masc.*) (ticket) window

habillé (*adj.*) dressy, formal
habillement (*n. masc.*) dress
habituer à (+ *inf.*) to train; **s'habituer à** to get used to
habituel (*adj.*) favorite
haleter to pant
haïssable (*adj.*) odious
hâlé (*adj.*) tan
haleine (*n. fem.*): **à perdre haleine** at the top of one's lungs, until out of breath
hanche (*n. fem.*) hip
au hasard (*loc. adv.*) at random
se hasarder à (+ *inf.*) to chance
hâte (*n. fem.*): **avoir hâte de** to look forward to
se hâter de (+ *inf.*) to be prompt in
hâtif (*adj.*): **d'une voix hâtive** hastily
hautain (*adj.*) haughty
haut placé (*adj.*) in a high position
héler to call
herbage (*n. masc.*) pasture, grazing land
heurté (*adj.*) jerky, choppy
se heurter à to meet with, to collide
homard (*n. masc.*) lobster
honnête (*adj.*): **honnête homme** gentleman
horripilant (*adj.*) exasperating
huile (*n. fem.*): **d'huile** motionless (sea) of oil
hurlement (*n. masc.*) howling; **pousser un hurlement** to shriek, to scream
hurler to howl

idiot (*adj.*): **c'est idiot** it's stupid
idiotisme (*n. masc.*) idiom
if (*n. masc.*) yew
ignorer not to know
imagé (*adj.*) rich in imagery
imberbe (*adj.*) beardless
importer: **qu'importe que** what does it matter if
importuner to annoy, to inconvenience
impliquer to imply
imposant (*adj.*) imposing, impressive
s'imposer to be necessary; **s'imposer des sacrifices** to make sacrifices
impression (*n. fem.*): **impression dominante** prevailing idea
impressionner to impress
à l'improviste (*loc. adv.*) unexpectedly
inattendu (*adj.*) unexpected
incertitude (*n. fem.*) uncertainty
incliné (*adj.*) slanting

s'incliner to bow
incrusté (*adj.*) inlaid
indifféremment (*adv.*) equally
s'indigner to be indignant
inédit (*adj.*) unpublished
inespéré (*adj.*) unhoped for
inflexion (*n. fem.*): **langue à inflexion** inflected language
ingéniosité (*n. fem.*) ingenuity
injure (*n. fem.*) insult
injurier to insult, to curse
insérer to insert
instant (*n. masc.*) moment; **à l'instant** just now
instruit (*adj.*) educated, learned
à l'insu de (*q.q.*) (*loc. prep.*) without (someone's) knowing it
s'insurger to rebel
intègre (*adj.*) honest
s'intéresser à to be interested in
interrogation (*n. fem.*) question
intime (*adj.*) intimate
intrigue (*n. fem.*) plot, situation
inutilement (*adv.*) unsuccessfully
invité (*n. masc.*) guest
invraisemblablement (*adv.*) unbelievably, improbably
irruption (*n. fem.*): **faire irruption dans** to rush into
isolément (*adv.*) alone
issu de (*p.p.*) born into
à l'italienne (*loc. adv.*) in the Italian style

jacasser to jabber
jalonné de (*p.p.*) scattered with
jambage (*n. masc.*) jamb
jambe (*n. fem.*): **prendre ses jambes à son cou** to take to one's heels
jardin (*n. masc.*) garden; **jardin potager** vegetable garden; **jardin d'agrément** flower garden
jet d'eau (*n. masc.*) fountain
se joindre à to join
joncher (de) to scatter (with)
se jouer de to laugh at, to make a fool of
jouir de to enjoy
jouissance (*n. fem.*) enjoyment, pleasure
jour (*n. masc.*): **un jour sur deux** every other day
juif (*adj.*) Jewish
juste (*adj.*): **très juste** exact; **le mot juste** the proper word

labour (*n. masc.*) a (ploughed) field
lâche (*adj.*) lax, cowardly
lâcheur (*n. masc.*) fickle person

laideur (*n. fem.*): **d'une laideur repoussante** repulsively ugly
lancer·to cast, to interject, to fling out; **lancer un cerf-volant** to fly a kite; **lancer un défi** to challenge
lande (*n. fem.*) moor
languissant (*adj.*) lingering
langoureux (*adj.*) languishing
se **lasser de** (+ *inf.*) to get wearied of, to be tired of
laurier (*n. masc.*) laurel
lecteur (*n. masc.*) reader
lecture (*n. fem.*) reading matter
à la même **lenteur** (*adv.*) as slow as
à la **légère** (*loc. adv.*) lightly
leste (*adj.*) nimble
lexique (*n. masc.*) vocabulary
liaison (*n. fem.*) link
libertin (*n. masc.*) free-thinker
lierre (*n. masc.*) ivy
lieue (*n. fem.*) league (measurement)
se **liguer** to league, to oppose
lisible (*adj.*) readable
lisse (*adj.*) sleek (hair)
livrer to betray (secret)
locataire (*n. masc.*) tenant
locuteur (*n. masc.*) speaker
locution (*n. fem.*) phrase; **locution prépositive** prepositional phrase
loin (*adv.*): **au loin** in the distance; **au lointain** in the distance
à la **longue** (*loc. adv.*) in the long run
longueurs (*n. fem. plur.*) prolixity
se **louer de** to be pleased with
lueur (*n. fem.*) glow
luron (*n. masc.*): **joyeux luron** jolly good fellow
lustre (*n. masc.*) chandelier
lutteur (*n. masc.*) fighter, wrestler

mâchonner to chew
magnifique! (*interj.*) wonderful!
maint (*adj.*) many a
maintien (*n. masc.*) bearing, carriage
Mais voyons! (*interj.*) oh, come on; well
maîtresse (*n. fem.*): **maîtresse de maison** lady of the house, hostess; **maîtresse d'auberge** innkeeper
maîtriser to overpower
mal acquis (*adj.*) acquired by devious means
malaise (*n. masc.*) uneasiness
malaisé (*adj.*) difficult
malappris (*n. masc.*) boor
malencontreusement (*adv.*) unluckily
malheureux (*adj.*) unfortunate
malhonnête (*adj.*) dishonest

malice (*n. fem.*) prank, mischief
malin (*adj.*) sly, shrewd
manchette (*n. fem.*) headline
manège (*n. masc.*) scheme, intrigue
manière (*n. fem.*): **à la manière de** in the same way as
manifestation (*n. fem.*) occurrence
manifester: manifester le désir to express the desire
manquer (de) to lack (in)
marée (*n. fem.*) tide
mariés (*n. masc. plur.*) married couple
marine (*n. fem.*) seascape
marronnier (*n. masc.*) chestnut tree
marteler to hammer
martèlement (*n. masc.*) hammering, tramping
mas (*n. masc.*) name for a farm in the South of France
massif (*adj.*) sturdy, heavy, solid (oak)
mat (*adj.*) sodden
matinée (*n. fem.*): **faire la grasse matinée** to sleep late
matraque (*n. fem.*) blackjack
maussade (*adj.*) gloomy
mazout (*n. masc.*) oil fuel
méchamment (*adv.*) wickedly
méchanceté (*n. fem.*) wickedness
mèche (*n. fem.*) lock of hair
méconnaissance (*n. fem.*) ignorance, unfamiliarity
mécontentement (*n. masc.*) discontent
méditer de (+ *inf.*) to contemplate, to plan
se **méfier de** to mistrust, to be suspicious
se **mêler: se mêler à** to mingle with, to take part in; **se mêler de** (+ *inf.*) to take upon oneself to, to interfere with
membre (*n. masc.*): **membre de phrase** part of a sentence
même (*adv.*): **tout de même!** for heaven's sake! after all!
ménager: ménager une transition to make a transition
menu (*adj.*) tiny, small
se **méprendre** to be mistaken
mépris (*n. masc.*) contempt; **un mépris souriant de la queue** a contemptuously amused twist of the tail
merveilleusement awfully, extremely
mesure (*n. fem.*): **à mesure que** (*conj.*) as (aspect gradual); **se mesurer (à)** to cope (with)
mets (*n. masc.*) dish (prepared food)
mettre: mettre pied à terre to dis-

mount; **mettre en œuvre** to make use of; **se mettre en rapport avec** to contact
meule (*n. fem.*): **meule de foin** haystack
meunier (*n. masc.*) miller
meunerie (*n. fem.*) miller's trade
meurtre (*n. masc.*) murder
miaulement (*n. masc.*) mew
midi (*n. masc.*) south
miel (*n. masc.*) honey
mince (*adj.*) thin
mine (*n. fem.*): **avoir bonne mine** to look good, healthy; **avoir la mine éveillée** to look bright
minutieux (*adj.*) exacting
miroitement (*n. masc.*) glistening
miroiter to glisten
mis (*adj.*): **être mis** to be dressed, attired
missive (*n. fem.*) letter
mistral (*n. masc.*) name of a northerly wind that blows down the Rhône valley
modalité (*n. fem.*) detail
mode (*n. fem.*): **de mode** fashionable
modique (*adj.*): **la modique somme de** a nominal sum of
moelleux (*adj.*) soft
mœurs (*n. fem. plur.*) manners and customs, mores
moindre (*adj.*) least; **la moindre des choses** the least to do
moine (*n. masc.*) monk
à **moins que** (*conj.*) unless
ne ... pas **moins** (*adv.*) nonetheless
moisi (*adj.*) musty
moisir to rot away
monté (*adj.*) built, roused, stirred
se **montrer** to be, to act, to appear
moral (*n. masc.*): **au moral** (*adv.*) psychologically
morceau (*n. masc.*): **un morceau sur le pouce** a snack; **des morceaux choisis** selected excerpts
mortel (*adj.*) fatal
mot (*n. masc.*) note
mouette (*n. fem.*) seagull
moulin (*n. masc.*) mill; **moulin à vent** windmill
mousseline (*n. fem.*) muslin
mouvant (*adj.*): **sables mouvants** quicksand; **crinière mouvante** flowing mane
mouvementé (*adj.*) action-packed, animated, lively
moyen (*n. masc.*): **au moyen de, à l'aide de** by means of; **avoir les moyens de** to be able to afford

Moyen Age (*n. prop. masc. sing.*) Middle Ages
mugir to bellow
se **munir de** to take along, provide oneself with
muraille (*n. fem.*) thick wall
murmurer to whisper
muscat (*n. masc.*) muscatel

nationale (*n. fem.*): **la (route) nationale** the state (interstate) highway
naturel (*n. masc.*) lack of affectation, simplicity
navrant (*adj.*) depressing, sad, distressing
néanmoins (*adv.*) nevertheless
nef (*n. fem.*) nave
négativé (*adj.*) modified by a negative
négligé (*adj.*) unkempt, neglected
négliger de (+ *inf.*) to neglect, to ignore
neigeux (*adj.*) snowy
niais (*adj.*) silly, stupid
nicher to nest, to roost
nier to deny
noble (*adj.*) elevated
notamment (*adv.*) especially
nôtres (*pron. poss.*): **être des nôtres** to be with us
noué (*adj.*) knit, knotted
nourrice (*n. fem.*) nurse
à **nouveau** (*loc. adv.*) again
nouvelle (*n. fem.*) short story, piece of news
noyé (*adj.*) blotted out
nu (*adj.*) bare
nuée (*n. fem.*) clouds (lit.)

obligeance (*n. fem.*): **avoir l'obligeance de** (+ *inf.*) to be kind enough to
obsédé (*adj.*) obsessed
s'**obstiner à** (+ *inf.*) to persist
obtention (*n. fem.*) obtaining
œil (*n. masc.*): **coup d'œil** glance, glimpse
offrir to make a present of, to offer as a gift
s'**offrir** to treat oneself to, to volunteer
ombragé (*adj.*) shady
ondulé (*adj.*) wavy
opérer to perform
opposer to put up (resistance)
ordre (*n. masc.*): **jusqu'à nouvel ordre** until further notice

orgues (*n. fem. plur.*) organ
originaire de (*adj.*) born in, from
orme (*n. masc.*) elm
orné (*adj.*) adorned
osseux (*adj.*) bony
où (*adv.*): **où que** (*conj.*) wherever; **où bon me (lui) semble** wherever I (he/she) please(s); **d'où** hence
oubli (*n. masc.*) forgetting
ouf! (*interj.*) oh! (relief)
ourdi (*adj.*) hatched
ouvrir: ouvrir des yeux ronds to stare in wide-eyed surprise; s'**ouvrir** to open, to be opened
oxygéner to bleach

pain (*n. masc.*); **petit pain** roll
paisible (*adj.*) tranquil, peaceful
se **pâmer (de)** to be transported (with)
pamphlet (*n. masc.*) lampoon
paraître to appear, to come out, to be published; **il paraît** it seems, (I, he/she, etc.) was told
paralipomènes (*n. masc.*) second long introduction
parasol (*n. masc.*) beach umbrella
paratonnerre (*n. masc.*) lightning rod
parcourir to travel
pardon (*interj.*) excuse me, pardon me; **demander pardon** to apologize
parent (*n. masc.*) relative; **mes parents** my parents
parer (de) to adorn (with)
parquet (*n. masc.*) floor
parsemer (de) to sprinkle (with)
parterre (*n. masc.*) flower bed
particulièrement (*adv.*): **tout particulièrement** exceptionally
parvenir à (+ *inf.*) to succeed
pas (*n. masc.*): **d'un bon pas** briskly
passant (*adj.*) busy (street)
passe-partout (*n. masc.*) skeleton key
passer: passer un examen to take an examination; se **passer de** to do without
passionnant (*adj.*) exciting
passionner to interest, to captivate
pastille (*n. fem.*) lozenge, drop
pâté (*n. masc.*): **pâté de maisons** block (of buildings)
patibulaire (*adj.*) sinister; **la mine patibulaire** the looks of a gallow bird
pâturage (*n. masc.*) pasture
pâture (*n. fem.*): **offrir en pâture** to feed, to stuff
paysagiste (*n.*) landscaper
pédalo (*n. masc.*) pedal boat

peindre to depict
peine (*n. fem.*) trouble, hardship, misery; **se donner de la peine** to take the trouble; **faire peine à voir** to be pitiful to look at; **avoir de la peine à** (+ *inf.*) to have difficulties à **peine** (*adv.*) hardly
peler to peel
pèlerin (*n. masc.*) pilgrim
pelouse (*n. fem.*) lawn
pendre (à) to hang (on, from)
pendule (*n. fem.*) clock
pénétré (de) impressed (with)
péniblement (*adv.*) laboriously
percé (*adj.*) cut into (the wall); **percé à jour** hewn out
percevoir to perceive
perdre: perdre de vue to lose sight of
se **perdre** to be lost, to get lost, to disappear
péripétie (*n. fem.*) event, change
permettre de (+ *inf.*): **se permettre de** to take the liberty; **si mes moyens me le permettent** if I can afford it
perron (*n. masc.*) front steps or porch
perruque (*n. fem.*) wig
persuader to convince
perte (*n. fem.*): **à perte de vue** as far as the eye can reach
pesant (*adj.*) sluggish (walk)
pétiller to crackle
la **petite Pradelle** the Pradelle girl
de **peur que** (*conj.*) for fear that
phrase (*n. fem.*) sentence
physique (*n. masc.*): **au physique** (*adv.*) physically
se **piquer de** to pride oneself of
pic (*n. masc.*) peak; **à pic** vertically
pièce (*n. fem.*): **pièce de blé** patch of wheat
pied (*n. masc.*): **au pied du mur** in a tight corner, at work, in action
à **pierre fendre** (*loc. adv.*) hard enough to split rocks
pile (*n. fem.*) pile, stack
pilier (*n. masc.*) pillar, column
pilule (*n. fem.*) pill
pimbêche (*n. fem.*) uppish woman
pin (*n. masc.*) fir tree; **pomme de pin** pine cone
piqué (*adj.*): **piqué au vif** cut to the quick
se **piquer (de)** to pride oneself (on)
pis (*adv.*): **de pis en pis** from bad to worse
piscine (*n. fem.*) swimming pool
piste (*n. fem.*) trail, track

se **plaire à** to take pleasure in, to enjoy

plaisance (*n. fem.*) pleasure

plaisanter to make fun of

plaît-il? (*interj.*) I beg your pardon?

planer to glide

plat (*adj.*) insipid

pleurs (*n. masc. plur.*) weeping

se **plier à** to abide by, to accept

plissé (*adj.*) squint (eyes)

plomb (*n. masc.*): **un soleil de plomb** a heavy sun

plus (*adv.*): **de plus en plus** more and more; **en plus de** besides, in addition to

poche (*n. fem.*): **livre de poche** pocket-size book, paperback

point (*n. masc.*): **le point du jour** day-break

pointer to peek (sun); to soar (peak); to spring up

pointure (*n. fem.*) size (shoe, socks, gloves)

policier (*adj.*): **roman policier** detective novel

poltron (*n. masc.*) coward

pomme (*n. fem.*): **pomme de pin** pinecone

pommettes (*n. fem. plur.*) cheekbones

port (*n. masc.*) wearing

portail (*n. masc.*) gate

porte (*n. fem.*): **mettre à la porte** to throw out

porté par (*p.p.*) supported by

portée (*n. fem.*) scope; **à la portée** within the reach

porter to support, to bear; to have, to give (toast)

portillon (*n. masc.*) (small) gate

poser: poser sa candidature à to apply for

se **poser** to land; se **poser en** to act as

poste (*n. masc*): **poste de police** police station

potelé (*adj.*) plump

pouah! (*interj.*) yuk!

pouce (*n. masc.*) inch

pouls (*n. masc.*) pulse

poumon (*n. masc.*): **à pleins poumons** at the top of one's lungs

pour (+ *adj.*) **que** (*conj.*) however (+ *adj.*)

pourpre (*adj.*) dark red; **les pourpres** the red glows

pourvu que (*conj.*) provided that

poussé (*adj.*) sprung

pousser (un cri) to let out, to utter

poussiéreux (*adj.*) dusty

au **préalable** (*loc. adv.*) beforehand

précieux (*adj.*) affected

se **précipiter** to rush

précipitamment (*adv.*) hurriedly

préféré (*adj.*) favorite

préfigurer to herald, to announce

préjugé (*n. masc.*) prejudice

se **prélasser** to lounge

premier (*n. masc.*): **un jeune premier** actor playing first lover's role, juvenile lead

prendre: se prendre le doigt to get one's finger caught; **s'y prendre** to go about, to manage; **s'en prendre à** to lay the blame on; **en nous y prenant ainsi** in this way, thusly

près (*adv.*): **à y regarder de plus près** after closer examination; **être près de** to be about to

présage (*n. masc.*) omen

présenter to offer (apology); se **présenter à** to appear for (exam)

prétendre à to claim

prévenir to prevent

prévoyant (*adj.*) prudent

prière de (+ *inf.*) (*loc. prep.*) please (+ *imperative*)

principe (*n. masc.*): **par principe** out of principle, as a matter of principle

pris (*adj.*): **avoir la taille bien prise** to be well-proportioned

prise (*n. fem.*) hold

procédé (*n. masc.*) operation, process, means

prochain (*n. masc.*) fellowman, neighborhood

prochain (*adj.*) next, imminent

procurer to offer; to find

prodiguer to be prodigal of

se **produire** to happen

proférer to utter (threats)

projeter to plan

prolégomènes (*n. masc.*) long introduction

prolixe (*adj.*) verbose

prononcer to deliver (speech)

propos (*n. masc. plur.*) words, discourse; **tenir des propos divers** to talk about this and that

se **proposer** to set (a goal), to plan for

proposition (*n. fem.*) clause; **proposition nominale** noun clause; **proposition circonstancielle** adverbial clause; **proposition incise** interpolated, inserted clause

proprement (*adv.*): **à proprement parler** so to speak, actually; **proprement dit** (*adj.*) proper

provenir de to derive from

provisoire (*adj.*) temporary

puiser to draw

punition (*n. fem.*) punishment

quartier (*n. masc.*): **bas-quartier** lower district (topographically and socially)

quatre à quatre (*loc. adv.*) rapidly

quelque (+ *nom*) **que** (*conj.*) whatever (+ *noun*); **quelque** (+ *adj.*) however (+ *adj.*)

querelle (*n. fem.*) dispute

queue (*n. fem.*): **se terminer en queue de poisson** to end abruptly, illogically

quiconque (*pr. indef.*) whoever, whomever

qui que ce soit (*pr. indef.*) whoever, whomever

quoi (*pr. rel.*): **de quoi vivre** enough to live on

quoi que (*conj.*) no matter what

quoi que ce soit (*pr. indef.*) whatever

râblé (*adj.*) robust

radieux (*adj.*) radiant

rafale (*n. fem.*) gust

rage (*n. fem.*) rabies; **faire rage** to rage

se **railler de** to scoff at

raison (*n. fem.*): **à plus forte raison** even more so

ralentir to slacken; **ralentir son allure** to slow down

ramure (*n. fem.*) branches, boughs

rangée (*n. fem.*) row

râpé (*adj.*) threadbare

rapide (*adj.*): **une rue rapide** a steep street

par **rapport à** (*loc. adv.*) in relation to

rapporter to bring in, to bring back

rasé (*adj.*) shaven; **rasé de frais** clean shaven

raseur (*n. masc.*) bore

se **rassembler** to gather

se **rattacher** to connect, to link

rattraper (*q.q.*) to catch up (with)

rauque (*adj.*) hoarse (voice)

à **ravir** (*loc. adv.*) attractively

se **raviser** to change one's mind, to have second thoughts

ravissant (*adj.*) ravishing

raviver to revive

rayer to cross out; **rayé** (*adj.*) striped

rayonner to beam
réalisation (*n. fem.*) accomplishment
réaliser to reach, to make . . . come through; **se réaliser** to fulfill oneself
rébarbatif (*adj.*) stern
rebondi (*adj.*): **ventre rebondi** pot belly
rebondir to bounce
rebuter to repel
recaler (*fam.*): **se faire recaler** to flunk
recherché (*adj.*) refined
rechigner à (+ *inf.*) to be reluctant (to)
récif (*n. masc.*) reef
recommander to commend; **se recommander** to appeal, to attract
réconfortant (*adj.*) comforting
reconnaître to admit
recouvrer to resume
recueil (*n. masc.*) collection
rédiger to write (out), formulate in writing
refermer to close again
refléter to reflect
refouler to wash away
refuser: se voir refuser to be refused, to be denied; **se refuser à** (+ *inf.*) to flatly refuse
régime (*n. masc.*) regimen, construction; **au régime** on a diet
régir to govern
rejeter to reject
se réjouir de to rejoice, to be delighted
réjouissant (*adj.*): **il est réjouissant de** (+ *inf.*) it is a joy to
relatif à (*adj.*) about
relevé (*adj.*) found, noticed
relever to identify
relié à (*p.p.*) linked with
relief (*n. masc.*): **mettre en relief** to emphasize, to stress; **mise en relief** emphasis
relier to link, to connect
reluisant (*adj.*) shiny
se remémorer to recall
s'en remettre à to put one's trust in
remplir to accomplish (one's task, duty); to hold (a position)
remporter to obtain, to win; to enjoy
renard (*n. masc.*) fox
se rencontrer to be found
rendre: rendre (+ *adj.*) to make (+ *adj.*); **se rendre à** to go somewhere
renfermé (*adj.*) stuffy
renfrogné (*adj.*) scowling, surly

renverser to overflow
renvoyer to dismiss, to expel, to fire
se répandre to spread, to spill
repartir to retort wittily
replet (*adj.*) plump
réplique (*n. fem.*) cue, repartee
répliquer to reply
se reporter à to consult, to refer to; to go back (mind)
reposer to lie, to rest
reprendre to resume; **reprendre (une idée)** to sum up
reprise (*n. fem.*): **à diverses reprises** several times; **à maintes reprises** many a time
répugner to repulse, to disgust; **répugner à** (+ *inf.*) to loathe
réseau (*n. masc.*) network
résonner to reverberate
se résoudre à (+ *inf.*) to resolve upon, to determine to; to be solved
respirer: respirer la santé to look a picture of health
resplendir to glitter
resplendissant (*adj.*) glowing (with health)
ressentir to experience, to feel
retard (*n. masc.*) delay
retenir to retain, to remember; **je ne vous retiens pas** you may go
retentir to resound, to ring
retentissant (*adj.*) resounding
retracer to recall
retroussé (*adj.*) turned up (nose)
réussite (*n. fem.*) success
rêverie (*n. fem.*) fantasy
revers (*n. masc.*) setback
revêtir to panel, to line; to display
réviser to review
révision (*n. fem.*) review
ribambelle (*n. fem.*) a long line
ricaner to chuckle, to snicker
ridé (*adj.*) wrinkled
rieur (*adj.*) smiling (eyes), mocking
rime (*n. fem.*) rhyme
ringard (*n. masc.*) poker
riposter to retort
rire: rire de (+ *inf.*) to rejoice in; **se rire de** to laugh at, to scorn
risible (*adj.*) funny, laughable
se risquer à (+ *inf.*) to venture
rivage (*n. masc.*) shore
rocailleux (*adj.*) rugged, pebbly, stony
romancier (*n. masc.*) novelist
ronfler to snore
ronronner to purr

rosace (*n. fem.*) rose window
rouage (*n. masc.*) cog
royaume (*n. masc.*) kingdom
rubrique (*n. fem.*) newspaper column, heading
rude (*adj.*) severe
ruelle (*n. fem.*) alley
se ruer sur to rush on
rugueux (*adj.*) rough
rupture (*n. fem.*): **lettre de rupture** break-up letter

sablé (*adj.*) sandy
sagesse (*n. fem.*) wisdom
saillant (*adj.*) protruding
saisir to grasp
saisissant (*adj.*) startling, impressive
salon (*n. masc.*) drawing room, living room
sang (*n. masc.*): **coup de sang** stroke
sang-froid (*n. masc.*): **homme de sang-froid** cool-headed man
sanglant (*adj.*) bloody, fierce
sangloter to sob
sanguin (*adj.*) rubicund
saugrenu (*adj.*) absurd, ridiculous
sautillant (*adj.*) hopping
sauver: sauve qui peut! run for your life!
sauveteur (*n. masc.*) rescuer
savoir: je ne saurais I could not; **savoir-vivre** (*n. masc.*) good manners
schématiser to diagram
scintillement (*n. masc.*) twinkling
scintiller to twinkle
scruter scrutinize, understand
sculpté (*adj.*) sculptured, carved
au secours! (*interj.*) help!
séculaire (*adj.*) centuries old
séduisant (*adj.*) fascinating, alluring
semelle (*n. fem.*): **ne pas quitter quelqu'un d'une semelle** not to let someone out of one's sight
semonce (*n. fem.*) reprimand
sens (*n. masc.*): **bon sens** common sense; **à sens...** with a ...meaning
sentinelle (*n. fem.*) sentry
sentir to smell, to feel; **faculté de sentir** sensitivity
sérieux (*n. masc.*); **garder son sérieux** to keep a straight face; (*adj.*) **un quartier sérieux** a conservative district
serpenter to meander
serviable (*adj.*) obliging
seuil (*n. masc.*) threshold

seul (*adj.*): **tout seul** all by oneself; **à eux seuls** (all) by themselves
sévère (*adj.*) austere
les **siens** (*n. masc. plur.*) his kin
sieste (*n. fem.*) nap
siffler to hiss, to whistle
sifflet (*n. masc.*) whistle
signaler to inform
silhouette (*n. fem.*) figure
sillage (*n. masc.*) wake
sillon (*n. masc.*) furrow
sillonner to flash through
singer to ape
singulier (*adj.*) strange, odd; particular
siroter to sip
sitôt (*conj.*) as soon as (synonym: **aussitôt que**)
smoking (*n. masc.*) tuxedo
sobre (*adj.*) unadorned
société (*n. fem.*): **Société des Nations** League of Nations
soigné (*adj.*) polished
soigneusement (*adv.*) carefully, neatly
soin (*n. masc.*): **avec soin** carefully; **aux bons soins de** care of
solennel (*adj.*) solemn
solive (*n. fem.*) beam
sommeiller to doze, to nap
somnolent (*adj.*) sleepy
somnoler to doze off
songer à to dream, to think of
sonner to sound (horn)
sonnette (*n. fem.*) small bell
sorte (*n. fem.*): **de la sorte** such as this, of this type, in that way, thus
sot (*adj.*) silly, foolish
sou (*n. masc.*): **ne pas avoir un sou vaillant** not to have a penny to one's name
souci (*n. masc.*) care, preoccupation
se **soucier de** to care about
soucoupe (*n. fem.*) saucer
souffle (*n. masc.*) breath of air
souhait (*n. masc.*) wish; **à vos souhaits!** God bless you! Here's to you!
à souhait (*loc. adv.*) as one could wish
souhaitable (*adj.*) desirable
soulevé (*adj.*): **soulevé d'admiration** filled with admiration
se **soumettre** to submit
soupçon (*n. masc.*) suspicion
soupçonner de (+ *inf.*) to suspect
soupirer to sigh
souple (*adj.*) smooth, flowing
sourd (*adj.*) muffled (voice)

souriant (*adj.*) peaceful, inciting, friendly; unperturbed, benevolent (quietude)
sournois (*adj.*) cunning, sly
sous-entendu (*adj.*) understood, implied
soutenir to maintain
souvenir: il me souvient I recall
spirituel (*adj.*) witty
subir to suffer
subitement (*adv.*) suddenly
subordonné à (*adj.*) determined by, dependent upon
sueur (*n. fem.*) sweat; **tout en sueur** in a sweat
suffire to be enough
suggérer de (+ *inf.*) to propose, to suggest
à la suite de (*loc. prep.*) after, as a result of
par suite (*loc. adv.*) as a result
supercherie (*n. fem.*) fraud
suppléer to supply, to provide
supplier de (+ *inf.*) to beg, to implore
supporter to hold; to stand (someone)
à supposer que (*conj.*) even if, provided that
surchargé (*adj.*) overloaded
surgir to appear suddenly, to rise into view
surmonter to tower, to rest on top; to surmount, to overcome
en surnombre (*loc. adv.*) over the quota
surprenant (*adj.*) astonishing, extraordinary
surveillant (*n. masc.*) prefect of studies
survêtement (*n. masc.*) gym suit, track suit
susciter to arouse
sympathique (*adj.*) friendly, likable

tableau (*n. masc.*): **être (inscrit) au tableau d'honneur** to be on the honor roll
tache (*n. fem.*) spot
taillé (*adj.*) hewn
talus (*n. masc.*) embankment
tamisé (*adj.*) soft (light)
tantôt (*adj.*) recently; **tantôt... tantôt** sometimes ...sometimes
taper: taper sur les nerfs de to get on (someone's) nerves
en tapinois (*loc. adv.*) stealthily, slyly
taquiner to tease

tarder à (+ *inf.*) to linger at
tas (*n. masc.*) heap, pile
teinter to tint
tel (*adj.*) such, so, thus (synonym: ainsi), like that; **d'un tel ou d'un tel** of so-and-so
téléphone (*n. masc.*): **coup de téléphone** ring
témoigner de to show, to prove
tendre to extend, to hold out; **tendre vers** to strive for; **tendre l'oreille** to listen intently; **tendre à** (+ *inf.*) to tend to
ténèbres (*n. fem. plur.*) darkness
ténébreux (*adj.*) dark, mysterious, shady
tenir: qu'à cela ne tienne never mind; **savoir à quoi s'en tenir** to know where one stands; **se tenir au courant** to keep informed; **tenir compte** to take into account
terme (*n. masc.*) termination, end
terne (*adj.*) dull
terre (*n. fem.*): **par terre** on the ground, down; **terre à terre** down to earth, earthy; **plein de terre** soiled, covered with dirt
tête (*n. fem.*): **coup de tête** impulse; **en tête de** in front of; **femme de tête** strong-willed woman
thèse (*n. fem.*) thesis
tintamarre (*n. masc.*) din
tintement (*n. masc.*) tinkling
tirer: se tirer de to extricate oneself from; **se tirer d'affaire** to manage out; **tiré de** (borrowed) from; **tirer des satisfactions** to derive satisfaction; **tirer parti de** to utilize, to exploit
tiret (*n. masc.*) dash
tisonnier (*n. masc.*) poker
toilette (*n. fem.*) clothes, wardrobe
tombant (*adj.*) drooping
ton (*n. masc.*) hue
tondre to mow, to shave off; **bien tondu** well-mown
tonnelle (*n. fem.*) arbor
tort (*n. masc.*) blame
tortue (*n. fem.*) turtle, tortoise
tôt (*adv.*): **avoir tôt fait de** (+ *inf.*) to be prompt in (will soon)
toucher: toucher un salaire to draw a salary
touffu (*adj.*) luxuriant, dense, thick
tour (*n. masc.*): **un mauvais tour** a dirty trick
tourbillonner to whirl, to swirl
tourelle (*n. fem.*) turret

tournant (*n. masc.*) bend, curve

tourner: tourner (une colonne) to mold, to shape, to spin; **la tête lui avait tourné** he had almost fainted

tout: tout (+ *adj.*) **que** (*conj.*) however (+ *adj.*); **tout de même** at least, all the same

tracasser to worry (someone)

traduction (*n. fem.*) translation

traduire to translate

train (*n. masc.*): **train de vie** standard of living, way of life

traînant (*adj.*) dragging

traité (*n. masc.*) treatise

traits (*n. masc. plur.*) features (of a face)

trancher sur to contrast with

transpercer to run (one's sword) through, pierce

trapu (*adj.*) stocky

traversée (*n. fem.*) crossing, voyage

tremblotant (*adj.*) quavering (voice)

tremper dans to be implicated in

se **trémousser** to wiggle

trésor (*n. masc.*) treasure

tricher to cheat

trivial (*adj.*) coarse

trombe (*n. fem.*): **en trombe** like a flash (a bolt)

tronc (*n. masc.*) trunk

trotter to toddle, run around!

trouble (*n. masc.*) agitation

trousses (*n. fem. plur.*): **être aux trousses de quelqu'un** to be upon someone's heels, to be after someone

trouver: trouver bon to think fit; **trouver la mort** to meet one's death, to lose one's life

truite (*n. fem.*) trout

uni (*adj.*) plain

unique (*adj.*) single

untel: Monsieur Untel Mr. So-and-So; **Madame Unetelle** Mrs. So-and-So

urgence (*n. fem.*) emergency

us et coutumes (*n. masc. plur.*) usage and customs

usé (*adj.*) trite

usité (*adj.*) used

vacarme (*n. masc.*) uproar

valoir to impose, to bring upon, to earn; **mieux vaut = il vaut mieux** it is better, it is preferable

vanter to praise, to boast; **se vanter** to boast

vaniteux (*adj.*) vain

vaquer à to attend to

veiller (*q.q.*) to attend (a sick or dead person)

se **venger** to avenge (oneself)

vent (*n. masc.*): **coup de vent** gust of wind; **sortir en coup de vent** to dash out

vente (*n. fem.*) sale; **vente aux enchères** auction sale

venue (*n. fem.*) arrival

véranda (*n. fem.*) enclosed porch, sunroom

verdâtre (*adj.*) greenish

vérité (*n. fem.*) truism; **dire ses quatre vérités à** (*q.q.*) to tell (someone) off

vermeil (*adj.*) ruddy

versant (*n. masc.*) slope

verse (*n. fem.*): **pleuvoir à verse** to pour

verser: verser des arrhes to make a down payment

vertige (*n. masc.*) acrophobia, giddiness

vessie (*n. fem.*): **prendre des vessies pour des lanternes** to believe the moon is made of green cheese

vestibule (*n. masc.*) entrance hall, lobby

vêtir to dress

vieillir to grow old

vierge (*n. fem.*) virgin

vieux (*n. masc.*): **mon vieux** old pal

vif (*adj.*) fiery (look, eyes); brisk (air); bright (color); violent (resistance); keen (interest)

vigueur (*n. fem.*): **en vigueur** in force

virer to turn

visage (*n. masc.*) face

viser to aim at

vitesse (*n. fem.*): **à toute vitesse** at full speed

vitrail (vitraux) (*n. masc.*) stained-glass window

vitreux (*adj.*) glassy

Vittel (*n. prop. masc.*): **eau de Vittel** a mineral water; **mettre à l'eau de Vittel** to put on a Vittel diet

vivant (*adj.*) real, lifelike

vivre (de) to thrive (on); **qui vive?** who goes there?

vœu (*n. masc.*) (solemn) wish; vow

voie (*n. fem.*) vocation

voilé (*adj.*) veiled, clouded (sadness)

voir (le maçon) to judge; **mieux vue** more favorably considered

volant (*n. masc.*) steering wheel

volontaire (*adj.*) tenacious (chin)

volte-face (*n. fem.*): **faire volte-face** to turn around, reverse one's opinions

volubile (*adj.*) voluble, talkative

vôtre (*pr. poss.*); **à la vôtre!** Cheers! Here's to you!

vouer to pledge; **ne pas savoir à quel saint se vouer** not to know which way to turn

vouloir: vouloir du mal à (*q.q.*) to wish (someone) harm

vouloir bien ought to; to be willing

voûte (*n. fem.*) arch, vault

voûté (*adj.*) bent

voyant (*adj.*) flashy

voyou (*n. masc.*) hoodlum

vraisemblable (*adj.*) realistic, believable

zébrer to stripe

Index